수학 실력 100% 충전

기본

- 교과서 개념을 다양한 기본 문제로 익힌다!

  교과서 개념을 쉽게 이해하고 문제로
  익힐 수 있습니다.

- 생각을 넓히는 문제로 개념 이해를 넓힌다!

  다양한 유형의 문제를 통해 개념을 깊이 이해하고
  수학 실력을 향상시킬 수 있습니다.

- **실생활 문제로 응용력 향상!**

  실생활 문제의 핵심을 체크하고 단계별로
  풀이하며 문장제를 연습할 수 있습니다.

- 서술형 대비 문제 훈련!

  학교 시험 서술형 문제를 힌트 체크 훈련으로
  쉽게 풀 수 있습니다.

- 단원평가 2회로 학교 시험 대비!

  단원 평가 1회, 2회로 학교 시험에 완벽하게
  대비할 수 있습니다.

계단식으로 공부하는

초등 국어 문해력 충전

---

① 계단식 지문 이해 문제
• 계단식으로 문제를 구성하여 문해력이 쉽게 충전됩니다.
• 독서와 문학을 분리해서 집중적으로 공부할 수 있습니다.

학습 계단		계단 1	계단 2	계단 3
독서	설명글 주장글	• 중심 낱말 찾기 • 중심 문장 찾기	• 문단 요약하기 • 문단 간의 관계 파악하기	• 글의 짜임 알기 • 주제 찾기
문학	동시	말하는 이, 중심 대상 찾기	상황, 정서, 태도 파악하기	표현상 특징 파악하기
	동화	중심 인물, 배경 찾기	중심 사건, 갈등 파악하기	서술상 특징 파악하기

---

② 하루 1지문 8주 - 40일 학습

① **독서** : 국어, 수학, 사회, 과학, 예체능 전 과목의 지문을 고르게 선정하여 설명글 2지문, 주장글 1지문으로 한 주차를 구성하였습니다.

② **문학** : 동시와 전래 민요, 동요를 선정하고 전래 동화, 외국 동화, 현대 창작 동화 등 다양한 이야기를 실었습니다.

③ **생활문** : 각 주차에 1지문씩 총 8개가 수록되었습니다.
(안내문, 편지글, 날씨 예보, 일기문, 초대장, 독서 감상문, 학급 회의, 학교 신문 등)

---

③ 어휘력 쑥쑥 키우기 + 하루 한자 쓰기

• 지문에서 배운 어휘를 다양한 유형의 문제로 복습할 수 있습니다.

• 지문의 중요 한자어를 뜻과 함께 써 보면서 쉽고 재미있게 익힐 수 있습니다.

---

④ 국어 맞춤법 빵빵

초등학생이 헷갈려 하기 쉬운 국어 맞춤법을 재미난 실생활 이야기로 풀어 설명하였습니다.

☆ 계단식으로 공부하는 **문해력 충전**

단계	추천 학습 대상
0단계	예비 초등
1단계	1학년 ~ 2학년
2단계	
3단계	3학년 ~ 4학년
4단계	
5단계	5학년 ~ 6학년
6단계	

수력충전

기본

초등 수학 4·1

수경출판사

수력충전의 차례

수학은 생각의
힘을 키우는게
중요해.

• QR 코드를 찍어 정답을
  빠르게 채점할 수 있습니다.

빨리 채점해요!

• 매일 공부 분량을 정해놓고
  꾸준히 수학 공부하는
  습관을 기를 수 있습니다.

2일째	틀린 개수	개
공부 한날	월	일

수력충전의 구성과 특징

STEP
1 교과서 개념 학습   교과서 개념을 이해하기 쉽게 정리

★ 개념을 쉽게 이해할 수 있도록 간단하게
그림으로 정리했습니다.
★ 꼭 기억해야 할 내용은 캐릭터가 한 번 더
설명했습니다.

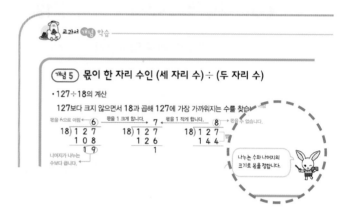

STEP
2 개념 문제 연습   개념 이해 문제로 기본 실력 다지기

★ 개념 익히기
다양한 유형의 기본 문제를 통해
개념을 충실히 익히고 연산 능력을
익힐 수 있습니다.

★ 개념 체크

빈칸 채우는 문제로 개념을 다시 한번
체크할 수 있습니다.

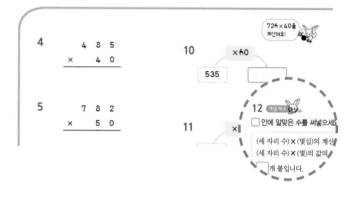

STEP
3 중요 문제   생각을 넓히는 중요한 문제 연습

★ 중요 유형 익히기
한 번 더 생각해야 하는 문제로 수학의
생각하는 힘을 키울 수 있습니다.

★ 문제를 풀어가는 방법을 연습해
실력을 다집니다.

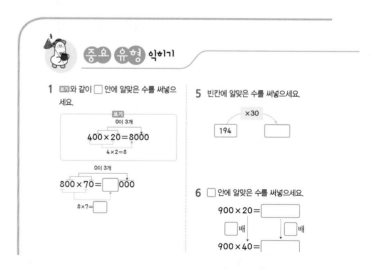

4 실생활 문제 다잡기   실생활에서 사용되는 문제 유형으로 사고력 기르기

★ 핵심 체크
문제에서 묻고 있는 중요한 핵심을 찾아
해결 전략을 세우는 연습을 할 수 있습니다.

★ 단계별 해결
단계별로 친절하게 접근해 문제를
해결해 봅니다.

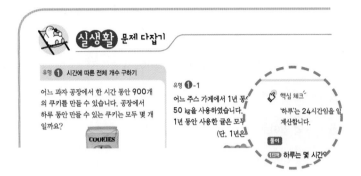

5 서술형 대비 문제   서술형 문제의 힌트 체크 방법과 풀이 방법 연습

★ 대표 문제
시험에 자주 출제되는 서술형 문제의 풀이
과정에 순서대로 빈칸을 채워 보면 서술형
문제에 대한 자신감을 가질 수 있습니다.

✪ 힌트 체크
힌트가 되는 부분에 표시를 하며 서술형 문제의
힌트를 찾아 보는 연습을 할 수 있습니다.

✪ 연습 문제
대표 문제와 쌍둥이 문제를 한 번 더
풀어 보며 서술형 문제를 완벽하게 정복할 수 있습니다.

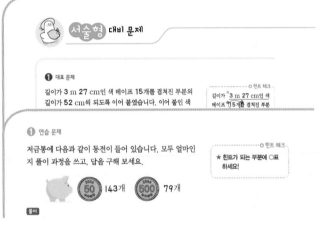

6 단원 평가 2회   학교 시험을 100점 맞을 수 있는 문제로 2회 구성

★ 시험에 꼭!
학교 시험에 반드시 출제되는 문제
표시입니다.

★ 도전해 얍!
실력을 키울 수 있는 난이도 중상 수준의
문제 표시입니다.

★ 서술형 문제
학교 시험에서 자주 출제되는 서술형
문제 표시입니다.

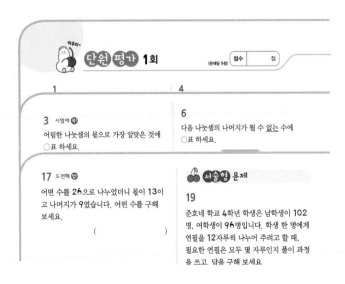

수력충전 학습 계획표

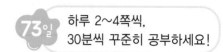

73일 하루 2~4쪽씩, 30분씩 꾸준히 공부하세요!

＊스스로 평가해 보고 O를 그리세요.

이렇게 공부하세요!

1 하루에 2~4쪽, 매일 30~40분씩 꾸준히 공부합니다.

2 개념을 확실하게 이해한 후에 개념 익히기 문제를 풉니다.

3 중요 유형 익히기는 다양한 유형을 접하여 실력을 다집니다.

4 실생활 문제 : 생활속에서 찾을 수 있는 친숙한 주제로 수학과 친해집니다.

5 서술형 대비 문제는 아래와 같이 연습합니다.

- 문제를 천천히 읽으며 힌트에 동그라미 체크하고, 중요 조건에 밑줄을 그어 보세요.
- 힌트를 통해 식을 세워 해결합니다.

6 단원 평가는 학교 시험처럼 시간을 재어 풀어 봅니다.

7 틀린 문제는 꼭 다시 풀어 보고 시험을 준비하세요.

단원을 마무리 하면서 내 실력을 확인해 봐!

1 단원

큰 수

우리나라를 찾은 관광객 수

나라	관광객(만 명)
중국	202
일본	232
베트남	42
미국	109

(한국관광공사, 2023)

2023년에 우리나라를 찾은 중국 관광객 수는 몇 명이야?

202만 명이야.

우리나라를 가장 많이 찾아 온 나라는?

일본이 232만 명으로 가장 많아!

☆ 534927에서 각 자리의 숫자가 나타내는 값을 알아봐요!

십만의 자리	만의 자리	천의 자리	백의 자리	십의 자리	일의 자리
5	3	4	9	2	7

5	0	0	0	0	0
	3	0	0	0	0
		4	0	0	0
			9	0	0
				2	0
					7

500000 + 30000 + 4000 + 900 + 20 + 7
= 534927

교과서 개념 학습

개념 1 만 알아보기

⭐ **1000이 10개인 수를 10000 또는 1만이라 쓰고, 만 또는 일만이라고 읽습니다.**

쓰기 10000, 1만 읽기 만, 일만

· 10000의 크기 알아보기

$$10000은 \begin{cases} 9000보다\ 1000\ 큰\ 수 \\ 9900보다\ \ \ 100\ 큰\ 수 \\ 9990보다\ \ \ \ \ 10\ 큰\ 수 \\ 9999보다\ \ \ \ \ \ \ 1\ 큰\ 수 \end{cases} 입니다.$$

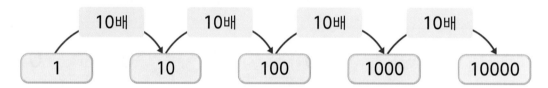

참고 **몇만 알아보기**

수	10000이 2개	10000이 3개	···	10000이 9개
쓰기	20000 또는 2만	30000 또는 3만	···	90000 또는 9만
읽기	이만	삼만	···	구만

1 그림을 보고 ☐ 안에 알맞은 수를 써넣으세요.

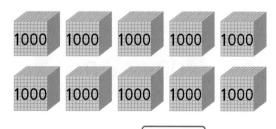

1000이 10개이면 ☐ 입니다.

2 ☐ 안에 알맞은 수를 써넣으세요.

(1) 10000은 ☐ 또는 1만이라고 읽습니다.

(2) 10000은 9000보다 ☐ 만큼 더 큰 수입니다.

(3) 10000은 ☐ 보다 100만큼 더 큰 수입니다.

[3~5] 그림을 보고 □ 안에 알맞은 수를 써넣으세요.

3

1000원짜리 지폐가 **10**장이면

□ 원입니다.

4

색종이가 **1000**장씩 들어 있는 상자가 **10**개 있으면 색종이는 모두

□ 장입니다.

5

클립이 **1000**개씩 들어 있는 상자가 **10**개 있으면 클립은 모두 □ 개입니다.

[6~8] 규칙에 따라 빈칸에 알맞은 수를 써넣으세요.

6
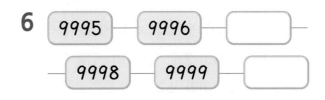
| 9995 | 9996 | |
| 9998 | 9999 | |

7
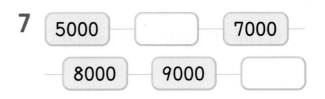
| 5000 | | 7000 |
| 8000 | 9000 | |

8
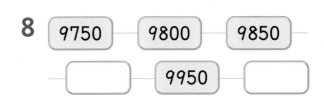
| 9750 | 9800 | 9850 |
| | 9950 | |

9 수직선을 보고 □ 안에 알맞은 수를 써넣으세요.

10 10 10 10
9960 9970 9980 9990 10000

10000은 9960보다 □ 큰 수입니다.

10 개념 체크

□ 안에 알맞은 수나 말을 써넣으세요.

1000이 □ 개이면 10000입니다.

이것을 □ 또는 1만이라 쓰고,

□ 또는 일만이라고 읽습니다.

개념 2) 다섯 자리 수 알아보기

☆ **다섯 자리 수를 쓰고 읽어 봅시다.**

10000이 2개, 1000이 5개, 100이 7개, 10이 9개, 1이 3개인 수는
25793이라 쓰고, 이만 오천칠백구십삼이라고 읽습니다.

 수를 말로 나타낼 때에는 만 단위로 띄어 읽어요.

쓰기 25793 읽기 이만 오천칠백구십삼

☆ **다섯 자리 수의 각 자리 숫자가 나타내는 값을 알아봅시다.**

2 만이 2개
5 천이 5개
7 백이 7개
9 십이 9개
3 일이 3개

	만의 자리	천의 자리	백의 자리	십의 자리	일의 자리
숫자	2	5	7	9	3
나타내는 값	20000	5000	700	90	3

→ 이만 오천칠백구십삼
25793＝20000＋5000＋700＋90＋3

참고 **다섯 자리 수를 읽는 방법**

• 수를 읽을 때에는 왼쪽부터 숫자와 그 자릿값을 함께 읽습니다. 단, 일의 자릿값은 읽지 않습니다.
• 숫자가 0인 자리는 읽지 않고, 1인 경우는 자릿값만 읽습니다.

∨				
4	7	1	0	3
만	천	백	십	일

사만 ∨ 칠천백삼

[1~2] ☐ 안에 알맞은 수를 써넣으세요.

1

10000이 3개 ⎤
1000이 2개 ⎥
100이 6개 ⎥ 인 수는 ☐ 입니다.
10이 1개 ⎥
1이 5개 ⎦

2

10000이 5개 ⎤
1000이 9개 ⎥
100이 2개 ⎥ 인 수는 ☐ 입니다.
10이 0개 ⎥
1이 3개 ⎦

[3~4] ☐ 안에 알맞은 수를 써넣으세요.

3

• 17932
- 10000이 ☐ 개
- 1000이 ☐ 개
- 100이 ☐ 개
- 10이 ☐ 개
- 1이 ☐ 개

4

• 81370
- 10000이 ☐ 개
- 1000이 ☐ 개
- 100이 ☐ 개
- 10이 ☐ 개
- 1이 ☐ 개

[5~6] 수를 읽어 보세요.

5 91004 (   )

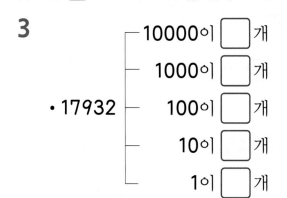

일의 자리에서부터 네 자리씩 나누어 왼쪽부터 차례대로 읽어요.

6 20710 (   )

[7~8] 다음을 수로 나타내 보세요.

7 육만 천사백삼십구
(   )

8 삼만 이천구십육
(   )

[9~12] 다섯 자리 수의 각 자리의 숫자를 나타낸 표입니다. 각 자리의 숫자가 나타내는 값의 합으로 나타내 보세요.

9

만의 자리	천의 자리	백의 자리	십의 자리	일의 자리
1	4	7	2	3

$14723 = 10000 + \boxed{}$
$+ 700 + \boxed{} + 3$

10

만의 자리	천의 자리	백의 자리	십의 자리	일의 자리
6	2	1	4	0

$62140 = 60000 + \boxed{}$
$+ \boxed{} + 40$

11

만의 자리	천의 자리	백의 자리	십의 자리	일의 자리
5	6	3	9	2

$56392 = \boxed{} + 6000$
$+ \boxed{} + 90 + \boxed{}$

12

만의 자리	천의 자리	백의 자리	십의 자리	일의 자리
8	0	5	7	1

$80571 = \boxed{} + 500$
$+ \boxed{} + 1$

[13~19] ☐ 안에 알맞은 수를 써넣으세요.

13 16237에서 만의 자리 숫자는 ☐ 이고
☐ 을 나타냅니다.

14 38925에서 천의 자리 숫자는 ☐ 이고
☐ 을 나타냅니다.

15 42376에서 백의 자리 숫자는 ☐ 이고
☐ 을 나타냅니다.

16 72492에서 십의 자리 숫자는 ☐ 이고
☐ 을 나타냅니다.

17 84015에서 일의 자리 숫자는 ☐ 이고
☐ 를 나타냅니다.

18 34951에서 숫자 4는 ☐ 의 자리 숫자
이고 ☐ 을 나타냅니다.

19 65238에서 숫자 3은 ☐ 의 자리 숫자
이고 ☐ 을 나타냅니다.

[20~22] 밑줄 친 숫자가 나타내는 값을 구하세요.

20 2̲5863 ( )

21 8214̲5 ( )

22 82̲908 ( )

23 개념 체크

16237은 얼마만큼의 수인지 알아보려고 합니다. ☐ 안에 알맞은 수를 써넣으세요.

만의 자리	천의 자리	백의 자리	십의 자리	일의 자리
1	☐	2	☐	7

↓

1	0	0	0	0
	6	0	0	0
		☐	0	0
			3	0
				☐

빨리 채점해요!

2 일째 │ 틀린
개수 │ 개

공부
한날 │ 월 │ 일

개념 3 십만, 백만, 천만 알아보기

✿ 십만, 백만, 천만을 알아봅시다.

수	쓰기	읽기
10000이 10개	100000 또는 10만	십만
10000이 100개	1000000 또는 100만	백만
10000이 1000개	10000000 또는 1000만	천만

✿ 21250000을 알아봅시다.

• 10000이 2125개이면 21250000 또는 2125만이라 쓰고,

이천백이십오만이라고 읽습니다.

쓰기 21250000 또는 2125만   읽기 이천백이십오만

2	1	2	5	0	0	0	0
천	백	십	일	천	백	십	일
			만				일

자리의 숫자가 0일 때는 숫자와 자릿값을 모두 읽지 않아요.

• 일의 자리부터 네 자리씩 끊어 읽습니다.

21250000 = 20000000 + 1000000 + 200000 + 50000

[1~3] □ 안에 알맞은 수를 써넣으세요.

1 10000이 10개이면 [   ]

또는 10만이라고 씁니다.

2 10000이 100개이면 [   ]

또는 [   ]이라고 씁니다.

3 10000이 1000개이면 [   ]

또는 [   ]이라고 씁니다.

[4~5] 표를 보고 물음에 답하세요.

2	8	4	6	0	0	0	0
천	백	십	일	천	백	십	일
			만				일

4 □ 안에 알맞은 수를 써넣으세요.

28460000은 10000이 [   ]개

인 수입니다.

5 28460000을 읽어 보세요.

(   )

[6~9] 수를 읽어 보세요.

6 9820000

( )

7 24910000

( )

8 721958

( )

> 일의 자리에서부터 네 자리씩 나누어 왼쪽부터 차례대로 읽어요.

9 8495382

( )

[10~13] 다음을 수로 나타내 보세요.

10 십구만 사천이십일

( )

11 삼백칠십구만 천사백삼십구

( )

12 이천팔백삼십육만 오천백사십이

( )

13 칠천삼십이만 사백팔십오

( )

14 50180000의 각 자리 숫자와 그 숫자가 나타내는 값을 빈칸에 써넣으세요.

	숫자	나타내는 값
천만의 자리	5	50000000
백만의 자리	0	
십만의 자리	1	
만의 자리		80000

15 개념 체크

□ 안에 알맞은 수나 말을 써넣으세요.

> 39120000에서 천만의 자리의 숫자는 □이고, [ ]을 나타냅니다. 백만의 자리는 □이고, [ ] 을 나타냅니다. 십만의 자리는 □이 고, [ ]을 나타냅니다.

빨리 채점해요!

3 일째 틀린 개수 개

공부 한 날 월 일

1 그림을 보고 ☐ 안에 알맞은 수를 써넣으세요.

10000은 9000보다 ☐ 큰 수 입니다.

2 ☐ 안에 알맞은 수를 써넣으세요.

10000 → ┌ 9999보다 ☐ 큰 수
          ├ 9990보다 ☐ 큰 수
          └ 9900보다 ☐ 큰 수

3 빈칸에 알맞은 수를 써넣으세요.

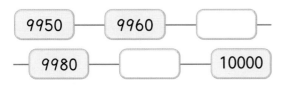

9950 — 9960 — ☐
☐ — 9980 — ☐ — 10000

4 그림을 보고 ☐ 안에 알맞은 수를 써넣으세요.

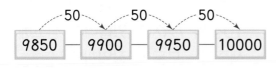

9850 — 9900 — 9950 — 10000

(1) 9950보다 ☐ 큰 수는 10000 입니다.

(2) 9850은 10000보다 ☐ 작은 수입니다.

5 주말에 딸기 농장에서 수확한 딸기 10000개를 100개씩 상자에 나누어 담았습니다. 딸기를 담은 상자는 모두 몇 상자일까요?

(   )

6 호철이가 돈을 모아 동생 생일 선물로 10000원짜리 장난감을 사주려고 합니다. 호철이가 9500원을 가지고 있다면 얼마가 더 필요할까요?

(   )

7 야구 경기의 관람객 수를 수로 나타내 보세요.

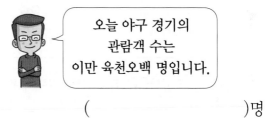

오늘 야구 경기의 관람객 수는 이만 육천오백 명입니다.

(   )명

8 다음 수를 쓰고 읽어 보세요.

10000이 7개, 1000이 6개, 100이 2개, 10이 5개, 1이 4개 인 수

쓰기 (   )

읽기 (   )

9 ☐ 안에 알맞은 수를 써넣으세요.

39752에서 만의 자리 숫자는 ☐ 이고 ☐ 을, 십의 자리 숫자는 ☐ 이고 ☐ 을 나타냅니다.

10 빈칸에 알맞은 수나 말을 써넣으세요.

52861	오만 이천팔백육십일
	육만 천사백삼십구
70138	

[11~12] 수를 보고 물음에 답하세요.

18572	25863
52908	31257

11 숫자 2가 20000을 나타내는 수를 찾아 써 보세요.

( )

12 숫자 5가 나타내는 값이 가장 큰 수를 찾아 써 보세요.

( )

13 서후가 동생의 생일 선물을 사기 위해 모은 돈입니다. 돈은 모두 얼마인지 세어 보세요.

( )

14 어느 도시의 지역별 인구수를 나타낸 것입니다. 인구수의 만의 자리 숫자가 서로 같은 지역을 찾아 써 보세요.

지역	㉮	㉯	㉰	㉱
인구수 (명)	12540	30625	17438	23961

( )

15 창고에 색종이가 10000장씩 3상자, 1000장씩 6상자, 100장씩 3상자, 10장씩 7상자가 있습니다. 창고에 있는 색종이는 모두 몇 장일까요?

( )

16 빈칸에 알맞은 수를 써넣으세요.

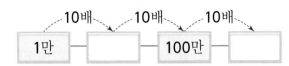

17 49730000을 표로 나타낸 것입니다.
☐ 안에 알맞은 수를 써넣으세요.

4			3	0	0	0	0
천	백	십	일	천	백	십	일
			만				일

49730000＝40000000＋☐

＋700000＋☐

18 빵집에서 한 개에 **10000**원인 카스텔라를 **271**개 팔았다고 합니다. 이 빵집에서 판매한 카스텔라는 모두 얼마일까요?

(   )

19 십만의 자리 숫자가 <u>다른</u> 하나를 찾아 기호를 써 보세요.

┌─────────────────────────┐
│ ㉠ 20587300   ㉡ 45831900 │
│ ㉢ 67521000   ㉣ 81503000 │
└─────────────────────────┘

(   )

20 ㉠에 알맞은 수를 구해 보세요.

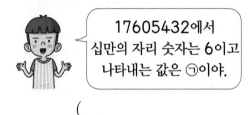

17605432에서 십만의 자리 숫자는 6이고 나타내는 값은 ㉠이야.

(   )

21 지인이네 집에서 이번 달에 사용한 식비는 얼마일까요?

이번 달에 사용한 식비는 십만 원짜리 수표 3장, 만 원짜리 지폐 8장과 같은 금액이네!

지인

(   )

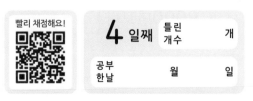

빨리 채점해요!

4일째	틀린 개수	개
공부한날	월	일

 **교과서 개념학습**

개념 4) 억 알아보기

✪ 1000만이 10개인 수를 100000000 또는 1억이라고 쓰고, 억 또는 일억이라고 읽습니다.

[쓰기] 100000000 또는 1억   [읽기] 억 또는 일억

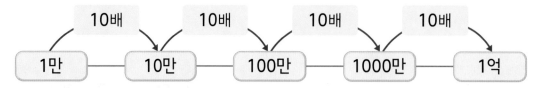

✪ 482100000000을 알아봅시다.

• 1억이 4821개인 수를 482100000000 또는 4821억이라고 쓰고, 사천팔백이십일억이라고 읽습니다.

[쓰기] 482100000000 또는 4821억   [읽기] 사천팔백이십일억

4	8	2	1	0	0	0	0	0	0	0	0
천	백	십	일	천	백	십	일	천	백	십	일
			억				만				일

[참고] **억 단위의 수 읽기**

일의 자리에서부터 네 자리씩 끊은 다음 '억', '만', '일'의 단위를 이용하여 왼쪽부터 차례로 읽습니다.

3815|4628|7912 ➜ 삼천팔백십오억 $^\vee$ 사천육백이십팔만 $^\vee$ 칠천구백십이
　　　　억　　　만　　　일

---

1 ☐ 안에 알맞은 수를 써넣으세요.

1억은

┌ 9990만보다 [　　] 큰 수
├ 9900만보다 [　　] 큰 수
└ 9000만보다 [　　] 큰 수

2 358125760000을 표로 나타내고 ☐ 안에 알맞은 수를 써넣으세요.

								0	0	0	0
천	백	십	일	천	백	십	일	천	백	십	일
			억				만				일

[3~6] ☐ 안에 알맞은 수를 써넣으세요.

3 1억이 492개인 수는 ☐ 또는

☐ 이라고 씁니다.

4 1억이 9214개인 수는 ☐

또는 ☐ 이라고

씁니다.

> 1만이 2814개인 수는
> 2814만이에요.

5 1억이 342개, 1만이 2814개인 수는

☐ 또는

☐ 이라고 씁니다.

6 1억이 4752개, 1만이 2045개인

수는 ☐ 또는

☐ 이라고 씁니다.

7 보기 와 같이 수를 나타내 보세요.

보기

274913584269

⇨ 2749억 1358만 4269

⇨ 이천칠백사십구억 천삼백오십팔만 사천이백육십구

529306740000

⇨ _____

⇨ _____

8 ☐ 안에 알맞은 수나 말을 써넣으세요.

824900000000에서 숫자 4는

☐ 의 자리 숫자이고

☐ 을 나타냅니다.

9 개념 체크

☐ 안에 알맞은 수를 써넣으세요.

1000만이 10개인 수는

☐ 또는 ☐ 이라 쓰고, ☐ 또는 ☐ 이라고 읽습니다.

교과서 개념 학습

개념 5) 조 알아보기

✪ 1000억이 10개인 수를 1000000000000 또는 1조라고 쓰고,
조 또는 일조라고 읽습니다.

쓰기 1000000000000 또는 1조   읽기 조 또는 일조

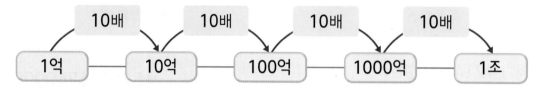

✪ 1637000000000000을 알아봅시다.

• 1조가 1637개인 수를 1637000000000000 또는 1637조라고 쓰고,
천육백삼십칠조라고 읽습니다.

쓰기 1637000000000000 또는 1637조   읽기 천육백삼십칠조

1	6	3	7	0	0	0	0	0	0	0	0	0	0	0	0
천	백	십	일	천	백	십	일	천	백	십	일	천	백	십	일
		조				억				만				일	

→ 1637000000000000=1000000000000000+600000000000000
                    +30000000000000+7000000000000

참고 조 단위의 수 읽기

일의 자리에서부터 네 자리씩 끊은 다음 '조', '억', '만', '일'의 단위를 이용하여
왼쪽부터 차례로 읽습니다.

6708|3815|4628|7912 → 육천칠백팔조ˇ삼천팔백십오억ˇ사천육백이십팔만ˇ칠천구백십이
  조   억   만   일

---

1 ☐ 안에 알맞은 수를 써넣으세요.

1조 ⇨
- 9999억보다 ☐ 큰 수
- 9990억보다 ☐ 큰 수
- 9900억보다 ☐ 큰 수

2 2371946200000000을 표로
나타내고 ☐ 안에 알맞은 수를 써넣으세요.

								0	0	0	0	0	0	0	0
천	백	십	일	천	백	십	일	천	백	십	일	천	백	십	일
		조				억				만				일	

[3~6] ☐ 안에 알맞은 수를 써넣으세요.

3 1조가 **392**개인 수는 [＿＿＿＿＿]

또는 [＿＿＿＿＿＿＿＿＿＿]라고

씁니다.

4 1조가 **9264**개인 수는 [＿＿＿＿]

또는 [＿＿＿＿＿＿＿＿＿]라고

씁니다.

5 1조가 **261**개, 1억이 **4314**개인 수는

[＿＿＿＿＿＿＿＿＿] 또는

[＿＿＿＿＿＿＿＿＿＿]이라고

씁니다.

6 1조가 **6940**개, 1억이 **82**개인 수는

[＿＿＿＿＿＿＿＿＿] 또는

[＿＿＿＿＿＿＿＿＿＿]이라고

씁니다.

7 보기 와 같이 수를 나타내 보세요.

> 보기
>
> **1253381725492361**
>
> ⇨ **1253**조 **3817**억 **2549**만 **2361**
>
> ⇨ 천이백오십삼조 삼천팔백십칠억
>   이천오백사십구만 이천삼백육십일

1487358100000000

⇨ ＿＿＿＿＿＿＿＿＿＿＿＿＿＿

⇨ ＿＿＿＿＿＿＿＿＿＿＿＿＿＿

8 수를 보고 ☐ 안에 알맞은 수를 써넣으세요.

3971824325610000

(1) 천억의 자리 숫자는 ☐ 이고

[＿＿＿＿＿＿＿]을 나타냅니다.

(2) 십조의 자리 숫자는 ☐ 이고

[＿＿＿＿＿＿＿＿]를 나타냅니다.

9 개념 체크

☐ 안에 알맞은 수나 말을 써넣으세요.

> **1000**억이 **10**개인 수는
>
> [＿＿＿＿＿＿＿] 또는 ☐라고
>
> 쓰고, ☐ 또는 ☐라고 읽습니다.

6 일째	틀린 개수	개
공부 한날	월	일

개념 6) 뛰어 세기

· 10000씩 뛰어 세기

$$130000 — 140000 — 150000 — 160000 — 170000$$

→ 만의 자리 수가 1씩 커집니다.

· 10억씩 뛰어 세기

$$143억 — 153억 — 163억 — 173억 — 183억$$

→ 십억의 자리 수가 1씩 커집니다.

· 100조씩 뛰어 세기

$$5200조 — 5300조 — 5400조 — 5500조 — 5600조$$

→ 백조의 자리 수가 1씩 커집니다.

참고 뛰어 세기에서 규칙 찾기

각 자리의 수가 몇씩 변하는지 살펴보면 얼마만큼씩 뛰어 세었는지 알 수 있습니다.

→ ●의 자리 수가 1씩 커지면 ●씩 뛰어 센 것입니다.

[1~2] 10000씩 뛰어 세었습니다. 물음에 답하세요.

$$25000 — 35000 — 45000 — 55000 — ㉠ — ㉡$$

1 어느 자리 수가 몇씩 변했는지 보고 ☐ 안에 알맞은 수나 말을 써넣으세요.

> 10000씩 뛰어 세면 ☐ 의 자리 수가
>
> ☐ 씩 커집니다.

2 ㉠과 ㉡에 알맞은 수를 구해 보세요.

㉠ (　　　　　　)

㉡ (　　　　　　)

[3~4] 100000씩 뛰어 세어 보세요.

3

| 200000 | 300000 | | |

| | 500000 | | 700000 |

4

| 3460000 | 3560000 | 3660000 | |

| | | 3860000 | |

[5~6] 1억씩 뛰어 세어 보세요.

5

| 423억 | 424억 | | |

| | 426억 | 427억 | |

6

| 1826억 | | 1828억 | |

| | | | 1831억 |

[7~8] 10조씩 뛰어 세어 보세요.

7

| 249조 | 259조 | | |

| | 279조 | | |

8

| 1576조 | | 1596조 | |

| | | | 1626조 |

뛰어 셀 때 1씩 변하는 자리의
수가 9일 경우에 주의해요.

[9~11] 얼마만큼씩 뛰어 세었는지 써
보세요.

9

| 42억 | 43억 | 44억 | |

| | 45억 | 46억 | 47억 |

(   )

10

| 529억 | 539억 | 549억 | |

| | 559억 | 569억 | 579억 |

(   )

11

| 1668조 | 1678조 | 1688조 | |

| | 1698조 | 1708조 | 1718조 |

(   )

12 개념 체크

뛰어 센 것을 보고 알맞은 것에 ○표 하세요.

| 236000 | 336000 | 436000 | |

| | 536000 | 636000 | 736000 |

(만 , 십만)의 자리 수가 **1**씩 커지고
있으므로 (**10000** , **100000**)씩
뛰어 세었습니다.

개념 7 수의 크기 비교하기

✪ **자리 수를 이용하여 수의 크기를 비교해 봅시다.** → 자리 수가 같은지 다른지 먼저 비교합니다.

• 자리 수가 다른 두 수 4125900과 735100의 크기 비교

$$4125900 \;\big(>\big)\; 735100$$

    7자리 수   6자리 수

➜ 자리 수가 다르면 자리 수가 많은 쪽이 더 큽니다.

• 자리 수가 같은 두 수 524396839와 523782061의 크기 비교

	억	천만	백만	십만	만	천	백	십	일
524396839 →	5	2	4	3	9	6	8	3	9
523782061 →	5	2	3	7	8	2	0	6	1

처음으로 다른 숫자가 나오면 그 자리의

$$524396839 \;\big(>\big)\; 523782061$$ 숫자를 비교합니다.

➜ 가장 높은 자리부터 차례로 비교하여 높은 자리의 수가 큰 쪽이 더 큽니다.

참고 수직선을 이용하여 수의 크기 비교하기

• 수직선에서는 오른쪽에 있을수록 큰 수입니다.

52000   52300   52500   53000

➜ 수직선에서 52500이 52300보다 오른쪽에 위치하므로 더 큰 수입니다.

[1~3] 28954513과 28149562의 크기를 비교하려고 합니다. 물음에 답하세요.

1 두 수를 표에 나타내 보세요.

	천만	백만	십만	만	천	백	십	일
28954513 →								
28149562 →								

2 ☐ 안에 알맞은 수나 말을 써넣으세요.

천만의 자리 수가 ☐로 같고, 백만
의 자리 수가 ☐로 같으므로 ☐
의 자리 수를 비교합니다.

3 더 큰 수에 ◯표 하세요.

28954513   28149562

(   )   (   )

[4~5] ☐ 안에 알맞은 수를 써넣고, ○ 안에 >, <를 알맞게 써넣으세요.

4

4	0	0	0		4	0	0	0	0
	1	0	0	0			9	0	0	0
		3	0	0				5	0	0
			6	0					6	0
				2						2

41362 ○ ☐

5

1	0	0	0	0		1	0	0	0	0
	5	0	0	0			9	0	0	0
		2	0	0				8	0	0
			9	0					4	0
				7						5

15297 ○ ☐

[6~7] ☐ 안에 알맞은 수를 써넣고, ○ 안에 >, <를 알맞게 써넣으세요.

6 159420 ○ 1273600

☐자리 수   ☐자리 수

7 30516248 ○ 5926147

☐자리 수   ☐자리 수

[8~11] 두 수의 크기를 비교하여 ○ 안에 >, <를 알맞게 써넣으세요.

8 5912048 ○ 5246913
└─ 9 ○ 2 ─┘

9 41285690 ○ 60581742
└─ 4 ○ 6 ─┘

10 749051243 ○ 748230715

11 184억 2471만 ○ 184억 982만

12 개념 체크

☐ 안에 알맞은 말을 써넣으세요.

두 수의 자리 수가 다르면 자리 수가 ☐ 쪽이 더 큰 수입니다. 두 수의 자리 수가 같으면 가장 ☐ 자리 수부터 차례대로 비교하여 수가 큰 쪽이 더 큽니다.

빨리 채점해요!

8일째	틀린 개수	개
공부 한날	월	일

1 ☐ 안에 알맞은 수를 써넣으세요.

10000배 → 10000배 → 10000배 →

| 1 | 1만 | | |

[2~3] 다음 수를 보고 물음에 답하세요.

> 569200000000

2 빈칸에 알맞은 수를 써넣으세요.

	숫자	나타내는 값
천억의 자리	5	
백억의 자리		
십억의 자리		9000000000
억의 자리		

3 각 자리 숫자가 나타내는 값의 합으로 나타내 보세요.

569200000000
=500000000000+ ☐
+9000000000+ ☐

4 연두네 아버지 은행에서 발행된 수표의 총 금액은 얼마일까요?

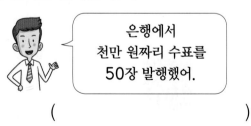

은행에서
천만 원짜리 수표를
50장 발행했어.

(   )

5 숫자 4가 나타내는 값이 4000000000000인 것을 찾아 기호를 써 보세요.

| 4 2 0 4 5 8 1 4 0 7 3 6 9 0 4 0 |
| ㉠   ㉡   ㉢   ㉣ |

(   )

6 다음을 읽고 ㉠과 ㉡이 나타내는 값을 각각 써 보세요.

> 중국은 세계에서 인구가 가장 많은
> 나라로 약 1425178782명입니다.
>   ㉠   ㉡

(2024년, 통계청)

㉠ (   )

㉡ (   )

7 2014년에 서울역을 이용한 사람은 3580만 명이었다고 합니다. 2024년에 서울역을 이용하는 사람이 2014년에 이용한 사람의 10배로 예상될 때, 2024년에 서울역을 이용하는 사람은 몇 명으로 예상될까요?

(   )

8 300억씩 뛰어 세어 보세요.

3406억 — 3706억 — 4006억 —

☐ — 4606억 — ☐

9 4조씩 뛰어 세어 보세요.

160조 — ☐ — ☐

— 172조 — ☐ — 180조

10 얼마만큼씩 뛰어 세었는지 써 보세요.

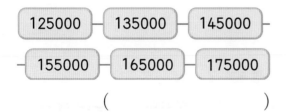

125000 — 135000 — 145000 —

— 155000 — 165000 — 175000

(   )

11 매출액이 매년 100억씩 늘어난다면 3년 후 매출액은 얼마일까요?

올해 우리 회사의 매출액은 2375억 원이었고, 매출액이 매년 100억씩 늘어날 것으로 예상하고 있어.

(   )

12 두 수의 크기를 비교하여 ○ 안에 >, =, <를 알맞게 써넣으세요.

(1) 1620조 7524억 ○ 1650조 823억

(2) 천사백오십억 ○ 284억

13 큰 수부터 차례대로 기호를 쓰세요.

㉠ 26조 1089억
㉡ 26514730000000
㉢ 30196000000000

(   )

14 ㉮와 ㉯ 중 책이 더 많은 도서관은 어디일까요?

㉮ 도서관에 있는 책 수
⇨ 319235권

㉯ 도서관에 있는 책 수
⇨ 328954권

(   )

빨리 채점해요!

9 일째 틀린 개수   개

공부 한 날   월   일

실생활 문제 다잡기

유형 ❶ 뛰어 세기

하경이는 매달 3만 원씩 저금을 하고 있습니다. 올해 1월까지 저금한 돈이 77만 원이라면 올해 5월까지 저금한 돈은 얼마일까요?

👆 핵심 체크

매달 3만 원씩 저금하므로 3만 원씩 뛰어 세기를 한다는 것입니다.

1단계 1월까지 저금한 돈 77만 원에서 3만 원씩 4번 뛰어 세기

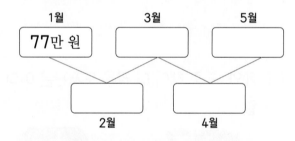

1월 | 3월 | 5월
77만 원 | |

2월 | 4월

2단계 올해 5월까지 저금한 돈은 얼마인지 구하기

위의 그림에서 5월까지 저금한 돈은

☐ 만 원입니다.

답 ....

유형 ❶-1

호석이네 수박밭에서는 2016년에 264000 kg의 수박을 수확하였습니다. 매년 수확량이 10000 kg씩 늘어났다고 한다면 2022년에 수확한 수박은 몇 kg이었을까요?

(   )

유형 ❶-2

어느 자동차 회사의 2018년 수출 금액은 2318조 원입니다. 매년 수출 금액이 20조 원씩 늘어난다고 한다면 이 자동차 회사 2023년 수출 금액은 얼마였을까요?

(   )

유형 ② 수의 크기 비교하기

지난해 ㉮ 회사의 매출액은 296억 7900만원이고, ㉯ 회사의 매출액은 152931000000원이었습니다. 두 회사 중 지난해 매출액이 더 많은 회사는 어디일까요?

핵심 체크

매출액이 더 많다는 것은 매출액을 나타내는 수가 더 크다는 것입니다. 따라서 두 회사의 매출액의 크기를 비교합니다.

풀이

1단계 두 회사의 매출액은 몇 자리 수인지 구하기

지난해 ㉮ 회사의 매출액은

296억 7900만 원=29679000000원

으로 [ ] 자리 수입니다. 지난해 ㉯

회사의 매출액은 152931000000원으로

[ ] 자리 수입니다.

2단계 두 수의 크기 비교하기

29679000000 ◯ 152931000000

3단계 매출액이 더 많은 회사 구하기

매출액이 더 많은 회사는 [ ] 회사입니다.

답 _____

유형 ②-1

다음은 어느 가전 회사에서 판매하고 있는 제품의 가격을 나타낸 것입니다. 비싼 제품부터 차례대로 기호를 쓰세요.

> ㉠ 노트북: 126만 원
> ㉡ 세탁기: 970000원
> ㉢ TV: 백육십구만 원

(   )

유형 ②-2

태양에서 각각의 행성까지의 거리를 나타낸 것입니다. 태양에서 먼 순서대로 행성의 이름을 쓰세요.

 태양~지구: 1억 4960만 km

 태양~금성: 1억 820만 km

 태양~토성: 14억 2700만 km

(   )

빨리 채점해요!

10일째	틀린 개수	개
공부 한날	월	일

❶ 대표 문제

2021년 대한민국의 인구수는 **51821669**명입니다. 2021년 대한민국의 인구수의 천만의 자리 수가 나타내는 값과 만의 자리 수가 나타내는 값의 합은 얼마인지 풀이 과정을 쓰고, 답을 구해 보세요.

풀이

51821669에서 천만의 자리 수는 [　] 이므로 천만의 자리 수가 나타내는 값은 [　　　　] 입니다. 51821669에서 만의 자리 수는 [　] 이므로 만의 자리 수가 나타내는 값은 [　　　] 입니다. 따라서 나타내는 값의 합은 [　　　] + [　　] = [　　　] 입니다.

답 _____

○ 힌트 체크

2021년 대한민국의 인구수는 51821669명입니다. 2021년 대한민국의 인구수의 ❶천만의 자리 수가 나타내는 값과 만의 자리 수가 ❷나타내는 값의 합은 얼마인지 풀이 과정을 쓰고, 답을 구해 보세요.

❶ '천만의 자리 수, 만의 자리 수'
➡ 오른쪽에서부터 몇 번째 자리에 있는 수인지 알아봅니다.
❷ 천만의 자리 수 ★, 만의 자리 수 ♥를 구해 ★0000000+♥0000을 계산합니다.

❶ 연습 문제

다음은 **2022**년 우리나라의 ㉮ 기업과 ㉯ 기업의 매출액을 나타낸 표입니다. ㉮ 기업의 매출액의 십조의 자리 수와 ㉯ 기업의 매출액의 백조의 자리 수의 합은 얼마인지 풀이 과정을 쓰고, 답을 구해 보세요.

기업	매출액(원)
㉮	814852000000000
㉯	402392100000000

풀이

_____

답 _____

○ 힌트 체크

★ 힌트가 되는 부분에 ○표 하세요!

❷ 대표 문제

에어컨은 2458000원, TV는 3245000원, 냉장고는 3085300원입니다. 이 중 가장 비싼 물건은 무엇인지 풀이 과정을 쓰고, 답을 구해 보세요.

풀이

에어컨, TV, 냉장고 가격의 자리 수는 모두 ☐ 자리입니다.

에어컨 가격의 백만의 자리 수는 ☐, TV 가격의 백만의 자리 수는 ☐, 냉장고 가격의 백만의 자리 수는 ☐ 입니다.

TV와 냉장고의 십만의 자리 수를 비교하면 TV 가격의 십만의 자리 수는 ☐, 냉장고 가격의 십만의 자리 수는 ☐ 이므로

(에어컨, TV, 냉장고) 가 가장 비싼 물건입니다.

◎ 힌트 체크

에어컨은 ❷2458000원, TV는 3245000원, 냉장고는 3085300원입니다. 이 중 ❶가장 비싼 물건은 무엇인지 풀이 과정을 쓰고, 답을 구해 보세요.

❶ 가장 비싼 물건 ➡ 물건의 가격이 가장 큰 수를 찾습니다.

❷ 세 물건의 가격은 모두 7자리 수이므로 높은 자리 수부터 차례로 비교하여 가장 큰 수를 찾습니다.

답 _____

❷ 연습 문제

다음은 세 학생의 통장에 들어 있는 돈을 나타낸 표입니다. 통장에 들어 있는 돈이 가장 적은 학생은 누구인지 풀이 과정을 쓰고, 답을 구해 보세요.

◎ 힌트 체크

★ 힌트가 되는 부분에 ○표 하세요!

이름	현우	진희	혁민
금액(원)	823200	637400	633500

풀이

_____

_____

_____

답 _____

빨리 채점해요!

11일째 틀린 개수

공부 한날   월

단원 평가 1회

(문제당 5점)

점수 　　　　　점

1

☐ 안에 알맞은 수를 써넣으세요.

10000은 9990보다 ☐ 큰 수이고,

9900보다 ☐ 큰 수입니다.

2

동화책 한 권의 가격을 나타낸 것입니다. 동화책 한 권의 가격은 얼마일까요?

(　　　　　　　　　　　)

3

☐ 안에 알맞은 수를 써넣으세요.

10000이 5개 ┐
1000이 1개 ┤
100이 7개 ├인 수는 ☐ 입니다.
10이 4개 ┤
1이 2개 ┘

4 시험에 꼭!

수를 보고 ☐ 안에 알맞은 수를 써넣으세요.

| 17605432 |

천만의 자리 수는 ☐ , 십만의 자리 수는 ☐ 입니다.

5

보기 와 같이 각 자리의 수가 나타내는 값의 합으로 나타내 보세요.

보기
82145
=80000+2000+100+40+5

47829=

6

같은 수끼리 이어 보세요.

10000이 1000개인 수 ・　・ 100만

10000이 100개인 수 ・　・ 10만

10000이 10개인 수 ・　・ 1000만

34 초등 수력충전 기본 4-1

7

뛰어 센 것을 보고 알맞은 것에 ○표 하세요.

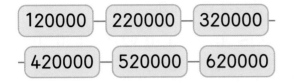

(만 , 십만)의 자리 수가 **1**씩 커지고 있으므로 (**10000** , **100000**)씩 뛰어 세었습니다.

8

얼마만큼씩 뛰어 세었는지 써 보세요.

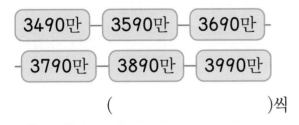

(   )씩

9

3625만 원을 만 원짜리 지폐로 모두 바꾸려고 합니다. 만 원짜리 지폐 몇 장과 바꿀 수 있을까요?

(   )

10

설명하는 수가 얼마인지 써 보세요.

100만이 **15**개, **10**만이 **7**개, 만이 **8**개인 수

(   )

11

1382750000에서 **1**억씩 **3**번 뛰어 세면 얼마일까요?

(   )

12

다음은 오른쪽 또는 아래쪽으로 뛰어 세기를 한 것입니다. 뛰어 센 규칙에 따라 빈 곳에 알맞은 수를 써넣으세요.

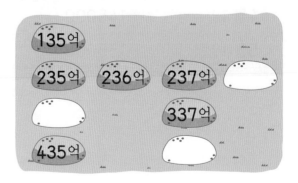

13

834295000000에 대한 설명으로 틀린 것을 찾아 기호를 써 보세요.

> ㉠ 백억의 자리 숫자는 3입니다.
> ㉡ 숫자 2가 나타내는 값은 2000만입니다.
> ㉢ 숫자 8은 천억의 자리 숫자입니다.

(   )

14

해준이는 매달 같은 금액을 저금합니다. 해준이의 통장에 들어 있는 돈이 다음 표와 같다면 해준이는 한 달에 얼마씩 저금을 했을까요?

날짜	합계(원)
2월 1일	125000
3월 1일	135000
4월 1일	145000
5월 1일	155000

(   )씩

15

㉠과 ㉡이 나타내는 수를 비교하려고 합니다. 물음에 답하세요.

(1)

㉠과 ㉡이 나타내는 수를 수직선에 나타내 보세요.

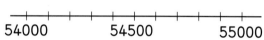

(2) 수직선에 나타낸 수를 보고 ㉠과 ㉡이 나타내는 수의 크기를 비교하여 ☐ 안에 알맞은 수를 써넣으세요.

⇨ ☐ 이 ☐ 보다 더 큽니다.

16   시험에 꼭!

두 수의 크기를 비교하여 ◯ 안에 >, =, <를 알맞게 써넣으세요.

(1) 7억 8635만 ◯ 7538000000

(2) 16000250000000 ◯ 16조 25억

17 시험에 꼭!

㉠이 나타내는 값은 ㉡이 나타내는 값의 몇 배일까요?

732502<u>8</u>100000000
　㉠　　㉡

(　　　　　　　　)

18 도전해 얍!

인구가 많은 나라부터 순서대로 써 보세요.

이탈리아	대한민국	일본
58697000명	5150만 명	122631000명

(　　　　　　　　)

빨리 채점해요!

12일째 　틀린 개수　　개

공부 한 날　　월　　일

문제

19

창고에 구슬이 10000개씩 8상자, 1000개씩 4상자, 100개씩 9상자, 10개씩 5상자, 낱개로 7개가 있습니다. 창고에 있는 구슬은 모두 몇 개인지 풀이 과정을 쓰고, 답을 구해 보세요.

풀이

답

20

㉮, ㉯, ㉰ 세 군데의 전자 제품 상가에서 똑같은 청소기의 가격을 조사한 것입니다. 청소기를 어느 곳에서 사는 것이 가장 좋은지 풀이 과정을 쓰고, 답을 구해 보세요.

㉮ 상가	㉯ 상가	㉰ 상가
569000원	550000원	643000원

풀이

답

단원 평가 2회

(문제당 5점)

점수 　　　　　점

1

나타내는 수가 <u>다른</u> 하나를 찾아 기호를 쓰세요.

> ㉠ 1000이 10개인 수
> ㉡ 9000보다 1000 큰 수
> ㉢ 9900보다 10 큰 수

(　　　　　　)

2

빈칸에 알맞은 수를 써넣으세요.

┌─10배─┐ ┌─10배─┐ ┌─10배─┐

| 1억 | — | 10억 | — | | — | |

3

☐ 안에 알맞은 수를 써넣으세요.

> 10000이 4개, 1000이 9개, 100이 5개, 10이 1개, 1이 2개인 수

만의 자리	천의 자리	백의 자리	십의 자리	일의 자리
☐	9	☐	1	2

4

10000원이 되려면 각각의 돈이 얼마만큼 필요한지 구해 보세요.

☐장　　　　　☐개

5

시험에 꼭!

다음 수를 쓰고 읽어 보세요.

> 만이 763개, 일이 4825개인 수

쓰기 (　　　　　　　　　　)
읽기 (　　　　　　　　　　)

6

7014285634에서 숫자 1이 나타내는 값을 수로 쓰면 0을 모두 몇 개 써야 할까요?

(　　　　　　　　)

7

하영이의 저금통에 있던 돈은 모두 얼마일 까요?

저금통에 있던 돈은
10000원짜리 지폐 2장,
1000원짜리 지폐 4장,
100원짜리 동전 7개,
10원짜리 동전 3개야.

하영

(   )

8

10억씩 뛰어 센 것을 찾아 기호를 쓰세요.

┌─────────────────────────────────┐
│ ㉠ 286억 – 287억 – 288억 – 289억 │
│ ㉡ 1538억 – 1638억 – 1738억   │
│   – 1838억   │
│ ㉢ 4012억 – 4022억 – 4032억   │
│   – 4042억   │
└─────────────────────────────────┘

(   )

9

뛰어 센 규칙에 따라 빈칸에 알맞은 수를 써넣으세요.

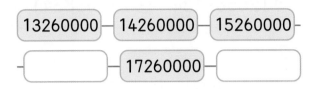

13260000 – 14260000 – 15260000 –

– ☐ – 17260000 – ☐

10

다음 수에서 숫자 8이 나타내는 값을 각각 써넣으세요.

┌──┐
│   58240000   90840000 │
│   ㉠   ㉡ │
└──┘

	나타내는 값
㉠	
㉡	

11 시험에 꼭

준서는 매달 3만 원씩 저금을 합니다. 2월 까지 저금한 돈이 15만 원이라고 하면 6월 까지 저금한 돈은 모두 얼마일까요?

(   )

[12~13] 수를 보고 물음에 답하세요.

| ㉠ 35412680 | ㉡ 58149603 |
| ㉢ 126589134 | ㉣ 297058341 |

12

숫자 5가 나타내는 값이 500000인 것을 찾아 기호를 써 보세요.

(   )

13

백만의 자리 숫자가 7인 것을 찾아 기호를 써 보세요.

(   )

14

우리나라의 연간 쌀 소비량을 조사하였습니다. 2012년에 비해 2017년의 쌀 소비량은 늘었는지 줄었는지 써 보세요.

연도	2012년	2017년
소비량(kg)	38억 6만	33억 4만

(   )

15

몇 씩 뛰어 센 수를 수직선에 나타내었습니다. ㉠이 나타내는 수를 구하세요.

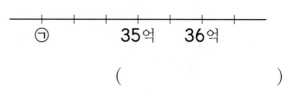

(   )

16

다음 중 가장 큰 수를 찾아 기호를 쓰세요.

| ㉠ 2318195027 |
| ㉡ 이십일억 육백칠십만 |
| ㉢ 22억 1965만 |

(   )

17

어느 회사의 2021년 매출액은 220억 원이었습니다. 매년 50억 원씩 매출액이 증가한다면 이 회사의 2026년 매출액은 얼마일까요?

(   )

18   도전해 얍!

빛이 1년 동안 갈 수 있는 거리를 1년이라고 하고 1광년은 약 9460800000000 km입니다. 10광년은 약 몇 km일까요?

(   )

빨리 채점해요!

13일째   틀린 개수   개

공부 한 날   월   일

🍒 서술형 문제

19

10000원이 되려면 100원짜리 동전이 몇 개 있어야 할까요?

풀이

답

20

수 카드를 모두 한 번씩만 사용하여 가장 큰 수를 만들어 쓰고 읽어 보려고 합니다. 풀이 과정을 쓰고, 답을 구해 보세요.

0   1   2   5   8

풀이

답

각도

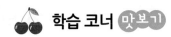

✪ 두 변이 벌어진 정도로 각의 크기를 비교해요!

• 각도가 가장 큰 수박 조각은 무엇일까요?

⇨ 가장 많이 벌어진 수박 조각이 각도가 가장 큽니다.

✪ 삼각형의 세 각의 크기의 합＝180°

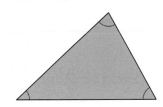

⇨ 삼각형의 세 각의 크기의 합은 180°입니다.

✪ 사각형의 네 각의 크기의 합＝360°

⇨ 사각형의 네 각의 크기의 합은 360°입니다.

교과서 개념 학습

개념 1 각의 크기 비교하기

• 각의 크기는 변의 길이와 관계없이 두 변이 벌어진 정도가 클수록 큰 각입니다.

투명 종이에 ㉮를 그대로 그려서 ㉯에 겹쳐 두 각의 크기를 비교해 보면 ㉯의 각의 크기가 더 커요.

➡ ㉯의 각의 크기는 ㉮의 각의 크기보다 더 큽니다.

　→ ㉯의 두 변이 벌어진 정도가 더 큽니다.

참고

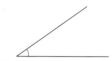

⇨ 두 변의 길이와 상관없이
　두 각의 크기는 같습니다.

[1~2] 부채를 보고 물음에 답하세요.

1 ㉮ 부채와 ㉯ 부채 중에서 부채의 양 끝이 더 많이 벌어진 것은 어느 것일까요?

(　　　　　　)

2 ㉮와 ㉯ 중에서 더 큰 각은 어느 것일까요?

(　　　　　　)

3 투명 종이에 ㉮를 그대로 그려 ㉯에 겹쳐 보았습니다. ☐ 안에 알맞은 기호를 써넣으세요.

⇨ ㉮와 ㉯ 중에서 더 큰 각은 ☐입니다.

[4~8] 두 각 중에서 더 큰 각에 ○표 하세요.

4

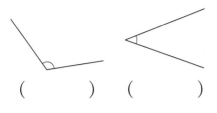

(　　) 　(　　)

5

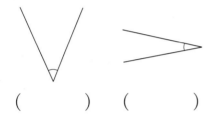

(　　) 　(　　)

6

(　　) 　(　　)

7

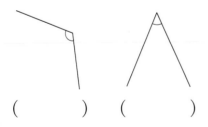

(　　) 　(　　)

8

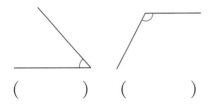

(　　) 　(　　)

[9~11] 각의 크기가 큰 순서대로 기호를 쓰세요.

9

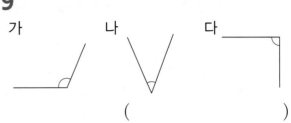

(　　　　　　　　)

10

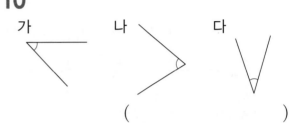

(　　　　　　　　)

11

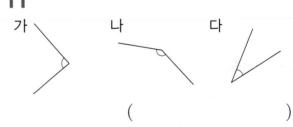

(　　　　　　　　)

12 개념 체크

알맞은 말에 ○표 하세요.

각의 크기는 두 변의 벌어진 정도가
(작을수록, 클수록) 큰 각입니다.

빨리 채점해요!

14일째 틀린 개수 　개

공부 한날 　월　일

개념 2 각의 크기 재기

⭐ **각의 크기를 나타내는 단위를 알아봅시다.**

- 각의 크기를 각도라고 합니다.
- 직각의 크기는 90°입니다.
- 직각을 똑같이 90으로 나눈 것 중의 하나를
  1도라 하고, 1°라고 씁니다.

  쓰기 1°   읽기 1도

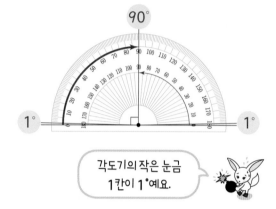

각도기의 작은 눈금
1칸이 1°예요.

⭐ **각도기로 각도를 재는 방법을 알아봅시다.**

① 각도기의 중심을 각의 꼭짓점에 맞춥니다.
② 각도기의 밑금을 각의 한 변에 맞춥니다.
③ 각도기의 밑금과 만나는 각의 변에서 시작하여
   각의 나머지 변과 만나는 각도기의 눈금을 읽습니다.
   → 각의 변의 시작 위치에 따라 안쪽 눈금을 읽어야 하는지,
     바깥쪽 눈금을 읽어야 하는지가 정해집니다.

각의 한 변이 안쪽 눈금 0에 맞춰져 있으므로
안쪽 눈금 50을 읽으면 50°입니다.

꼭짓점
각도기의 중심
각도기의 밑금

---

1 각도기의 중심을 바르게 맞춘 것에 ○표 하세요.

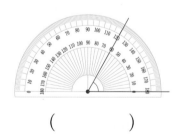

(   )

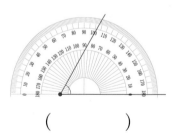

(   )

2 각도기에서 작은 눈금 한 칸이 나타내는 각도를 구해 보세요.

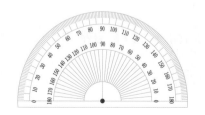

(   )

[3~6] 각도를 읽어 보세요.

3

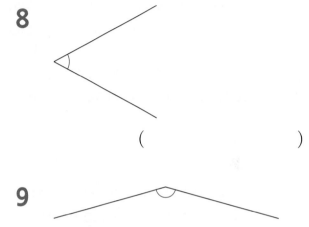

└바깥쪽 눈금 0 (　　　　　　　)

> 각의 한 변이 바깥쪽 눈금 0에 맞
> 춰져 있으면 바깥쪽 눈금을 읽어요.

4

(　　　　　　　)

> 각의 한 변이 안쪽 눈금 0에 맞춰
> 져 있으면 안쪽 눈금을 읽어요.

5

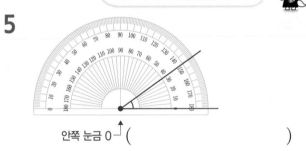

안쪽 눈금 0┘ (　　　　　　　)

6

(　　　　　　　)

[7~10] 각도기를 이용하여 각도를 재어
보세요.

7

(　　　　　　　)

8

(　　　　　　　)

9

(　　　　　　　)

10

(　　　　　　　)

11 개념 체크

☐ 안에 알맞은 수나 말을 써넣으세요.

- 각의 크기를 ☐ 라고 합니다.

- 직각은 ☐° 입니다.

- 직각을 똑같이 90으로 나눈 것 중 하나
  를 ☐ 도라 하고, ☐° 라고 씁니다.

 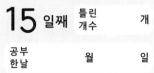

빨리 채점해요!

15 일째　틀린
　　　　개수　　　　개

공부
한날　　　월　　　일

교과서 개념 학습

개념 3) 각 그리기

☼ 각도기와 자를 이용하여 각도가 30°인 각 ㄱㄴㄷ을 그려 봅시다.

① 자를 이용하여 각의 한 변인 변 ㄴㄷ을 그립니다.

↓

② 각도기의 중심과 점 ㄴ을 맞추고, 각도기의 밑금과 각의 한 변인 변 ㄴㄷ을 맞춥니다.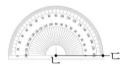

↓

③ 각도기의 밑금에서 시작하여 각도가 30°가 되는 눈금에 점 ㄱ을 표시합니다.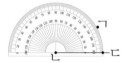

↓

④ 각도기를 떼고, 자를 이용하여 변 ㄱㄴ을 그어 각도가 30°인 각 ㄱㄴㄷ을 완성합니다.

각의 꼭짓점을 어디로 정하느냐에 따라 각의 방향이 달라져.

참고 각의 꼭짓점의 위치에 따라 각의 방향이 달라집니다.

1 각도기를 이용하여 각도가 20°인 각 ㄱㄴㄷ을 그리는 순서를 나타낸 것입니다. ☐ 안에 알맞게 써넣으세요.

① 각의 한 변인 변 ㄴㄷ을 그립니다.

② 각도기의 중심과 점 ☐ 을 맞추고, 각도기의 밑금과 각의 한 변인 변 ㄴㄷ을 맞춥니다.

③ 각도기의 밑금에서 시작하여 각도가 ☐°가 되는 눈금에 점 ☐ 을 표시합니다.

④ 자를 이용하여 변 ㄱㄴ을 그어 완성합니다.

[2~6] 점 ㄱ을 각의 꼭짓점으로 하여 주어진 각도의 각을 각도기 위에 그려 보세요.

2 60°

각의 한 변이 안쪽 눈금 0에 맞춰져 있으므로 안쪽 눈금의 각에 다른 한 변을 그립니다.

3 25°

4 130°

5 80°

각의 한 변이 바깥쪽 눈금 0에 맞춰져 있으면 바깥쪽 눈금을 읽어요.

6 165°

[7~8] 각도기와 자를 이용하여 주어진 각도의 각을 그려 보세요.

7 30°

8 100°

9 각도기를 이용하여 위쪽 각도를 재어 보고, 아래에 위와 각도가 같은 각을 그려 보세요.

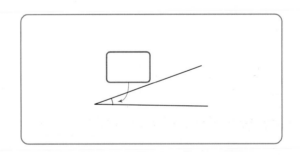

빨리 채점해요!

16 일째 틀린 개수 　개

공부 한날 　월 　일

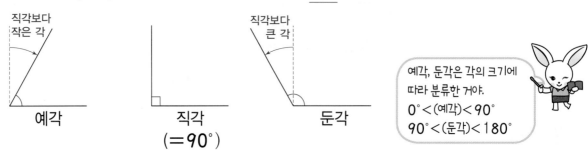

개념 4 예각과 둔각

✪ **각을 크기에 따라 분류해 봅시다.**

(1) 각도가 $0°$보다 크고 직각($90°$)보다 작은 각을 <u>예각</u>이라고 합니다.

(2) 각도가 직각($90°$)보다 크고 $180°$보다 작은 각을 <u>둔각</u>이라고 합니다.

예각, 둔각은 각의 크기에
따라 분류한 거야.
$0° <$ (예각) $< 90°$
$90° <$ (둔각) $< 180°$

[1~8] 주어진 각을 보고 예각, 직각, 둔각 중 어느 것인지 ☐ 안에 써넣으세요.

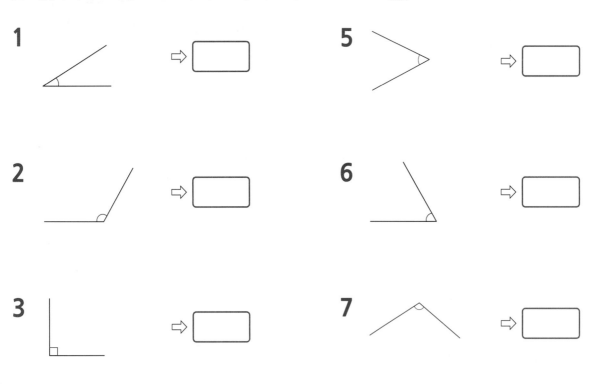

1 ⇨ ☐

2 ⇨ ☐

3 ⇨ ☐

4 ⇨ ☐

5 ⇨ ☐

6 ⇨ ☐

7 ⇨ ☐

8 ⇨ ☐

[9~15] ☐ 안에 예각이면 '예', 직각이면 '직', 둔각이면 '둔'이라고 써넣으세요.

9

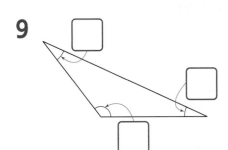

10

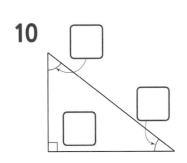

11

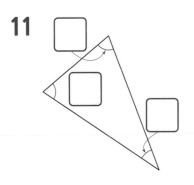

12

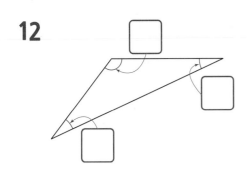

13

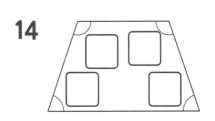

14

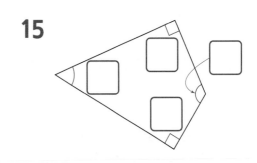

15

16 개념 체크

☐ 안에 알맞은 말을 써넣으세요.

☐ 은 0°보다 크고 직각보다 작은 각이고, ☐ 은 직각보다 크고 180° 보다 작은 각입니다.

빨리 채점해요!

17 일째 틀린 개수 　개

공부 한날 　월 　일

[1~2] 그림을 보고 물음에 답하세요.

1 두 변이 더 많이 벌어진 것은 어느 것일까요? (   )

2 두 각 중 더 큰 각은 어느 것일까요?

(   )

3 리듬체조 선수들의 경기 모습입니다. 다리를 더 많이 벌린 선수의 이름을 써 보세요.

(   )

4 가장 작은 각을 찾아 기호를 써 보세요.

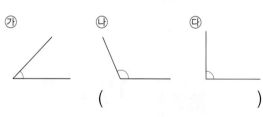

(   )

5 각의 크기가 큰 순서대로 □ 안에 1, 2, 3, 4를 써넣으세요.

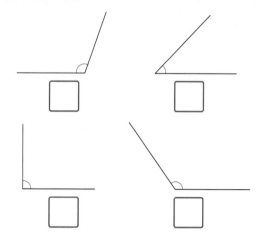

6 각도기를 이용하여 각도를 잴 때 각의 꼭짓점을 맞춰야 하는 곳을 찾아 번호를 써 보세요.

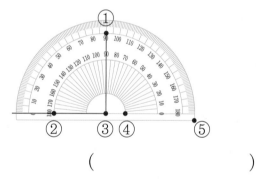

(   )

7 각도를 읽어 보세요.

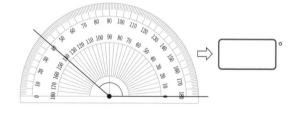

[8~9] 각도기를 이용하여 각도를 재어 보세요.

8
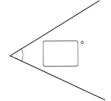

9

10 각도기를 이용하여 창문의 각도를 재어 보세요.

창문의 각도는 몇 도일까?

( )

11 각도기를 이용하여 다음과 같이 각도를 재었습니다. 잘못 잰 이유를 써 보세요.

이유

[12~13] 오른쪽 삼각형의 세 각의 크기를 재려고 합니다. 물음에 답하세요.

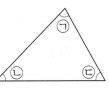

12 삼각형의 세 각의 크기를 각도기를 이용하여 각각 재어 보세요.

	㉠	㉡	㉢
각도			

13 ㉠, ㉡, ㉢ 중에서 가장 큰 각은 어느 것일까요?

( )

14 각도기를 이용하여 크기가 60°인 각을 그리는 순서대로 기호를 써 보세요.

㉠ 각도기의 중심과 각의 꼭짓점을 맞추고, 각도기의 밑금을 각의 한 변과 맞춥니다.

㉡ 각의 한 변을 그립니다.

㉢ 각도기를 떼고, 자를 이용하여 나머지 한 변을 그어 완성합니다.

㉣ 각도기의 밑금에서 시작하여 각도가 60°가 되는 눈금에 점을 표시합니다.

( )

15 주어진 각도의 각을 각도기 위에 그려 보세요.

100°

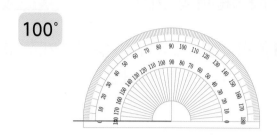

16 각도기와 자를 이용하여 주어진 각도의 각을 그려 보세요.

90°

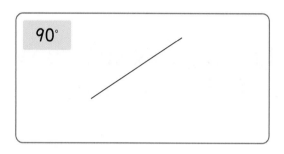

17 각도기와 자를 이용하여 각도가 65°인 각 ㄱㄴㄷ을 그려 보세요.

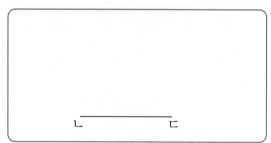

18 표시된 부분의 각이 예각이면 '예', 둔각이면 '둔'이라고 □ 안에 써넣으세요.

[19~20] 다음을 보고 물음에 답하세요.

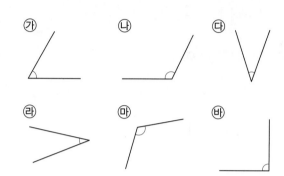

19 예각을 모두 찾아 기호를 써 보세요.

(   )

20 직각을 찾아 기호를 써 보세요.

(   )

21 시계의 긴바늘과 짧은바늘이 이루는 작은 쪽의 각이 둔각인 것을 찾아 기호를 써 보세요.

(   )

빨리 채점해요!

18일째 틀린 개수   개

공부 한날   월   일

개념 5 각도의 합과 차

✪ **각도를 어림해 봅시다.**

① 각도기를 이용하지 않고 각도가 얼마쯤 되는지 어림합니다.

② 각도기로 각도를 재어 어림한 각과 비교합니다.

예 직각보다 조금 작아 보여서 **80°**라고 어림했습니다.

각도기로 재어 보니 **78°**입니다.

→ 어림한 각도와 각도기를 이용하여 잰 각도의 차가 작을수록 잘 어림한 것입니다.

✪ **각도의 합을 구해 봅시다.**

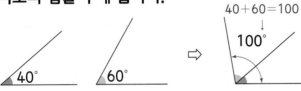

$40° + 60° = 100°$

→ 각도의 합은 자연수의 덧셈과 같은 방법으로 계산합니다.

✪ **각도의 차를 구해 봅시다.**

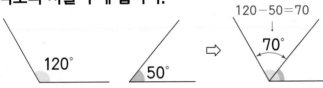

$120° - 50° = 70°$

→ 각도의 차는 자연수의 뺄셈과 같은 방법으로 계산합니다.

[1~2] 각도를 어림하고, 각도기로 재어 확인해 보세요.

1

어림한 각도: 약 [   ]°

잰 각도: [   ]°

2

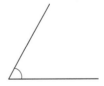

어림한 각도: 약 [   ]°

잰 각도: [   ]°

[3~5] 두 각도의 합을 구해 보세요.

[6~8] 두 각도의 차를 구해 보세요.

3

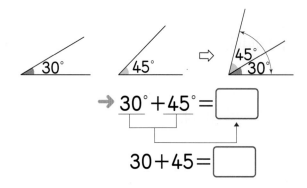

$\rightarrow$ $30° + 45° =$ ☐

$30 + 45 =$ ☐

6

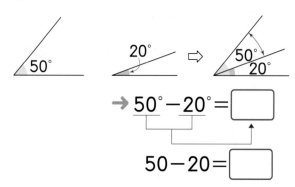

$\rightarrow$ $50° - 20° =$ ☐

$50 - 20 =$ ☐

4

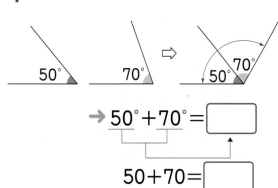

$\rightarrow$ $50° + 70° =$ ☐

$50 + 70 =$ ☐

7

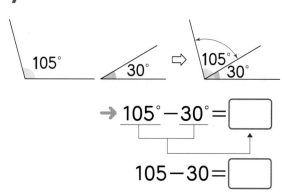

$\rightarrow$ $105° - 30° =$ ☐

$105 - 30 =$ ☐

5

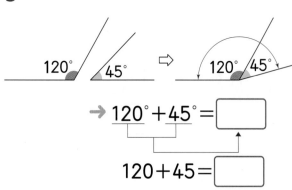

$\rightarrow$ $120° + 45° =$ ☐

$120 + 45 =$ ☐

8

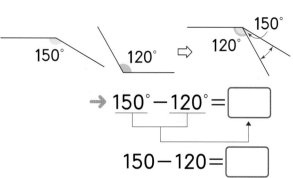

$\rightarrow$ $150° - 120° =$ ☐

$150 - 120 =$ ☐

[9~16] 각도의 합과 차를 구해 보세요.

9 $20° + 15° =$

20+15=35

> 각도의 합은 자연수의 덧셈과
> 같은 방법으로 계산해요.

10 $65° + 45° =$

11 $95° + 70° =$

12 $75° + 85° =$

13 $45° - 25° =$

14 $50° - 45° =$

15 $140° - 80° =$

16 $145° - 110° =$

[17~20] 직선이 이루는 각도를 이용하여 ㉠, ㉡의 각도를 구해 보세요.

17

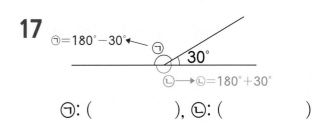

㉠ = 180° − 30°
㉡ → ㉡ = 180° + 30°

㉠: (　　　　　　), ㉡: (　　　　　　)

18

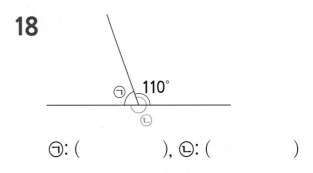

㉠: (　　　　　　), ㉡: (　　　　　　)

19

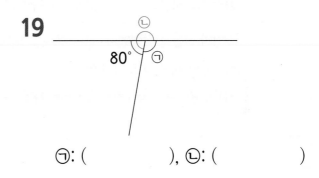

㉠: (　　　　　　), ㉡: (　　　　　　)

20

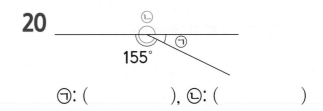

㉠: (　　　　　　), ㉡: (　　　　　　)

빨리 채점해요!

19일째 틀린 개수　　　개

공부 한날　　월　　일

개념 6 삼각형의 세 각의 크기의 합

✪ 삼각형의 세 각의 크기를 각도기로 재어 봅시다.

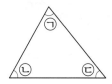

	㉠	㉡	㉢
각도	70°	60°	50°

➡ ㉠＋㉡＋㉢＝70°＋60°＋50°＝180°

✪ 삼각형을 잘라서 세 각의 크기의 합이 180°임을 알아봅시다.

 ⇨  ⇨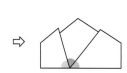

그림과 같이 삼각형을 잘라서 세 꼭짓점이 한 점에 모이도록
붙여 보면 삼각형의 세 각이 한 직선 위에 놓여 180°입니다.

참고 삼각형의 모양과 크기가 달라도 세 각의 크기의 합은 180°입니다.

그림과 같은 삼각형에서 ㉠의 각도는 다음과 같이 구합니다.
삼각형의 세 각의 크기의 합은 180°이므로

60°＋90°＋㉠＝180°에서 ㉠＝180°－60°－90°＝30°

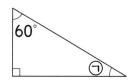

[1~3] 각도기를 이용하여 삼각형의 세 각의
크기를 재어 보고 합을 구하려고 합니다. ☐
안에 알맞은 수를 써넣으세요.

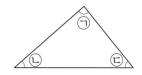

1 ㉠의 각도는 90°, ㉡의 각도는 ☐°,
㉢의 각도는 ☐°입니다.

2 ㉠＋㉡＋㉢＝90°＋☐°＋☐°
＝☐°

3 삼각형의 세 각의 크기의 합은 ☐°
입니다.

[4~7] 삼각형의 세 각의 크기의 합을 구하려고 합니다. ☐ 안에 알맞은 수를 써넣으세요.

4
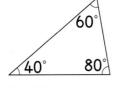
☐°+40°+80°=☐°

5
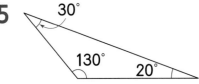
30°+☐°+20°=☐°

> 삼각형의 세 각의 크기의 합은 180°임을 이용해요.

6
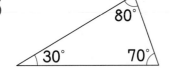
☐°+30°+70°=☐°

7
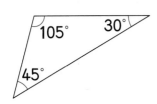
105°+45°+☐°=☐°

[8~10] ☐ 안에 알맞은 수를 써넣으세요.

8
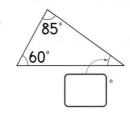
☐°

9
☐°
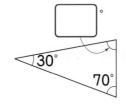

10
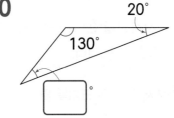
☐°

11 삼각형에서 ㉠과 ㉡의 각도의 합을 구해 보세요.

> ㉠과 ㉡의 각도의 합과 80°를 더하면 180°가 되어야 해요.

( )

12  개념 체크

알맞은 것에 ◯표 하세요.

삼각형의 모양과 크기가 달라도 삼각형의 세 각의 크기의 합은 항상 (180°, 360°)입니다.

빨리 채점해요!

20 일째　틀린 개수　개

공부 한날　월　일

개념 7 **사각형의 네 각의 크기의 합**

☆ **사각형의 네 각의 크기를 각도기로 재어 봅시다.**

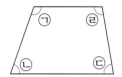

	㉠	㉡	㉢	㉣
각도	110°	70°	80°	100°

→ ㉠+㉡+㉢+㉣=110°+70°+80°+100°=360°

☆ **사각형을 잘라서 네 각의 크기의 합이 360°임을 알아봅시다.**

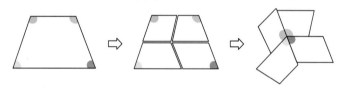

그림과 같이 사각형을 잘라서 네 꼭짓점이 한 점에 모이도록
붙여 보면 360°가 됩니다.

참고 사각형에서 세 각의 크기를 알 때 나머지 한 각의 크기 구하기

오른쪽 그림과 같은 사각형에서 ㉠의 각도는 다음과 같이 구합니다.
사각형의 네 각의 크기의 합은 360°이므로
95°+90°+60°+㉠=360°에서
㉠=360°−95°−90°−60°=115°

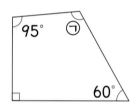

[1~3] 각도기를 이용하여 사각형의 네 각의 크기를 재어 보고
합을 구하려고 합니다. ☐ 안에 알맞은 수를 써넣으세요.

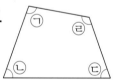

1 ㉠의 각도는 100°, ㉡의 각도는 70°, ㉢의 각도는 ☐°, ㉣의 각도는 ☐°입니다.

2 ㉠+㉡+㉢+㉣=100°+70°+☐°+☐°=☐°

3 사각형의 네 각의 크기의 합은 ☐°입니다.

[4~7] 사각형의 네 각의 크기의 합을 구하려고 합니다. ☐ 안에 알맞은 수를 써넣으세요.

4
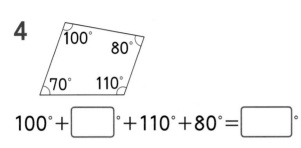

$100° + \boxed{}° + 110° + 80° = \boxed{}°$

5
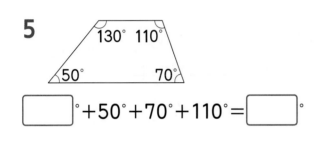

$\boxed{}° + 50° + 70° + 110° = \boxed{}°$

6
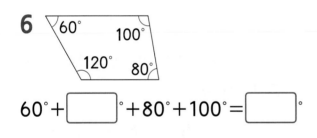

$60° + \boxed{}° + 80° + 100° = \boxed{}°$

7
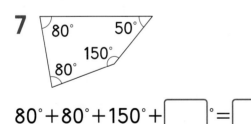

$80° + 80° + 150° + \boxed{}° = \boxed{}°$

[8~10] ☐ 안에 알맞은 수를 써넣으세요.

8
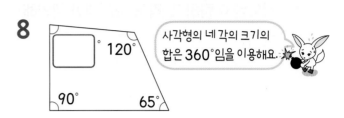
사각형의 네 각의 크기의 합은 360°임을 이용해요.

9
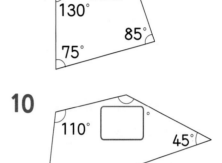

10
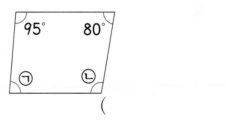

11 사각형에서 ㉠과 ㉡의 각도의 합을 구해 보세요.

(   )

12 개념 체크

알맞은 것에 ○표 하세요.

사각형의 모양과 크기가 달라도 사각형의 네 각의 크기의 합은 항상 (180°, 360°)입니다.

1 각도를 어림하고, 각도기로 재어 확인해 보세요.

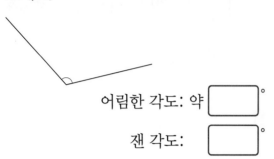

어림한 각도: 약 [ ]°

잰 각도: [ ]°

2 색종이를 겹치지 않게 이어 붙여 배 모양을 만든 것입니다. ㉠의 각도를 구해 보세요.

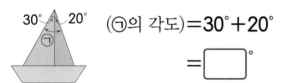

(㉠의 각도)=30°+20°
=[ ]°

3 주하가 먹고 남은 피자 조각인 ㉠의 각도를 구해 보세요.

처음에는 피자의 각도가 110°였는데 30°만큼 잘라 먹었어.

주하

(㉠의 각도)=110°−30°=[ ]°

4 두 각도의 합과 차를 각각 구해 보세요.

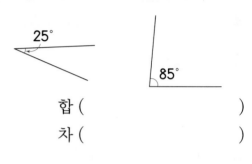

합 ( )
차 ( )

5 각의 크기를 비교하여 ◯ 안에 >, =, <를 알맞게 써넣으세요.

25°+109° ◯ 140°

6 계산 결과가 둔각인 것을 모두 찾아 기호를 써 보세요.

㉠ 55°+35°　　㉡ 64°+38°
㉢ 116°−48°　　㉣ 121°−29°

( )

7 그림에서 ㉠의 각도를 구해 보세요.

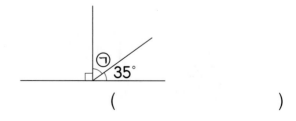

( )

8 삼각형을 종이에 그린 후 잘라서 세 꼭짓점이 한 점에 모이도록 겹치지 않게 이어 붙였습니다. ㉠의 각도를 구해 보세요.

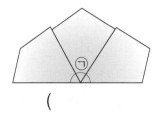

(   )

9 직각 삼각자의 ☐ 안에 알맞은 각도를 써넣으세요.

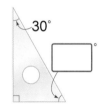

10 도형에서 ㉠의 각도를 구해 보세요.

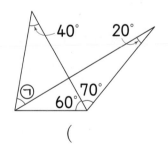

(   )

11 삼각형에서 ㉠의 각도를 구해 보세요.

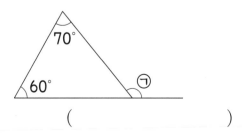

(   )

12 오른쪽 그림과 같이 사각형을 삼각형 2개로 나눌 수 있습니다.

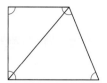

☐ 안에 알맞은 수를 써넣으세요.

(사각형의 네 각의 크기의 합)

=(삼각형의 세 각의 크기의 합)×☐

=☐°

13 ☐ 안에 알맞은 수를 써넣으세요.

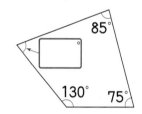

14 사각형에서 ㉠의 각도를 구해 보세요.

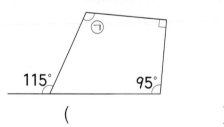

(   )

유형 ① 시계의 긴바늘과 짧은바늘이 이루는 각

그림과 같이 시계가 5시를 가리키고 있습니다. 시계의 긴바늘과 짧은바늘이 이루는 작은 쪽의 각은 예각, 직각, 둔각 중에서 어느 것인지 써 보세요.

 핵심 체크

시계의 긴바늘과 짧은바늘이 이루는 각 중 더 작은 쪽의 각을 어림하여 0°보다 크고 90°보다 작은지, 90°인지, 90°보다 크고 180°보다 작은지를 알아 봅니다.

풀이

1단계 예각, 직각, 둔각은 어떤 각인지 알아보기

$$0° < \boxed{} < 90°,$$

$$90° < \boxed{} < 180° \text{이고}$$

$$직각 = \boxed{} \text{입니다.}$$

2단계 긴바늘과 짧은바늘이 이루는 작은 쪽의 각도를 어림하기

긴바늘과 짧은바늘이 이루는 작은 쪽의 각도 는 약 $\boxed{}$ 입니다. 따라서 이 각은

(예각, 직각, 둔각) 입니다.

답

유형 ①-1

그림과 같이 시계가 7시 20분을 가리키고 있습니다. 시계의 긴바늘과 짧은바늘이 이루는 작은 쪽의 각은 예각, 직각, 둔각 중 어느 것인지 써 보세요.

(   )

유형 ①-2

준수가 집에 도착하여 시계 를 보니 3시 30분을 가리 키고 있었습니다. 시계의 긴바늘과 짧은바늘이 이루 는 작은 쪽의 각도를 구해 보세요.

(   )

유형 ② 찢어진 종이에서 각도 구하기

그림과 같이 두 각의 크기
가 각각 105°, 50°인
삼각형 모양의 종이 한 쪽
이 찢어졌습니다. 이 삼각형의 찢어진
부분의 각도는 몇 도일까요?

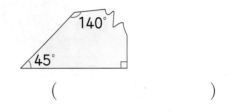

👆 핵심 체크

삼각형은 모양과 크기에 상관없이 세 각의 크기의
합은 항상 180°로 일정합니다. 즉, 찢어진 부분의
각의 크기는 180°에서 주어진 두 각의 크기를 빼서
구합니다.

풀이

1단계 찢어진 부분의 각도를 구하기 위한 식 세우기

삼각형의 찢어진 부분의 각도를 ★라 하면

삼각형의 세 각의 크기의 합은 □°

이므로 105°+50°+★=□°

2단계 찢어진 부분의 각도 구하기

★=□°−105°−50°=□°

답 _____

유형 ②-1

그림과 같이 세 각의 크기가 각각 140°,
45°, 90°인 사각형 모양의 종이 한 쪽이
찢어졌습니다. 이 사각형의 찢어진 부분의
각도는 몇 도일까요?

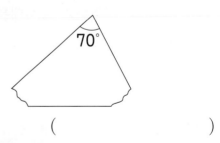

(   )

유형 ②-2

한 각의 크기가 70°인 삼각형 모양의 종이
가 찢어졌습니다. 이 삼각형의 찢어진 부분
의 각도의 합은 몇 도일까요?

(   )

23일째 틀린
개수   개

공부
한날   월   일

서술형 대비 문제

1 대표 문제

세원이가 칠판에 직각보다 **20°**만큼 더 큰 각을 그렸습니다. 세원이가 칠판에 그린 각의 크기는 몇 도인지 풀이 과정을 쓰고, 답을 구해 보세요.

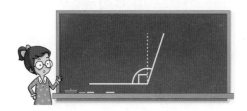

풀이

직각은 $\boxed{}$°입니다. 세원이는 직각보다 $\boxed{}$°만큼 더 큰 각을 그렸으므로 그린 각의 크기는

$\boxed{}$° + $\boxed{}$° = $\boxed{}$° 입니다.

답 ....

○ 힌트 체크

세원이가 칠판에 ❷직각보다 ❶20°만큼 더 큰 각을 그렸습니다. 세원이가 칠판에 그린 각의 크기는 몇 도인지 풀이 과정을 쓰고, 답을 구해 보세요.

❶ 20°만큼 더 큰 각 ➡ 원래의 각도에 20°만큼 더하여 만들어진 새로운 각을 그렸습니다.
❷ 직각은 90°임을 이용하여 각의 합을 구합니다.

1 연습 문제

지현이가 독서대를 세우기 전 **40°**에서 **10°**만큼 더 세웠다고 합니다. 지현이가 독서대를 세운 후의 각도는 몇 도인지 풀이 과정을 쓰고, 답을 구해 보세요.

←세운 후
←세우기 전

풀이

....

....

답 ....

서술형~

② 대표 문제

민정이는 두 각의 크기가 각각 **50°**, **85°**인 사각형을 그렸습니다. 민정이가 그린 사각형의 나머지 두 각의 크기의 합은 몇 도인지 풀이 과정을 쓰고, 답을 구해 보세요.

풀이

민정이가 그린 사각형의 나머지 두 각의 크기의 합을 ★라 하면

$50° + 85° + ★ = \boxed{}°$

$★ = \boxed{}° - 50° - 85° = \boxed{}°$

따라서 나머지 두 각의 크기의 합은 $\boxed{}°$입니다.

답 ....

> **✪ 힌트 체크**
>
> 민정이는 두 각의 크기가 각각 **50°**, **85°**인 ❷사각형을 그렸습니다. 민정이가 그린 사각형의 ❶나머지 두 각의 크기의 합은 몇 도인지 풀이 과정을 쓰고, 답을 구해 보세요.
>
> ❶ 나머지 두 각의 크기의 합
> ➡ 사각형의 네 각의 크기의 합에서 주어진 두 각의 크기를 빼서 구합니다.
>
> ❷ 사각형은 모양과 크기에 상관없이 네 각의 크기의 합은 항상 360°로 일정합니다.

---

② 연습 문제

찬우는 두 각도가 각각 **30°**, **110°**인 삼각형을 그리려고 합니다. 찬우가 그리려는 삼각형의 나머지 각의 크기는 몇 도인지 풀이 과정을 쓰고, 답을 구해 보세요.

풀이

....

....

....

답 ....

> **✪ 힌트 체크**
>
> ★ 힌트가 되는 부분에 ○표 하세요!

빨리 채점해요!

24일째 틀린 개수

공부 한 날   월

단원 평가 1회

1

두 가위 중 더 많이 벌어진 가위에 ○표 하세요.

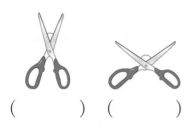

(   ) (   )

2 시험에 꼭!

각도기를 이용하여 각도를 재는 순서대로 기호를 써 보세요.

┌─────────────────────────────────┐
│ ㉠ 변 ㄱㄴ이 닿은 안쪽 눈금을 읽습니다. │
│ ㉡ 각 ㄱㄴㄷ의 각도는 60°입니다.   │
│ ㉢ 각도기의 중심을 각의 꼭짓점 ㄴ에   │
│   맞추고, 각도기의 밑금을 변 ㄴㄷ에   │
│   맞춥니다.   │
│ ㉣ 각의 한 변이 각도기의 바깥쪽 눈금   │
│   0과 안쪽 눈금 0 중 어느 곳에 맞춰   │
│   져 있는지 알아봅니다.   │
└─────────────────────────────────┘

(   )

3

각도기를 이용하여 각도가 65°인 각을 찾아 기호를 써 보세요.

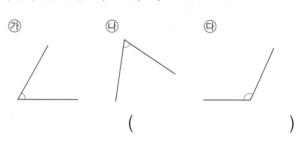

⑦   ④   ⑭

(   )

4

혜수가 먹을 피자 조각을 찾아 기호를 써 보세요.

각이 가장 큰 피자 조각을 먹어야지.

혜수

(   )

5

주어진 각도의 각을 각도기 위에 그려 보세요.

75°

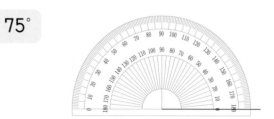

6

예각을 모두 찾아 써 보세요.

15°	100°	60°	180°	90°

(   )

7

현지가 집에 도착했을 때 시계의 긴바늘과 짧은바늘이 이루는 작은 쪽의 각은 예각, 둔각, 직각 중에서 어느 것일까요?

(   )

8

각도기를 이용하여 두 각도를 각각 재어 두 각도의 합을 구해 보세요.

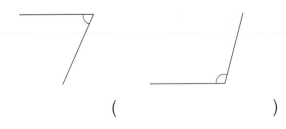

(   )

9 시험에 꼭!

삼각형을 잘라서 세 꼭짓점이 한 점에 모이도록 겹치지 않게 이어 붙였습니다. 삼각형의 세 각의 크기의 합은 몇 도일까요?

(   )

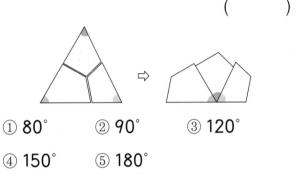

① 80°   ② 90°   ③ 120°

④ 150°   ⑤ 180°

10

주어진 각도를 어림하여 그리고, 각도기로 재어 확인해 보세요.

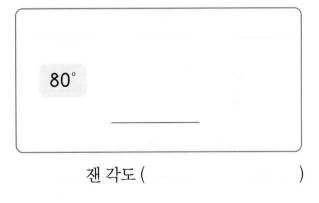

잰 각도 (   )

11

가장 큰 각과 가장 작은 각의 차를 구해 보세요.

24°	직각	136°	87°

(   )

12

도형에서 ㉠과 ㉡의 각도를 각도기로 재어 두 각도의 차를 구해 보세요.

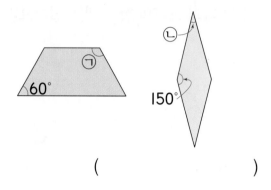

(   )

13

□ 안에 알맞은 수를 써넣으세요.

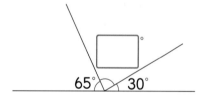

14

㉠에 알맞은 각도를 구해 보세요.

사다리에서 찾을 수 있는 사각형에서 각도를 구해 봐.

(   )

15

삼각형의 세 각의 크기가 될 수 없는 것의 기호를 써 보세요.

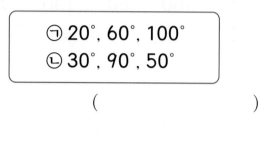

㉠ 20°, 60°, 100°
㉡ 30°, 90°, 50°

(   )

16

직각 삼각자 2개를 붙여 놓은 것입니다. ㉠의 각도를 구해 보세요.

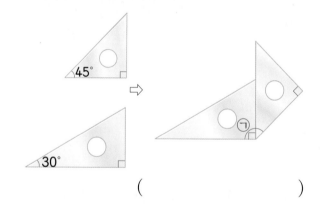

(   )

17

두 개의 삼각형을 겹치지 않게 이어 붙여서
사각형을 만들었습니다. ㉠의 각도를 구해
보세요.

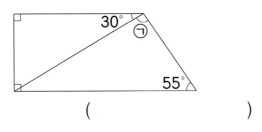

( )

18 도전해 **얍!**

그림과 같이 직사각형 모양의 종이를 접었
습니다. ㉠의 각도를 구하세요.

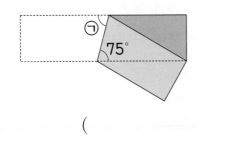

( )

서술형 문제

19

주현이가 다음과 같은 삼각형을 그리려고
합니다. 주현이가 삼각형을 그릴 수 <u>없는</u>
이유를 설명해 보세요.

이유

20

각의 크기를 비교하여 ○ 안에 >, =, <
를 알맞게 써넣으세요.

$$98° + 45° \bigcirc 180° - 27°$$

풀이

답

단원 평가 2회

(문제당 5점)

점수 　　　　 점

1

각을 보고 세 각의 크기를 비교한 결과를 설명해 보세요.

㉮　　　㉯　　　㉰

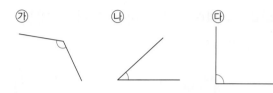

설명

2 시험에 꼭!

각도를 구하세요.

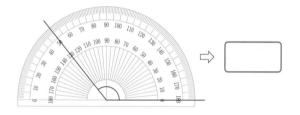

⇨

3

각도기를 이용하여 블록의 각도를 재어 보세요.

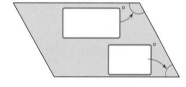

4

각도가 40°인 각을 그리는 순서입니다. 순서대로 ☐ 안에 1, 2, 3, 4를 써넣으세요.

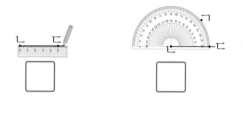

5

색종이를 위와 같이 한 번 접었을 때 만들어진 각과 크기가 같은 각을 각도기와 자를 이용하여 그려 보세요.

강아지를 접어 볼까?

6 시험에 꼭!

도형에서 둔각은 모두 몇 개일까요?

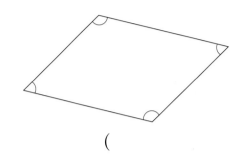

( )

7

주어진 선분을 한 변으로 하는 둔각을 그리려고 합니다. 점 ㄱ과 이어야 하는 점은 어느 것일까요? ( )

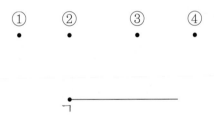

8

바르게 설명한 사람의 이름을 써 보세요.

세호
삼각형은 모양이 달라도 세 각의 크기의 합은 항상 180°야.

삼각형은 크기가 커질수록 세 각의 크기의 합도 커져.
가은

( )

9

성아가 그림을 그리기 위해 조절한 책상의 각도는 몇 도일까요?

지금은 책상의 각도가 15°인데 30°를 더 높여서 그림을 그려야겠다.
성아

( )

10

☐ 안에 알맞은 수를 써넣으세요.

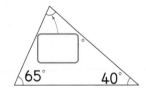

11

민채와 주완이가 주어진 그림의 각도를 어림했습니다. 각도기로 재어 보고 누가 어림을 더 잘 했는지 써 보세요.

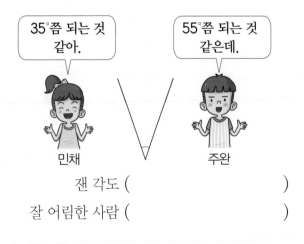

35°쯤 되는 것 같아.
민채

55°쯤 되는 것 같은데.
주완

잰 각도 ( )

잘 어림한 사람 ( )

12

삼각형을 잘라서 세 꼭짓점이 한 점에 모이도록 겹치지 않게 이어 붙였습니다. ㉠의 각도를 구해 보세요.

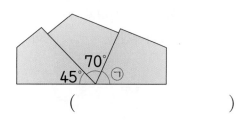

(   )

13

사각형을 그림과 같이 4개의 삼각형으로 나누어 사각형의 네 각의 크기의 합을 구하려고 합니다. ☐ 안에 알맞은 각도를 써넣으세요.

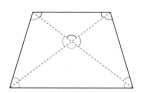

사각형을 4개의 삼각형으로 나누었으므로 표시한 모든 각의 크기의 합은

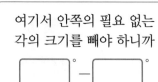 ° × 4 = ☐ ° 야.

여기서 안쪽의 필요 없는 각의 크기를 빼야 하니까

☐ ° − ☐ °

= ☐ ° 야.

→ (사각형의 네 각의 크기의 합) = ☐ °

14

계산 결과가 예각인 것을 모두 찾아 기호를 쓰세요.

㉠ 25°+65°	㉡ 28°+60°
㉢ 150°−45°	㉣ 145°−60°

(   )

15

다음은 지수, 명진, 연정이가 사각형의 네 각의 크기를 잰 표입니다. 세 사람 중 사각형의 네 각의 크기를 잘못 잰 사람은 누구일까요?

지수	100°, 30°, 75°, 155°
명진	90°, 70°, 100°, 90°
연정	65°, 125°, 70°, 100°

(   )

16

㉠의 각도를 구하세요.

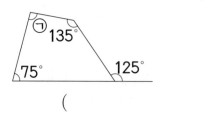

(   )

17

그림은 직선을 크기가 같은 5개의 각으로 나눈 것입니다. 점 ㄱ을 각의 꼭짓점으로 하는 각 중에서 둔각의 개수를 구해 보세요.
( )

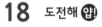

18 도전해 얍!

도형에 표시된 모든 각의 크기의 합을 구해 보세요.

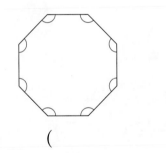

( )

19

효진이가 각도기로 각의 크기를 잘못 잰 이유를 쓰고, 바르게 각도를 재어 써 보세요.

각의 크기는 70°야.

효진

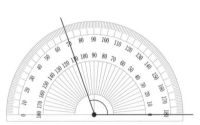

풀이

답

20

그림과 같은 도형에서 ㉠의 각도를 구하는 풀이 과정을 쓰고, 답을 구해 보세요.

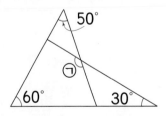

풀이

답

곱셈과 나눗셈

무슨 책이 저렇게 많아?

알뜰 장터에서 기부 받은 책이래.

모두 325권인데 한 상자에 25권씩 넣어서 마을 도서관에 보낼 거래.

325권을 25권씩 묶으면 13묶음이니까 책을 넣을 상자 13개가 필요하네.

책을 기부받습니다

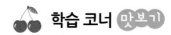

✪ (세 자리 수) × (몇십)

• 세 자리 수와 몇을 간단히 곱한 후, 그 결과에 0을 1개 붙여줘요.

• 282 × 20의 계산

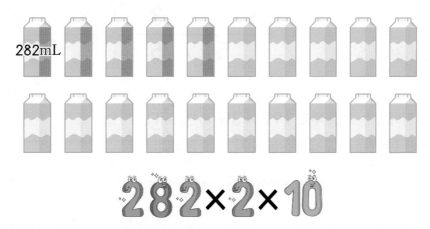

282에 2배를 하고 그 값에 다시 10배!

✪ (세 자리 수) ÷ (몇십)

• (세 자리 수)와 (몇십)을 똑같이 0을 빼고 간단히 나눠 봐요.

• 240 ÷ 60의 계산

 묶음

개념 1 **(세 자리 수)×(몇십)**

✿ (세 자리 수)×(몇)을 계산한 다음 0을 1개 붙입니다.

· 192×30의 계산

① 192×3=576
   ↓   ↓
  10배   10배
② 192×30=5760

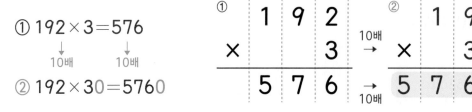

① 먼저 뒤에 있는 0을 빼고 192×3을 계산합니다.
② 남은 0 한 개를 ①에서 계산한 숫자 뒤에 붙입니다.

[1~2] 241×30을 여러 가지 방법으로 계산하려고 합니다. 물음에 답하세요.

1 그림을 보고 ☐ 안에 알맞은 수를 써넣으세요.

241	241	241	241	241	241	241	241	241	241
241	241	241	241	241	241	241	241	241	241
241	241	241	241	241	241	241	241	241	241

241×3= ☐ ——— 10배 ——→ 241×30= ☐

2 세로셈으로 계산해 보세요.

```
    2 4 1           2 4 1
  ×     3    ⇨    ×   3 0
  ┌─────┐         ┌───────┐
  └─────┘         └───────┘
```
        └── 10배 ──┘

[3~5] 계산해 보세요.

3

```
    1 7 9
  ×   2 0
  ─────────
```

4

```
    4 8 5
  ×   4 0
  ─────────
```

5

```
    7 8 2
  ×   5 0
  ─────────
```

[6~8] ☐ 안에 알맞은 수를 써넣으세요.

6 18×4=☐

180×4=☐

180×40=☐

7

```
  2 5 7          2 5 7
×     3    ⇨   ×   3 0
─────          ─────
☐              ☐
```

8

```
  3 0 8          3 0 8
×     6    ⇨   ×   6 0
─────          ─────
☐              ☐
```

[9~11] 빈칸에 알맞은 수를 써넣으세요.

9

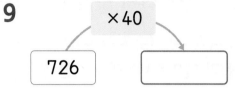

726 ×40 → ☐

726×40을 계산해요!

10

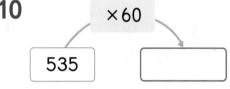

535 ×60 → ☐

11

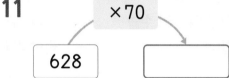

628 ×70 → ☐

12 개념 체크

☐ 안에 알맞은 수를 써넣으세요.

(세 자리 수)×(몇십)의 계산은
(세 자리 수)×(몇)의 값의 뒤에 0을
☐개 붙입니다.

빨리 채점해요!

27일째   틀린
          개수   개

공부
한날   월   일

3. 곱셈과 나눗셈 **79**

개념 2 **(세 자리 수)×(두 자리 수)**

✪ (세 자리 수)×(두 자리 수)는 두 자리 수를
몇십과 몇으로 나누어 계산한 후 두 곱을 더합니다.

· 184×23의 계산 →
① 184× 3＝ 552 ⎤
② 184×20＝3680 ⎦ 더합니다.
③   4232

①
```
    1 8 4
  ×   2 3
  ─────────
    5 5 2
```
→
②
```
    1 8 4
  ×   2 3
  ─────────
    5 5 2
  3 6 8 0
```
→
③
```
    1 8 4
  ×   2 3      ← 20+3
  ─────────
    5 5 2      ← 184×3
  3 6 8        ← 184×20
  ─────────
  4 2 3 2
```

① 세 자리 수와 두 자리
수의 일의 자리 수를
곱합니다.

② 세 자리 수와 두 자리
수의 십의 자리 수를
곱합니다.

③ ①, ②의 계산 결과를
더합니다.

[1~2] 351×28을 여러 가지 방법으로 계산하려고 합니다. 물음에 답하세요.

1 ☐ 안에 알맞은 수를 써넣으세요.

351×8   351×20

$351×28=$ ☐ $+$ ☐ $=$ ☐

2 세로셈으로 계산해 보세요.

```
    3 5 1
  ×     8
  ─────────
  ☐ ☐ ☐ ☐
```
→
```
    3 5 1
  ×     2
  ─────────
  2 8 0 8
  ☐ ☐ ☐ ☐
```
→
```
    3 5 1
  ×   2 8
  ─────────
  2 8 0 8
  7 0 2 0
  ─────────
  ☐ ☐ ☐ ☐
```

[3~5] ☐ 안에 알맞은 수를 써넣으세요.

3
275×18
$\begin{cases} 275 \times 8 = \boxed{} \\ 275 \times 10 = \boxed{} \end{cases}$
$\boxed{}$

4
208×76
$\begin{cases} 208 \times 6 = \boxed{} \\ 208 \times 70 = \boxed{} \end{cases}$
$\boxed{}$

5
366×35
$\begin{cases} 366 \times 5 = \boxed{} \\ 366 \times 30 = \boxed{} \end{cases}$
$\boxed{}$

[6~7] 계산해 보세요.

6
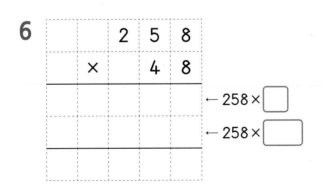

```
      2  5  8
   ×     4  8
```
← 258 × ☐
← 258 × ☐

7
```
   3  8  9
×     6  3
```

[8~10] 빈칸에 알맞은 수를 써넣으세요.

8
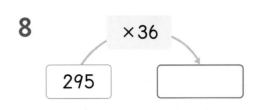

295 → ×36 → ☐

9
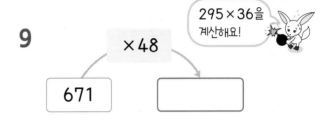

295×36을 계산해요!

671 → ×48 → ☐

10
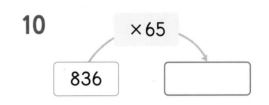

836 → ×65 → ☐

11  개념 체크

☐ 안에 알맞은 수를 써넣으세요.

413×59에서 59는 50과 9의 합이므로 413×50과 413×9의 합으로 나타낼 수 있습니다.

$413 \times 50 = \boxed{}$,

$413 \times 9 = \boxed{}$ 이므로

$413 \times 59 = \boxed{} + \boxed{}$

$= \boxed{}$ 입니다.

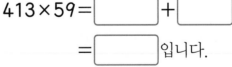

중요 유형 익히기

1 보기와 같이 ☐ 안에 알맞은 수를 써넣으세요.

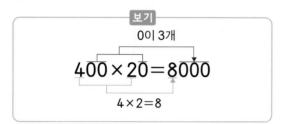

보기

0이 3개

$400 \times 20 = 8000$

$4 \times 2 = 8$

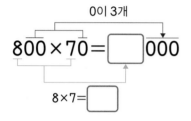

0이 3개

$800 \times 70 = \boxed{}000$

$8 \times 7 = \boxed{}$

[2~4] 계산해 보세요.

2
$$\begin{array}{r} 5\ 0\ 0 \\ \times\quad 7\ 0 \\ \hline \end{array}$$

3
$$\begin{array}{r} 6\ 4\ 3 \\ \times\quad 6\ 0 \\ \hline \end{array}$$

4
$$\begin{array}{r} 1\ 9\ 6 \\ \times\quad 7\ 2 \\ \hline \end{array}$$

5 빈칸에 알맞은 수를 써넣으세요.

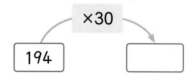

$\times 30$

194

6 ☐ 안에 알맞은 수를 써넣으세요.

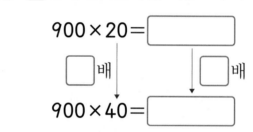

$900 \times 20 = \boxed{}$

$\boxed{}$배

$\boxed{}$배

$900 \times 40 = \boxed{}$

7 다음 두 수의 곱을 구해 보세요.

175   60

(   )

8 계산 결과에 맞게 이어 보세요.

300×60 •   • 9840

246×40 •   • 14460

482×30 •   • 18000

9 ☐ 안에 알맞은 수를 써넣으세요.

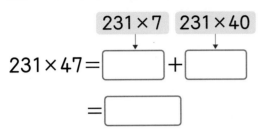

231 × 47 = ☐ + ☐

= ☐

10 세 자리 수를 몇백으로, 두 자리 수를 몇십으로 어림하여 계산해 보세요.

464 × 32 ⇨ ☐ × ☐

= ☐

11 가장 큰 수와 가장 작은 수의 곱을 구해 보세요.

| 59 | 837 | 729 | 48 |

( )

12 빈칸에 알맞은 수를 써넣으세요.

⊗ →

| 157 | 84 | |
| 429 | 62 | |

13 곱의 크기를 비교하여 ○ 안에 >, =, <를 알맞게 써넣으세요.

392 × 60 ○ 584 × 40

14 계산 결과가 큰 것부터 차례대로 기호를 써 보세요.

| ㉠ 416 × 25 | ㉡ 571 × 18 |
| ㉢ 629 × 17 | ㉣ 883 × 12 |

( )

15 해윤이는 친구들에게 나누어 주려고 700원짜리 과자 20개를 샀습니다. 해윤이가 산 과자는 모두 얼마일까요?

( )

빨리 채점해요!

29 일째 틀린 개수 개

공부 한날 월 일

개념 3 (세 자리 수)÷(몇십)

(1) **나머지가 없는 (세 자리 수)÷(몇십)**

• 140÷20의 계산

$$\begin{array}{r} 7 \leftarrow 몫 \\ 20)\overline{140} \\ 20\times7 \rightarrow \underline{140} \\ 140-140 \rightarrow 0 \end{array}$$

$$140\div20=7$$
$$14\div2=7$$

$$\left.\begin{array}{l}140\div20=7\\14\div2=7\end{array}\right\} \text{몫이 같습니다.}$$

(2) **나머지가 있는 (세 자리 수)÷(몇십)**

• 158÷30의 계산

$$\boxed{\begin{array}{l}30\times4=120\\30\times5=150\\30\times6=180\end{array}}$$ 158에 30이 5번 들어갑니다. →

$$\begin{array}{r} 5 \leftarrow 몫 \\ 30)\overline{158} \\ \underline{150} \\ 8 \leftarrow 나머지 \end{array}$$

→ 30×5=150으로 30에 5를 곱하면 158에 가까우므로 몫을 5로 어림할 수 있습니다.

$$158\div30=5\cdots8 \quad \text{몫: 5,} \quad \text{나머지: 8}$$

확인 $30\times5=150, 150+8=158$

> 같은 수를 여러 번 덜어내어 몫을 구합니다.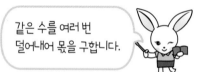

[1~3] 514÷60을 계산하는 방법을 알아보려고 합니다. ☐ 안에 알맞은 수를 써넣으세요.

1 514÷60의 몫은 60×8=☐(으)로 60에 8을 곱하면 514에 가까우므로

몫을 ☐(으)로 어림할 수 있습니다.

2

$$\begin{array}{l}60\times7=\boxed{}\\60\times8=\boxed{}\\60\times9=\boxed{}\end{array}$$ →

$$\begin{array}{r} \boxed{} \\ 60)\overline{514} \\ \boxed{} \leftarrow 60\times\boxed{} \\ \boxed{} \end{array}$$

3 확인 $60\times\boxed{}=\boxed{}, \boxed{}+\boxed{}=\boxed{}$

정답 및 풀이 25쪽

[4~6] 필요한 곱셈식에 ○표 하고, 계산해 보세요.

4

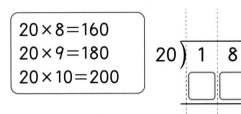

20×8=160
20×9=180
20×10=200

$$20\overline{)186}$$

5

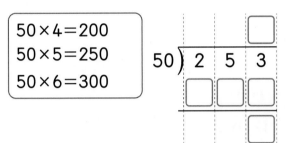

50×4=200
50×5=250
50×6=300

$$50\overline{)253}$$

6

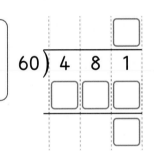

60×7=420
60×8=480
60×9=540

$$60\overline{)481}$$

[7~10] 계산해 보세요.

7 360÷40

8 540÷90

9 $30\overline{)150}$

10 $70\overline{)560}$

[11~13] 빈칸에 알맞은 수를 써넣으세요.

11 108 → ÷30 → □ ⋯ ○

30과 곱하여 108에
가장 가까운 수를 찾아봐요.

12 487 → ÷50 → □ ⋯ ○

13 729 → ÷80 → □ ⋯ ○

14 개념 체크

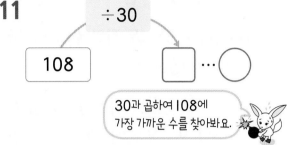

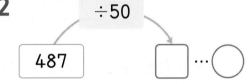

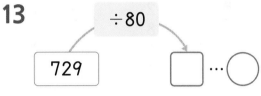

다음 □ 안에 알맞은 수를 써넣으세요.

(1) 320÷80의 몫은 32÷□의 몫과 같습니다.

(2) 490÷70의 몫은 □÷7의 몫과 같습니다.

빨리 채점해요!

30 일째	틀린 개수	개
공부한 날	월	일

개념4 몫이 한 자리 수인 (두 자리 수)÷(두 자리 수)

(1) 나머지가 없는 (두 자리 수)÷(두 자리 수)

· 80÷16의 계산

$$16\overline{)80} \quad 5$$

$$\begin{array}{c} 16\times4=64 \\ 16\times5=80 \\ 16\times6=96 \end{array}$$
16×5=80이므로 몫의 자리에 5를 씁니다.

$$16\overline{)80} \quad 5$$ → 몫을 어림하여 계산해 봅니다.
80 →16×5
0 →80−80

(2) 나머지가 있는 (두 자리 수)÷(두 자리 수)

· 62÷12의 계산

몫을 4로 어림 ← ④ → 몫을 1 크게 합니다. → 5 ← 몫을 1 작게 합니다. ← ⑥ → 몫을 6으로 어림

$$12\overline{)62} \quad ④$$
48
①④
나머지가 나누는 수보다 큽니다.

$$12\overline{)62} \quad 5$$
60
2

$$12\overline{)62} \quad ⑥$$
72 ─ 뺄 수 없습니다.

62÷12=5…2   몫: 5,   나머지: 2

확인 12×5=60, 60+2=62

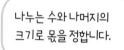 나누는 수와 나머지의 크기로 몫을 정합니다.

[1~3] 72÷21을 계산하는 방법을 알아보려고 합니다. ☐ 안에 알맞은 수를 써넣으세요.

1 21을 20으로 생각하면 20×4=☐(으)로 72에 가까우므로 몫을 ☐(으)로 어림할 수 있습니다.

2

$$21\overline{)72} \quad 4$$
☐
뺄 수 없습니다.

몫을 1 작게 합니다. →

$$21\overline{)72} \quad ☐$$
☐
☐

3 확인 21×☐=☐, ☐+☐=☐

[4~5] 계산하고 나눗셈을 바르게 했는지 확인해 보세요.

4

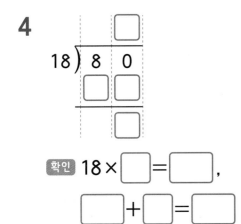

확인 18× ☐ = ☐ ,

☐ + ☐ = ☐

5

31) 9 7

확인 31× ☐ = ☐ ,

☐ + ☐ = ☐

[6~8] 계산해 보세요.

6

15) 8 2

7

26) 8 6

8 99÷45

[9~12] 어림한 나눗셈의 몫으로 가장 알맞은 것에 ○표 하세요.

9

58÷18

(1 , 3 , 10 , 30)

10

89÷32

(1 , 3 , 10 , 30)

11

84÷21

(2 , 4 , 20 , 40)

12

81÷39

(2 , 4 , 20 , 40)

13 개념 체크

☐ 안에 알맞은 수를 써넣으세요.

52÷11에서 52를 약 50, 11을 약 10이라고 하면 50÷10= ☐ 이므로 52÷11의 몫은 약 ☐ 로 어림할 수 있습니다.

빨리 채점해요!

31 일째 틀린 개수 개

공부 한날 월 일

개념 5 몫이 한 자리 수인 (세 자리 수) ÷ (두 자리 수)

• 127 ÷ 18의 계산

127보다 크지 않으면서 18과 곱해 127에 가장 가까워지는 수를 찾습니다.

몫을 6으로 어림 ← ⑥   몫을 1 크게 합니다. → 7 ← 몫을 1 작게 합니다.   ⑧ → 몫을 8로 어림

$$18\overline{)127}$$
$$108$$
$$⑲$$

나머지가 나누는 수보다 큽니다. ↙

$$18\overline{)127}$$
$$126$$
$$1$$

$$18\overline{)127}$$
$$144$$ 빼 수 없습니다.

127 ÷ 18 = 7 … 1   몫: 7,   나머지: 1

확인 18 × 7 = 126, 126 + 1 = 127

나누는 수와 나머지의 크기로 몫을 정합니다.

[1~3] 139 ÷ 23을 계산하는 방법을 알아보려고 합니다. 물음에 답하세요.

1 139 ÷ 23의 몫을 어림해 보세요.

23을 20쯤으로 생각하면 20 × 7 = ☐ (으)로 139에 가까우므로

몫을 ☐ (으)로 어림할 수 있습니다.

2 곱셈을 이용하여 139 ÷ 23을 계산하는 방법을 알아보세요.

가장 가까운 곱 찾기

23 × 6 = ☐

23 × 7 = ☐

$$23\overline{)139}$$
☐
빼 수 없습니다.

7 → 몫을 1 작게 합니다. → ☐

$$23\overline{)139}$$
☐
☐

3 계산 결과가 맞는지 확인해 보세요.

확인 23 × ☐ = ☐ , ☐ + ☐ = ☐

[4~5] 계산하고, 나눗셈을 바르게 했는지 확인해 보세요.

4

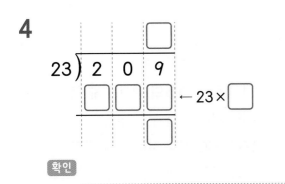

확인

5

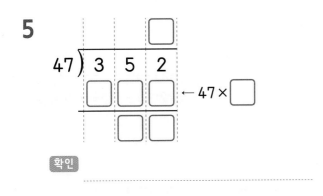

확인

[6~8] 빈칸에 몫을, ◯ 안에 나머지를 써넣으세요.

6

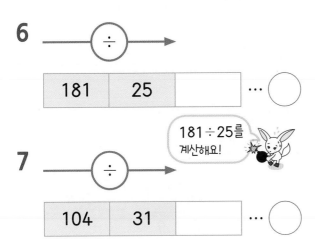

7

181÷25를 계산해요!

8

425 45 …◯

9 ☐ 안에 알맞은 수를 써넣으세요.

$192 \div 12 = 16$

⬇ ⬇

$192 \div 24 = $ ☐

⬇ ⬇

$192 \div 48 = $ ☐

10 497÷80의 몫과 나머지를 구하려고 합니다. ☐ 안에 알맞은 수를 써넣으세요.

$400 \div 80 = $ ☐

$97 \div 80 = $ ☐ … ☐

$497 \div 80 = $ ☐ … ☐

11 개념 체크

☐ 안에 알맞은 수를 써넣으세요.

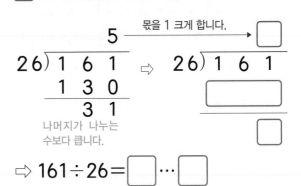

몫을 1 크게 합니다.

나머지가 나누는 수보다 큽니다.

⇨ $161 \div 26 = $ ☐ … ☐

빨리 채점해요!

32 일째 틀린 개수   개

공부 한날   월   일

개념 6 몫이 두 자리 수인 (세 자리 수)÷(두 자리 수)

(1) 나머지가 없는 (세 자리 수)÷(두 자리 수)

· 465÷15의 계산

① 먼저 46÷15의 계산을 해 몫의 십의 자리 수를 구합니다.
② 남은 수와 일의 자리 수를 합한 15÷15의 계산을 하여 몫의 일의 자리 수를 구합니다.

465÷15=31   몫: 31   나머지: 0

확인 15×31=465

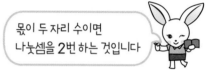 몫이 두 자리 수이면 나눗셈을 2번 하는 것입니다

(2) 나머지가 있는 (세 자리 수)÷(두 자리 수)

· 563÷24의 계산

① 56÷24를 계산하여 몫의 십의 자리 수를 구합니다.
② 83÷24를 계산하여 몫의 일의 자리 수를 구합니다.

563÷24=23…11   몫: 23   나머지: 11

확인 24×23=552, 552+11=563

1 609÷21을 계산하려고 합니다. ☐ 안에 알맞은 수를 써넣으세요.

$$21\overline{)609} \rightarrow 21\overline{)609} \quad \leftarrow 21\times\square \quad \leftarrow 609-\square$$

$$\rightarrow 21\overline{)609} \quad \square \leftarrow \square +9 \quad \leftarrow 21\times\square \quad \square \leftarrow \square - \square$$

[2~3] 계산하고, 나눗셈을 바르게 했는지 확인해 보세요.

2

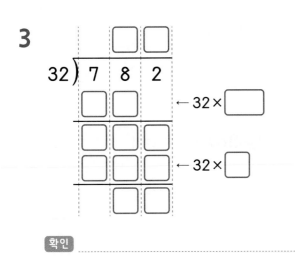

27) 5 1 3   ← 27 × □
           ← 27 × □

확인 _____

3

32) 7 8 2   ← 32 × □
           ← 32 × □

확인 _____

[4~6] 계산해 보세요.

4

18) 3 0 6

5

21) 3 3 7

6 471 ÷ 24

[7~9] 빈칸에 몫을, ○ 안에 나머지를 써넣으세요.

7

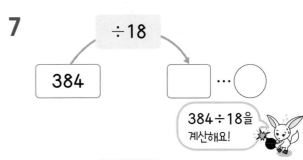

384 → ÷18 → □ … ○

384÷18을 계산해요!

8

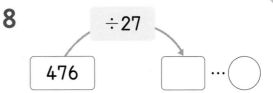

476 → ÷27 → □ … ○

9

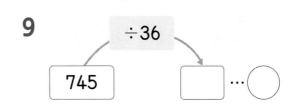

745 → ÷36 → □ … ○

10  개념 체크

□ 안에 알맞은 수를 써넣으세요.

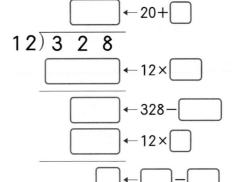

□ ← 20+□

12) 3 2 8
  □   ← 12×□
  □   ← 328−□
  □   ← 12×□
  □ ← □−□

⇨ 328÷12=□ … □

빨리 채점해요!

33 일째   틀린 개수   개

공부 한날   월   일

1 빈칸에 알맞은 수를 써넣으세요.

378 → $\div 27$ →

2 몫의 크기를 비교하여 ◯ 안에 >, =, <를 알맞게 써넣으세요.

$300 \div 60$ ◯ $480 \div 80$

3 $210 \div 30$과 몫이 같은 것을 찾아 기호를 써 보세요.

㉠ $160 \div 20$	㉡ $240 \div 40$
㉢ $350 \div 50$	㉣ $560 \div 70$

( )

4 $419 \div 52$의 몫과 나머지를 각각 구해 보세요.

몫 ( )

나머지 ( )

5 계산을 하고 결과를 확인해 보세요.

$36 \overline{)540}$

확인 $36 \times \boxed{} = \boxed{}$

6 ☐ 안에 알맞은 식의 기호를 써넣으세요.

$$\begin{array}{r} 33 \\ 17{\overline{)561}} \\ 51 \\ \hline 51 \\ 51 \\ \hline 0 \end{array}$$

㉠ 17×30	
㉡ 17×3	
㉢ $561 - 510$	

7 어떤 자연수를 78로 나눌 때 나올 수 있는 나머지 중에서 가장 큰 수를 구해 보세요.

( )

8 축구는 11명이 한 팀이 되어 경기를 합니다. 126명의 선수들이 팀을 이루면 몇 팀까지 이룰 수 있고, 팀을 이루지 못한 선수는 몇 명일지 구해 보세요.

( ), ( )

9 나눗셈의 몫이 큰 것부터 차례대로 글자를 쓰면 어떤 단어가 되는지 써 보세요.

비	368÷16	환	780÷65
유	696÷24	무	578÷34

( )

10 사과 112 kg을 한 상자에 20 kg씩 넣어 판매하려고 합니다. 몇 상자까지 판매할 수 있을까요?

( )

11 달걀 420개를 달걀판에 담으려고 합니다. 달걀판은 모두 몇 개 필요할까요?

달걀판 1개에는 달걀을 15개씩 담을 수 있어.

( )

12 수확한 배추를 이웃집에 한 가구당 15포기씩 똑같이 나누어 준다면 모두 몇 가구에게 나누어 줄 수 있을까요?

수확한 배추가 모두 145포기네.

( )

빨리 채점해요!

34일째 틀린 개수 개

공부 한날 월 일

실생활 문제 다잡기

유형 ① 시간에 따른 전체 개수 구하기

어느 과자 공장에서 한 시간 동안 900개의 쿠키를 만들 수 있습니다. 공장에서 하루 동안 만들 수 있는 쿠키는 모두 몇 개일까요?

🖱 핵심 체크

'하루'는 24시간임을 알고 알맞은 곱셈식을 세워 계산합니다.

풀이

1단계 하루는 몇 시간인지 알아보기

하루는 ☐ 시간입니다.

2단계 만들 수 있는 쿠키는 모두 몇 개인지 구하기

☐ × ☐ = ☐ (개)

답

유형 ①-1

어느 주스 가게에서 1년 동안 매일 귤을 50 kg을 사용하였습니다. 주스 가게에서 1년 동안 사용한 귤은 모두 몇 kg일까요?

(단, 1년은 365일입니다.)

( )

유형 ①-2

주민이는 6월 한 달 동안 매일 200 ㎖의 우유를 마셨습니다. 주민이가 6월 한 달 동안 마신 우유는 모두 몇 ㎖일까요?

( )

유형 ❷ 전체를 구한 다음 몫 구하기

민준이는 216쪽인 동화책을 4권 샀습니다. 동화책을 하루에 32쪽씩 매일 읽는다면 민준이는 이 동화책 4권을 모두 읽는 데 며칠이 걸릴까요?

🖐 핵심 체크

전체를 구한 다음 나눗셈의 몫을 구합니다.

풀이

1단계 동화책의 전체 쪽수 알아보기

동화책 한 권의 쪽수는 ☐ 쪽이고

☐ 권을 샀으므로 민준이가 산 동화책의

전체 쪽수는 ☐ × ☐

= ☐ (쪽)입니다.

2단계 동화책을 읽는 데 며칠이 걸리는지 구하기

동화책을 하루에 ☐ 쪽씩 읽고

전체 쪽수는 ☐ 쪽이므로

☐ ÷ ☐ = ☐ (일)이

걸립니다.

답 _____

유형 ❷-1

초콜릿이 한 봉지에 42개씩 들어 있습니다. 초콜릿 15봉지를 뜯어 18명의 학생에게 똑같이 나누어 주려고 합니다. 한 명의 학생이 받는 초콜릿은 몇 개일까요?

( )

유형 ❷-2

어느 공장의 기계는 장난감을 한 시간에 35개씩 만든다고 합니다. 하루 동안 만든 장난감을 한 상자에 28개씩 넣어 포장하려고 합니다. 하루 동안 만든 장난감은 모두 몇 상자일까요?

( )

하루는 24시간임을 이용하여 하루 동안 만든 장난감은 모두 몇 개 인지부터 구해요.

서술형 대비 문제

❶ 대표 문제

길이가 **3 m 27 cm**인 색 테이프 **15개**를 겹쳐진 부분의 길이가 **52 cm**씩 되도록 이어 붙였습니다. 이어 붙인 색 테이프 전체의 길이는 몇 m 몇 cm인지 풀이 과정을 쓰고, 답을 구해 보세요.

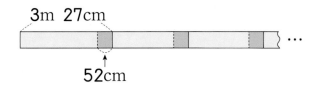

3m 27cm

↑
52cm

⊙ 힌트 체크

길이가 ^❷**3 m 27 cm**인 색 테이프 ^❶**15개**를 겹쳐진 부분의 길이가 **52 cm**씩 되도록 이어 붙였습니다. 이어 붙인 색 테이프 전체의 길이는 몇 m 몇 cm인지 풀이 과정을 쓰고, 답을 구해 보세요.

❶ 색 테이프 **15개**의 길이를 구합니다.

❷ 겹쳐진 부분의 길이를 구해 이어 붙인 색 테이프 전체의 길이를 구합니다.

풀이

3 m 27 cm = ☐ cm

(색 테이프 **15개**의 길이) = ☐ × 15 = ☐ (cm)

(겹쳐진 부분의 길이) = 52 × ☐ = ☐ (cm)

(이어 붙인 색 테이프 전체의 길이) = ☐ − ☐

= ☐ (cm) ⇨ ☐ m ☐ cm

답 ....

❶ 연습 문제

저금통에 다음과 같이 동전이 들어 있습니다. 모두 얼마인지 풀이 과정을 쓰고, 답을 구해 보세요.

⊙ 힌트 체크

★ 힌트가 되는 부분에 ○표 하세요!

  143개   79개

풀이

....

....

답 ....

서술형~

② 대표 문제

어느 마트에 894개의 키위가 있습니다. 키위를 남김없이 한 상자에 34개씩 포장한다면 필요한 상자는 적어도 몇 상자인지 풀이 과정을 쓰고, 답을 구해 보세요.

풀이

전체 키위 [ ] 개를 한 상자에 [ ] 개씩 포장합니다.

[ ] ÷ [ ] = [ ] ⋯ [ ]

남은 [ ] 개의 키위도 포장해야 하므로 필요한 상자는

적어도 [ ] +1= [ ] (상자)입니다.

○ **힌트 체크**

어느 마트에 ⟨894개⟩의 키위가 있습니다. 키위를 남김없이 한 상자에 ⟨34개씩⟩ 포장한다면 필요한 상자는 ❷ 적어도 몇 상자인지 풀이 과정을 쓰고, 답을 구해 보세요.

❶ 전체 키위의 수를 한 상자에 포장할 키위의 수로 나눕니다.

❷ 남은 키위도 포장해야 하므로 키위를 포장할 상자의 수는 (몫+1)입니다.

답 _____

② 연습 문제

한 대에 15명까지 탈 수 있는 케이블카가 있습니다. 이 케이블카에 학생 910명이 타기 위해 모둠을 만들려고 합니다. 적어도 몇 모둠을 만들어야 하는지 풀이 과정을 쓰고, 답을 구해 보세요.

○ **힌트 체크**

★ 힌트가 되는 부분에 ○표 하세요!

풀이

_____

_____

_____

빨리 채점해요!

답 _____

36일째 틀린 개수

공부 한날   월

단원 평가 1회

1

☐ 안에 알맞은 수를 써넣으세요.

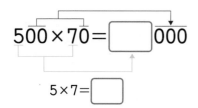

$$500 \times 70 = \boxed{}\,000$$

$$5 \times 7 = \boxed{}$$

2

나눗셈을 잘못 계산한 것을 보고 몫을 바르게 구하는 방법을 완성해 보세요.

```
        1 6
 2 6 ) 4 6 8
       2 6
     ─────
       2 0 8
       1 5 6
     ─────
         5 2
```

나머지 52는 나누는 수 ☐ 보다 크므로 468÷26의 몫은 16보다 (커야 , 작아야) 합니다.

3 시험에 꼭!

어림한 나눗셈의 몫으로 가장 알맞은 것에 ○표 하세요.

$$84 \div 21$$

(3 , 4 , 30 , 40)

4

두 수의 곱을 구해 보세요.

| 578 | 29 |

(　　　　　　　)

5 시험에 꼭!

$136 \div 19$의 몫과 나머지를 각각 구해 보세요.

몫 (　　　　　　　)

나머지 (　　　　　　　)

6

다음 나눗셈의 나머지가 될 수 <u>없는</u> 수에 ○표 하세요.

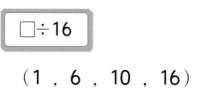

$$\boxed{} \div 16$$

(1 , 6 , 10 , 16)

7

전체 길이가 320 cm인 끈을 한 도막의 길이가 40 cm가 되도록 잘랐다면 끈은 모두 몇 도막이 될까요?

(   )

8

□ 안에 몫을 써넣고, ○ 안에 나머지를 써넣으세요.

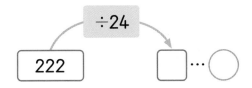

9 시험에 꼭!

상자에 들어 있는 감자는 모두 몇 개일까요?

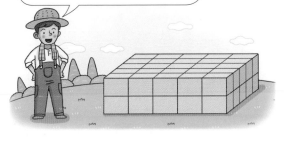

수확한 감자를 한 상자에 250개씩 담았더니 50상자가 되었네.

(   )

10

빈칸에 알맞은 수를 써넣고 □ 안에 나눗셈의 몫을 써 보세요.

×40	5	6	7	8
	200			

→ 320÷40=□

11

잘못 계산한 곳을 찾아 ○표 하고, 바르게 고쳐 보세요.

```
    6 2 4
  ×   5 3
  ─────────
  1 8 7 2
  3 1 2 0
  ─────────
  4 9 9 2
```

⇨

```
    6 2 4
  ×   5 3
```

12

몫의 크기를 비교하여 ○ 안에 >, =, < 를 알맞게 써넣으세요.

$$192 \div 32 \bigcirc 203 \div 29$$

13

식빵 한 개를 만드는 데 필요한 이스트는 몇 g일까요?

이스트 78 g으로는 식빵 13개를 만들 수 있어.

( )

14

지수가 퀴즈를 푸는 데 762초가 걸렸습니다. 762초는 몇 분 몇 초인지 구해 보세요.

( )

15

□ 안에 들어갈 수 있는 자연수 중에서 가장 작은 수를 구해 보세요.

$$19 \times \square > 21 \times 35$$

( )

16

윤지는 3월 한 달 동안 매일 줄넘기를 227회 씩 했습니다. 윤지가 3월 한 달 동안 줄넘기 를 한 횟수는 모두 몇 회일까요?

( )

17

어떤 수를 **26**으로 나누었더니 몫이 **13**이
고 나머지가 **9**였습니다. 어떤 수를 구해
보세요.

(   )

18 도전해 업!

다음 조건을 모두 만족하는 세 자리 수를
구해 보세요.

┌─────────────────────────────┐
│ ㉠ 각 자리 숫자의 합은 **25**입니다.   │
│ ㉡ 십의 자리 숫자는 백의 자리 숫자보   │
│   다 큽니다.   │
│ ㉢ **30**으로 나누면 나머지가 **19**입니다. │
└─────────────────────────────┘

(   )

37 일째   틀린
개수   개

빨리 채점해요!

공부
한 날   월   일

🍒 서술형 문제

19

준호네 학교 **4**학년 학생은 남학생이 **102**
명, 여학생이 **96**명입니다. 학생 한 명에게
연필을 **12**자루씩 나누어 주려고 할 때,
필요한 연필은 모두 몇 자루인지 풀이 과정
을 쓰고, 답을 구해 보세요.

[풀이]

[답]

20

주원이가 동화책을 다 읽으려면 **30**쪽씩 며
칠 동안 읽고 마지막 날에는 몇 쪽을 읽어야
하는지 풀이 과정을 쓰고, 답을 구해 보세요.

동화책 전체 쪽수가
258쪽인데 매일
30쪽씩 읽을 거야!

주원

[풀이]

[답]   ,

1

□ 안에 알맞은 수를 써넣으세요.

```
        □
40) 2 4 9
   _____
        □
```

2

어림한 나눗셈의 몫으로 가장 적절한 것에 ○표 하세요.

137÷18

(2 , 7 , 20 , 70)

3

700×50의 계산에서 7×5＝35의 숫자 5는 어느 자리에 써야 할까요?

```
      7 0 0
  ×    5 0
  _____
  ㉠ ㉡ ㉢ ㉣ ㉤
```

(   )

4

빈칸에 알맞은 수를 써넣으세요.

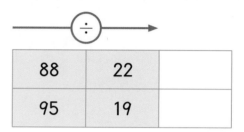

| 88 | 22 | |
| 95 | 19 | |

5

□ 안에 알맞은 수를 써넣으세요.

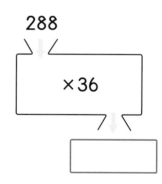

288

×36

6

나눗셈의 몫을 찾아 이어 보세요.

180÷30 •	• 7
210÷70 •	• 3
420÷60 •	• 6

7 시험에 꼭!

계산을 하고, 계산이 맞는지 확인해 보세요.

$$29 \overline{)381}$$

[확인] $29 \times \boxed{} = \boxed{}$ 이고 여기에

나머지 $\boxed{}$ 를 더하면 **381**입니다.

8

잘못 계산한 사람의 이름을 써 보세요.

743 × 30은 22290이야. (하은)

471 × 60은 28250이야. (성준)

( )

9

큰 수를 작은 수로 나눈 몫을 구해 보세요.

| 15 | 75 |

( )

10

몫이 한 자리 수인 나눗셈에 ◯표, 몫이 두 자리 수인 나눗셈에 △표 하세요.

| 416÷52 | 204÷17 |
| 330÷15 | 712÷89 |

11

쌀 560 kg을 한 가마니에 80 kg씩 담으려고 합니다. 모두 몇 가마니가 만들어 질까요?

( )

12

잘못 계산한 곳을 찾아 ○표 하고 바르게 고쳐 보세요.

$$
\begin{array}{r}
23 \\
19\overline{)419} \\
38 \\
\hline
39 \\
57
\end{array}
$$

⇒

$$
19\overline{)419}
$$

13

알뜰 장터에서 책을 모아 마을 도서관에 기증하려고 합니다. 모은 책이 887권일 때, 책을 모두 넣으려면 상자는 몇 개 필요할까요?

한 상자에 35권씩 넣어요!

( )

14

빨랫감을 모아서 세탁하는 것을 21번 실천했다면 절약한 물의 양은 몇 L일까요?

빨랫감을 모아서 세탁하면 한 번에 물을 196 L씩 절약할 수 있어.

( )

15 시험에 꼭!

곱의 크기를 비교하여 ○ 안에 >, =, < 를 알맞게 써넣으세요.

$$392 \times 60 \bigcirc 584 \times 40$$

16

계산 결과가 다른 하나를 찾아 기호를 써 보세요.

㉠ 126×95	㉡ 500×24
㉢ 250×48	㉣ 160×75

( )

17

계산을 하고, 나머지가 큰 것부터 차례대로
1, 2, 3을 써 보세요.

$$32 \overline{)899} \qquad 54 \overline{)936} \qquad 11 \overline{)528}$$

( )　　　( )　　　( )

18 도전해 봐!

수 카드 5장을 한 번씩만 사용하여 몫이
가장 큰 (세 자리 수)÷(두 자리 수)를 만들
고 계산해 보세요.

$$\boxed{} \div \boxed{} = \boxed{} \cdots \boxed{}$$

🍒 서술형 문제

19

종이꽃 한 개를 만드는 데 색 테이프가
45 cm 필요합니다. 색 테이프 645 cm
로 종이꽃을 몇 개까지 만들 수 있을지
풀이 과정을 쓰고 답을 구해 보세요.

풀이

답

20

☐ 안에 들어갈 수 있는 수는 모두 몇 개인
지 풀이 과정을 쓰고, 답을 구해 보세요.

$$243 \times 3\boxed{} < 8100$$

풀이

답

평면도형의 이동

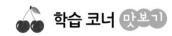
✪ 이동 방법에 따라 모양과 위치의 변화를 살펴보자!

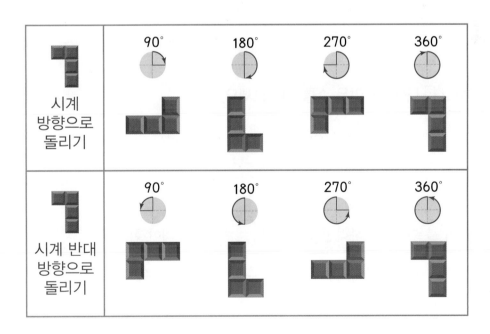

	90°	180°	270°	360°
시계 방향으로 돌리기				
시계 반대 방향으로 돌리기				

개념 1 점 이동하기

⭐ 말(🔴)을 이동하여 도착하는 위치의 과일을 알아봅시다.

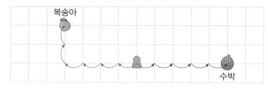

→ 수박에 도착하려면 오른쪽으로 5칸 이동해야 하고, 복숭아에 도착하려면 왼쪽으로 4칸, 위쪽으로 2칸 이동해야 합니다.

⭐ 점을 이동하여 도착하는 위치의 점을 알아봅시다.

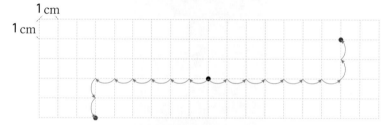

→ 보라색 점에 도착하려면 오른쪽으로 7cm, 위쪽으로 2cm 이동해야 하고, 빨간색 점에 도착하려면 왼쪽으로 6cm, 아래쪽으로 2cm 이동해야 합니다.

---

1 그림을 보고 ☐ 안에 알맞은 수를 써넣으세요.

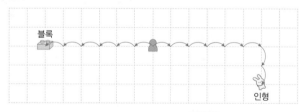

(1) 말(🔴)이 블록에 도착하려면 왼쪽으로 ☐칸 이동해야 합니다.

(2) 말(🔴)이 인형에 도착하려면 오른쪽으로 ☐칸, 아래쪽으로 ☐칸 이동해야 합니다.

[2~4] 점 **·**을 이동하여 도착하는 위치에
점을 그려 보세요.

2
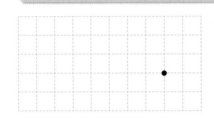
> 왼쪽으로 **6**칸 이동

3
> 아래쪽으로 **2**칸, 오른쪽으로 **3**칸 이동

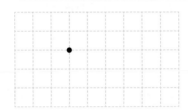

4
> 오른쪽으로 **3**칸, 아래쪽으로 **3**칸 이동

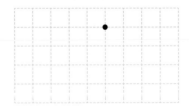

[5~6] ☐ 안에 알맞은 수나 말을 써넣으세요.

5

점 ㄱ을 점 ㄴ이 있는 곳으로 이동하려면
☐쪽으로 **2**cm, 오른쪽으로 ☐cm
이동해야 합니다.

6

점 ㄱ을 점 ㄴ이 있는 곳으로 이동하려면
위쪽으로 ☐cm, ☐쪽으로 **3**cm
이동해야 합니다.

7 개념 체크

☐ 안에 알맞은 수를 써넣으세요.

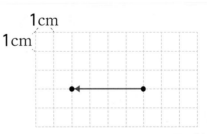

점을 왼쪽으로 ☐cm 이동했습니다.

39일째 틀린 개수 ___ 개
공부 한날 ___ 월 ___ 일

개념 2 도형 밀기

⭐ **평면도형을 밀면 어떻게 되는지 알아봅시다.**

삼각형 ㄱㄴㄷ을 위쪽, 아래쪽, 오른쪽, 왼쪽으로 밀었을 때의 도형은 다음과 같습니다.

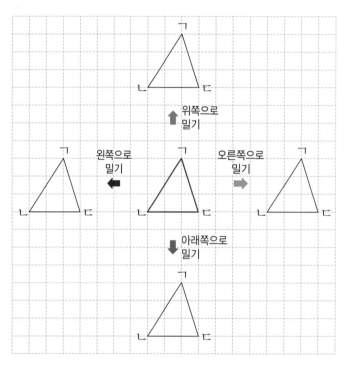

도형을 밀어도 모양은 변하지 않아!

➡ 도형을 밀면 모양은 변하지 않고, 미는 방향에 따라 위치만 바뀝니다.

[1~3] 도형을 밀었을 때의 모양을 알아보려고 합니다. 물음에 답하세요.

1 사각형 ㄱㄴㄷㄹ을 오른쪽으로 밀었을 때의 모양을 그려 보세요.

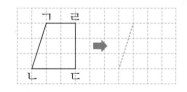

2 알맞은 말에 ○표 하세요.

도형을 오른쪽으로 밀면 도형의 모양이 (변합니다 , 변하지 않습니다).

3 사각형 ㄱㄴㄷㄹ을 오른쪽으로 7 cm 밀었을 때의 모양을 그려 보세요.

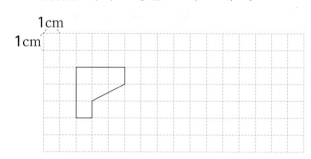

[4~6] 도형을 주어진 방향으로 밀었을 때의
도형을 그려 보세요.

4

> 오른쪽으로 **5** cm 밀기

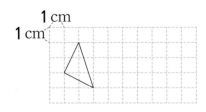

5

> 왼쪽으로 **7** cm 밀기

6

> 아래쪽으로 **4** cm 밀기

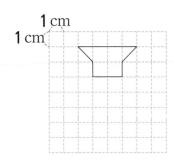

[7~8] 도형 ㉮를 도형 ㉯로 이동한 방법을
설명해 보세요.

7

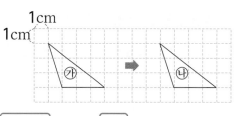

☐ 쪽으로 ☐ cm 밀었습니다.

8

오른쪽으로 ☐ cm, 아래쪽으로

☐ cm 밀었습니다.

9 개념 체크

☐ 안에 알맞은 말을 써넣으세요.

> 도형을 밀면 ☐ 은/는 변하지 않고,
>
> 미는 방향에 따라 ☐ 만 바뀝니다.

빨리 채점해요!

40 일째 틀린 개수 개

공부
한날 월 일

초등 수력충전 기본 4-1

개념 3 도형 뒤집기

☆ **평면도형을 뒤집으면 어떻게 되는지 알아봅시다.**

삼각형 ㄱㄴㄷ을 위쪽, 아래쪽, 오른쪽, 왼쪽으로 뒤집었을 때의 도형은 다음과 같습니다.

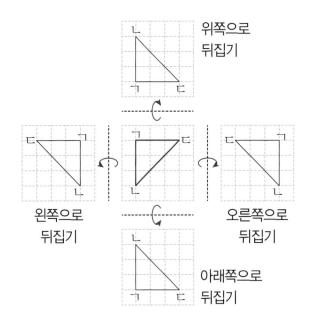

① 도형을 위쪽이나 아래쪽으로 뒤집으면 도형의 위쪽과 아래쪽이 서로 바뀝니다.

  (도형을 위쪽으로 뒤집었을 때의 도형)＝(도형을 아래쪽으로 뒤집었을 때의 도형)

② 도형을 왼쪽이나 오른쪽으로 뒤집으면 도형의 왼쪽과 오른쪽이 서로 바뀝니다.

  (도형을 왼쪽으로 뒤집었을 때 도형)＝(도형을 오른쪽으로 뒤집었을 때의 도형)

[1~2] 도형을 오른쪽으로 뒤집었을 때의 모양을 알아보려고 합니다. 물음에 답하세요.

1 사각형 ㄱㄴㄷㄹ을 오른쪽으로 뒤집었을 때의 모양을 그려 보세요.

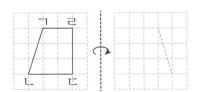

2 알맞은 말에 ○표 하세요.

> 도형을 오른쪽으로 뒤집으면 도형의
> (왼쪽과 오른쪽 , 위쪽과 아래쪽)이
> 서로 바뀝니다.

[3~6] 도형을 주어진 방향으로 뒤집었을 때의 도형을 그려 보세요.

3

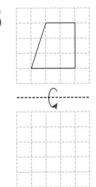

4

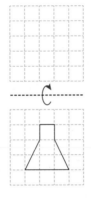

5

6

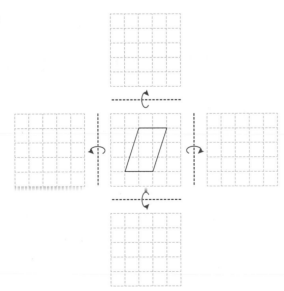

8

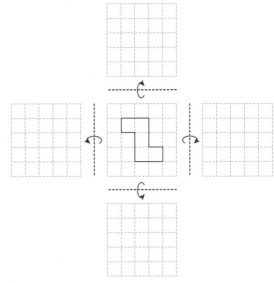

[7~8] 도형을 주어진 방향으로 뒤집었을 때의 도형을 각각 그려 보세요.

7

9 개념 체크

⬜ 안에 알맞은 말을 써넣으세요.

도형을 위쪽이나 아래쪽으로 뒤집으면 도형의 [ ]과 [ ]이 서로 바뀌고 도형을 오른쪽이나 왼쪽으로 뒤집으면 도형의 [ ]과 [ ]이 서로 바뀝니다.

빨리 채점해요!

41 일째　틀린 개수　　개

공부 한 날　　월　　일

중요 유형 익히기

1 보기 의 도형을 위쪽으로 밀었을 때의 도형에 ○표 하세요.

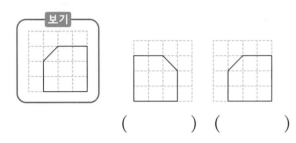

(   ) (   )

2 들고 있는 옷걸이를 위쪽으로 뒤집었을 때의 모양을 찾아 ○표 하세요.

(   ) (   )

3 점 ㄱ을 아래쪽으로 3 cm 이동했을 때의 위치에 점 ㄴ으로 표시해 보세요.

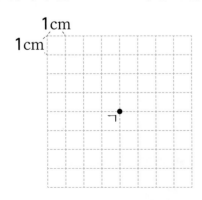

4 도형의 이동 방법을 설명해 보세요.

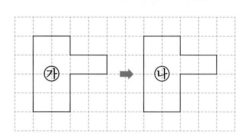

㉯ 도형은 ㉮ 도형을 [   ]쪽으로

[   ]칸 밀어서 이동한 도형입니다.

5 점 ㄱ을 오른쪽으로 2칸 이동했을 때의 점을 찾아 써 보세요.

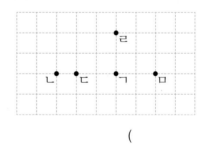

(   )

6 ☐ 안에 알맞은 수나 말을 써넣으세요.

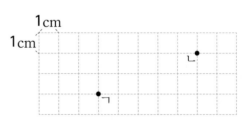

점 ㄱ이 점 ㄴ에 도착하려면 오른쪽으로

[   ] cm, [   ]쪽으로 2 cm 이동해야

합니다.

7 ㉮를 ㉯까지 이동하려고 합니다. 알맞은 말에 ○표 하고, ☐ 안에 알맞은 수를 써넣으세요.

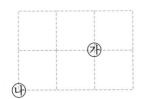

㉮가 ㉯에 도착하려면
(위쪽, 아래쪽)으로 1칸, 왼쪽으로 ☐ 칸 이동해야 합니다.

8 점을 오른쪽으로 3 cm 이동했을 때의 위치입니다. 이동하기 전의 위치를 점으로 표시해 보세요.

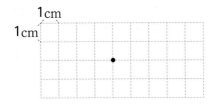

9 도형을 오른쪽으로 5 cm 밀었을 때의 도형을 그려 보세요.

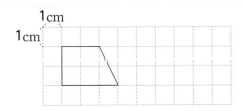

10 도형을 왼쪽으로 뒤집었을 때의 도형을 그려 보세요.

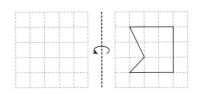

11 밀기를 이용하여 정사각형 모양의 퍼즐을 완성하려고 합니다. 빈 곳에 들어갈 조각을 찾아 색칠해 보세요.

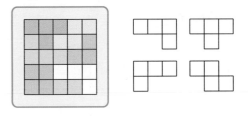

12 점 ㄱ은 처음 위치에서 위쪽으로 1칸, 왼쪽으로 3칸 이동하여 도착한 점입니다. 점의 처음 위치를 찾아 써 보세요.

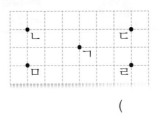

(   )

13 도형을 오른쪽으로 **7** cm 민 뒤 아래쪽으로 **2** cm 밀었을 때의 모양을 그려 보세요.

14 왼쪽 도형을 오른쪽으로 뒤집었을 때의 도형입니다. 뒤집기 전의 도형을 그려 보세요.

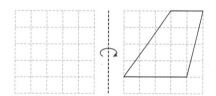

15 글자 '운'이 '공'이 되도록 뒤집는 방법을 설명해 보세요.

처음 모양   움직인 모양

'운'을 ☐ 쪽으로 뒤집은 뒤
☐ 쪽으로 뒤집으면 '공'이 됩니다.

16 가운데 도형을 왼쪽으로 뒤집은 모양과 오른쪽으로 뒤집은 모양을 각각 그려 보고, 알맞은 말에 ◯표 하세요.

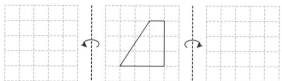

왼쪽으로 뒤집은 모양과 오른쪽으로 뒤집은 모양은 서로 (같습니다 , 다릅니다).

17 바르게 이야기 한 사람은 누구일까요?

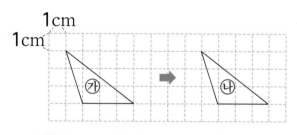

 ⊕ 도형은 ⑦ 도형을 오른쪽으로 **6** cm 밀어서 이동한 거네.
현준

⊕ 도형은 ⑦ 도형을 오른쪽으로 **8** cm 밀어서 이동한 거야.
현아

(   )

18 도형을 아래쪽으로 **2**번 뒤집었을 때의 도형을 그려 보세요.

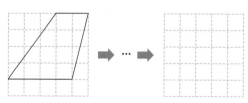
빨리 채점해요! **42** 일째 틀린 개수 개
공부 한날 월 일

교과서 **개념**학습 _____

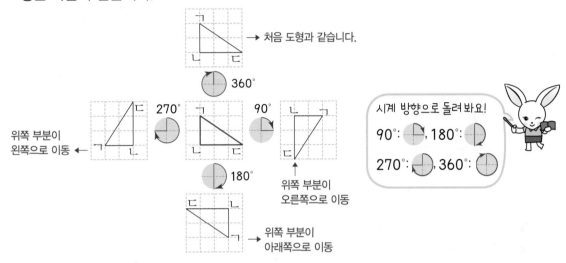

개념 4 도형을 시계 방향으로 돌리기

✪ 삼각형 ㄱㄴㄷ을 시계 방향으로 90°, 180°, 270°, 360°만큼 돌렸을 때의
도형은 다음과 같습니다.

→ 처음 도형과 같습니다.

360°

270°   90°

위쪽 부분이
왼쪽으로 이동 ←

시계 방향으로 돌려봐요!
90° : , 180° :
270° : , 360° :

180°

위쪽 부분이
오른쪽으로 이동

위쪽 부분이
아래쪽으로 이동

① 시계 방향으로 90°, 180°, 270°, 360°만큼 돌리면
위쪽 부분이 차례로 오른쪽, 아래쪽, 왼쪽, 위쪽으로 이동합니다.

② 시계 방향으로 180°만큼 돌리는 것은 시계 방향으로
90°만큼 2번 돌리는 것과 같습니다.

③ 시계 방향으로 270°만큼 돌리는 것은 시계 방향으로
90°만큼 3번 돌리는 것과 같습니다.

④ 시계 방향으로 360°만큼 돌리는 것은 시계 방향으로
90°만큼 4번 또는 시계 방향으로 180°만큼 2번 돌리는 것과 같습니다.

[1~2] 도형을 시계 방향으로 90°만큼 돌렸을 때의 모양을 알아보려고 합니다. 물음에 답하세요.

1 사각형 ㄱㄴㄷㄹ을 시계 방향으로 90°
만큼 돌렸을 때의 모양을 그려 보세요.

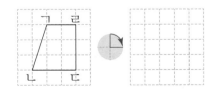

2 알맞은 말에 ○표 하세요.

> 도형을 시계 방향으로 90°만큼 돌리면
> 도형의 위쪽 부분이 (오른쪽 , 왼쪽 , 아
> 래쪽)으로 바뀝니다.

[3~5] 도형을 주어진 방향으로 주어진 각도
만큼 돌렸을 때의 도형을 그려 보세요.

3

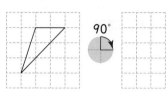

4

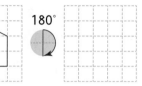

5

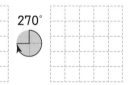

[6~7] 도형을 주어진 방향으로 주어진 각도
만큼 돌렸을 때의 도형을 각각 그려 보세요.

6

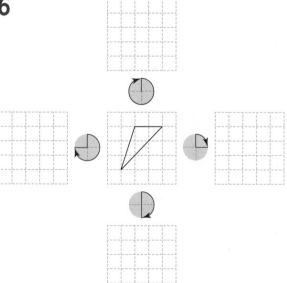

7

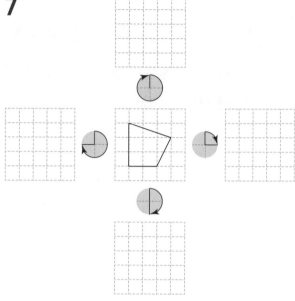

8 개념 체크

알맞은 말에 ○표 하세요.

> 도형을 시계 방향으로 270°만큼 돌리
> 면 도형의 왼쪽 부분이 (오른쪽, 위쪽,
> 아래쪽)으로 바뀝니다.

빨리 채점해요!

43 일째 | 틀린 개수 | 개
공부 한날 | 월 | 일

개념 5 도형을 시계 반대 방향으로 돌리기

✪ 삼각형 ㄱㄴㄷ을 시계 반대 방향으로 90°, 180°, 270°, 360°만큼 돌렸을 때의
도형은 다음과 같습니다.

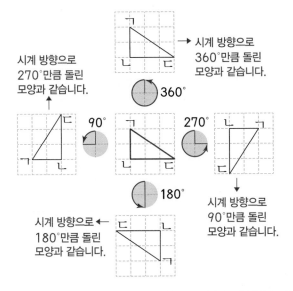

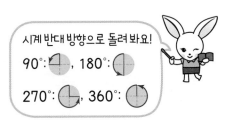

① 시계 반대 방향으로 90°, 180°, 270°, 360°만큼 돌리면
위쪽 부분이 차례로 왼쪽, 아래쪽, 오른쪽, 위쪽으로 이동합니다.

② 같은 도형을 시계 방향으로 돌린 도형과 시계 반대 방향으로 돌린 도형은
다음의 경우 서로 같은 모양이 됩니다.

[1~2] 도형을 시계 반대 방향으로 90°만큼 돌렸을 때의 모양을 알아보려고 합니다. 물음에
답하세요.

1 사각형 ㄱㄴㄷㄹ을 시계 반대 방향으로
90°만큼 돌렸을 때의 모양을 그려
보세요.

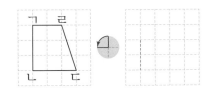

2 알맞은 말에 ○표 하세요.

도형을 시계 반대 방향으로 90°만큼
돌리면 도형의 위쪽 부분이
(오른쪽 , 왼쪽 , 아래쪽)으로 바뀝
니다.

[3~5] 도형을 주어진 방향으로 주어진 각
도만큼 돌렸을 때의 도형을 그려 보세요.

3
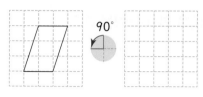

4

5
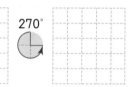

7
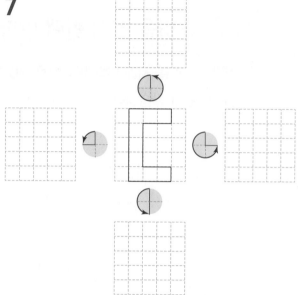

[6~7] 도형을 주어진 방향으로 주어진 각도
만큼 돌렸을 때의 도형을 각각 그려 보세요.

6
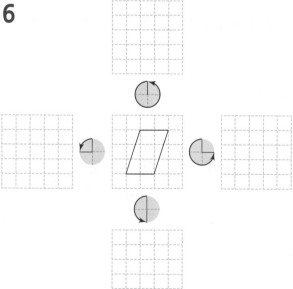

8 개념 체크

알맞은 말에 ○표 하세요.

도형을 시계 반대 방향으로 270°만큼
돌리면 도형의 오른쪽 부분이
(왼쪽, 위쪽, 아래쪽)으로 바뀝니다.

빨리 채점해요!

44 일째 | 틀린 개수 | 개

공부 한 날 | 월 | 일

개념 6) 규칙적인 무늬 꾸미기

✪ 밀기, 뒤집기, 돌리기를 이용하여 규칙적인 무늬를 만들어 봅시다.

(1) 밀기를 이용하여 규칙적인 무늬 만들기

모양을 오른쪽으로 미는 것을 반복해서 모양을 만들고, 그 모양을 아래쪽으로 밀어서 무늬를 만들었습니다.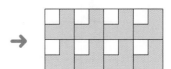

(2) 뒤집기를 이용하여 규칙적인 무늬 만들기

모양을 오른쪽으로 뒤집는 것을 반복해서 모양을 만들고, 그 모양을 아래쪽으로 뒤집어서 무늬를 만들었습니다.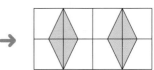

(3) 돌리기를 이용하여 규칙적인 무늬 만들기

모양을 시계 방향으로 **90°**만큼 돌리는 것을 반복해서 모양을 만들고, 그 모양을 오른쪽으로 밀어서 무늬를 만들었습니다.

1 모양으로 규칙적인 무늬를 만들었습니다. 어떤 규칙으로 만들어졌는지 알맞은 말에 ◯표 하세요.

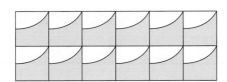

모양을 오른쪽으로 (미는 , 돌리는) 것을 반복해서 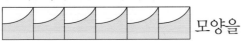 모양을 만들고, 그 모양을 아래쪽으로 (밀어서 , 돌려서) 무늬를 만들었습니다.

2 모양으로 규칙적인 무늬를 만들었습니다. 어떤 규칙으로 만들었는지 ☐안에 알맞은 수나 방향을 써넣으세요.

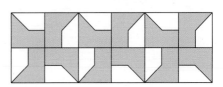

모양을 시계 방향으로 ☐° 만큼 돌리는 것을 반복해서 모양을 만들고, 그 모양을 ☐쪽으로 밀어서 무늬를 만들었습니다.

[3~5] 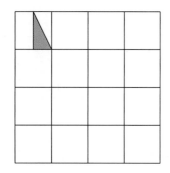 모양으로 규칙적인 무늬를 만들어 보세요.

3 밀기를 이용하기

4 뒤집기를 이용하기

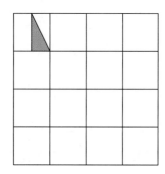

5 돌리기를 이용하기

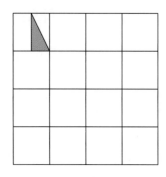

[6~8] 무늬를 만든 방법에 ○표 하세요.

6

(밀기, 뒤집기, 돌리기)

7

(밀기, 뒤집기, 돌리기)

8

(밀기, 뒤집기, 돌리기)

9 개념 체크

주어진 조건에 맞게 만든 무늬를 찾아 ○표 하세요.

 모양으로 뒤집기를 이용하기

(   )   (   )

빨리 채점해요!

45 일째 틀린 개수   개

공부 한날   월   일

1 모양 조각을 시계 방향으로 **90°**만큼 돌렸습니다. 알맞은 모양에 ○표 하세요.

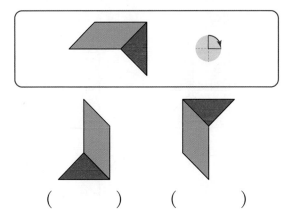

(   )   (   )

2 다음 중 ▨ 모양으로 밀기를 이용하여 만든 무늬를 찾아 ○표 하세요.

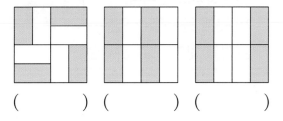

(   ) (   ) (   )

3 도형을 시계 방향으로 **360°**만큼 돌렸을 때의 도형을 그려 보세요.

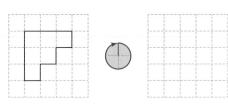

4 도형을 시계 반대 방향으로 **180°**만큼 돌렸을 때의 모양을 그려 보세요.

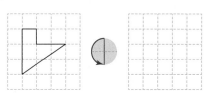

5 무늬를 보고 알맞은 것에 ○표 하세요.

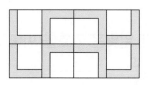

▦ 모양을 (시계 , 시계 반대) 방향으로 (**90°** , **180°**)만큼 돌리는 것을 반복해서 ▢▢▢ 모양을 만들고, 그 모양을 아래쪽으로 (뒤집어서 , 밀어서) 무늬를 만들었습니다.

6 돌렸을 때 같은 모양이 나오는 것끼리 이어 보세요.

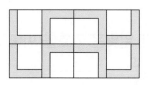

7 도형을 시계 방향으로 주어진 각도만큼 돌렸을 때의 도형을 각각 그려 보세요.

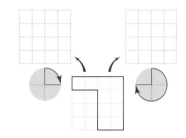

8 ☐ 안에 알맞은 기호를 써넣으세요.

(1) ㉮ 도형을 시계 방향으로 **180°**만큼 돌리면 ☐ 도형이 됩니다.

(2) ㉯ 도형을 시계 반대 방향으로 **270°** 만큼 돌리면 ☐ 도형이 됩니다.

9 도형을 시계 반대 방향으로 **90°**만큼 2번 돌렸을 때의 도형을 그려 보세요.

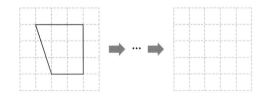

10 다음 중 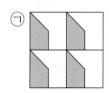 모양으로 뒤집기를 이용하여 만든 무늬를 모두 찾아 기호를 써 보세요.

㉠ 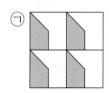   ㉡

㉢ 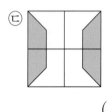   ㉣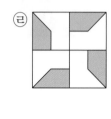

(   )

11 조각을 돌려 넣어서 오른쪽 정사각형을 완성하려고 합니다. 빈 곳에 들어갈 수 있는 조각을 찾아 ○표 하세요.

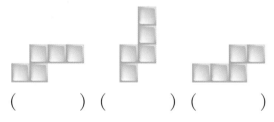

(   ) (   ) (   )

12 다음은 일정한 규칙에 따라 만들어진 무늬입니다. 빈칸을 채워 무늬를 완성해 보세요.

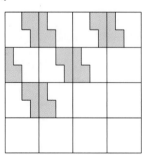

☀ 정답 및 풀이 38쪽

13 시계 방향으로 **90°**만큼 돌렸을 때의 도형과 시계 반대 방향으로 **90°**만큼 돌렸을 때의 도형이 같은 것을 찾아 기호를 써 보세요.

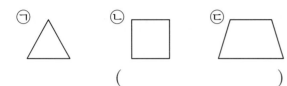

(   )

14 모양으로 돌리기를 이용하여 규칙적인 무늬를 만들어 보세요.

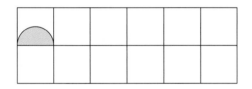

15 어떤 도형을 시계 방향으로 **180°**만큼 돌린 도형입니다. 처음 도형을 그려 보세요.

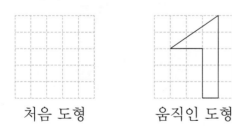

처음 도형   움직인 도형

16 오른쪽 도형으로 뒤집기를 이용하여 규칙적인 무늬를 만들어 보세요.

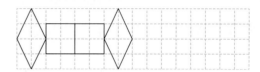

17 세미가 수 카드를 돌렸을 때 만들어지는 수를 구해 보세요.

이 수 카드를 시계 방향으로 180°만큼 돌리면 어떤 수가 될까?

세미

506

(   )

18 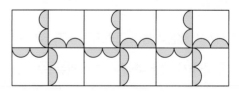 모양으로 규칙적인 무늬를 만들었습니다. 밀기, 뒤집기, 돌리기 중 어떤 방법을 이용하여 만든 것인지 설명해 보세요.

설명

실생활 문제 다잡기

유형 ❶ 바늘을 돌렸을 때 가리키는 숫자 알아보기

시계의 짧은바늘을 시계 반대 방향으로 **90°** 만큼 **3**번 돌리면 어떤 숫자를 가리킬까요?

🖐 **핵심 체크**

시계의 짧은바늘이 시계 반대 방향으로 **90°**만큼 돌릴 때마다 가리키는 숫자를 알아봅니다.

풀이

1단계 시계 반대 방향으로 **90°**만큼씩 돌릴 때마다 가리키는 숫자 알아보기

시계의 짧은바늘을 시계 반대 방향으로 **90°**

만큼 **1**번 돌리면 ☐시, **2**번 돌리면

☐시, **3**번 돌리면 ☐시입니다.

2단계 시계의 짧은바늘이 가리키는 숫자 알아보기

9시에서 짧은바늘이 가리키는 숫자는 ☐

입니다.

답 _____

유형 ❶-1

시계의 긴바늘을 시계 방향으로 **90°**만큼 **5**번 돌리면 어떤 숫자를 가리킬까요?

(   )

유형 ❶-2

저울의 바늘을 시계 반대 방향으로 **270°** 만큼 **3**번 돌리면 어떤 숫자를 가리킬까요?

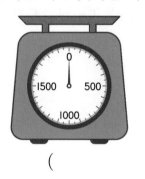

(   )

유형 ② 문자를 뒤집거나 돌렸을 때 모양 알아보기

시계 방향으로 180°만큼 돌렸을 때 모양이 변하지 않는 알파벳은 몇 개일까요?

A H L I O

👉 **핵심 체크**

도형의 위쪽과 아래쪽의 모양이 같으면 180°만큼 돌려도 처음 도형과 같습니다.

풀이

1단계 알파벳을 시계 방향으로 180°만큼 돌렸을 때의 모양 알아보기

A → □   H → □

L → □   I → □

O → □

2단계 모양이 변하지 않는 알파벳의 수 구하기

시계 방향으로 180°만큼 돌렸을 때 모양이

변하지 않는 알파벳은

□ , □ , □ 로 □ 개입니다.

답 ....

유형 ②-1

오른쪽으로 뒤집었을 때 처음의 모양과 같은 것은 몇 개일까요?

ㄱ ㄴ ㄷ ㄹ ㅁ ㅂ ㅅ ㅇ ㅈ ㅊ ㅋ

(   )

유형 ②-2

왼쪽으로 뒤집었을 때 처음의 모양과 같은 수는 몇 개일까요?

0 I 2 3 4 5 6 7 8 9

(   )

빨리 채점해요!

47 일째   틀린 개수   개

공부 한날   월   일

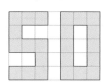 대비 문제

① 대표 문제

두 자리 수가 적힌 카드를 위쪽으로 뒤집었을 때 만들어지는 수와 처음 수와의 차는 얼마인지 풀이 과정을 쓰고, 답을 구해 보세요.

◑ 힌트 체크

두 자리 수가 적힌 카드를 **❶**위쪽으로 뒤집었을 때 만들어지는 수와 **❷**처음 수와의 차는 얼마인지 풀이 과정을쓰고, 답을 구해 보세요.

☆**❶** 위쪽으로 뒤집었을 때 만들어지는 수를 구합니다.
❷ 만들어지는 수와 처음 수와의 차를 구합니다.

풀이

위쪽으로 뒤집었을 때 만들어지는 수는 ☐ 입니다.

따라서 만들어지는 수와 처음 수와의 차는

☐ ─ ☐ = ☐ 입니다.

답

① 연습 문제

세 자리 수가 적힌 카드를 시계 반대 방향으로 180°만큼 돌렸을 때 만들어지는 수와 처음 수의 합은 얼마인지 풀이 과정을 쓰고, 답을 구해 보세요

◑ 힌트 체크

★ 힌트가 되는 부분에 ○표 하세요!

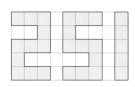

풀이

답

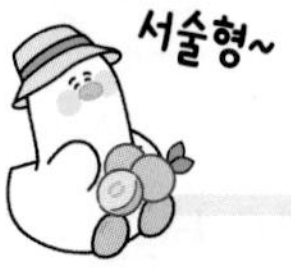

❷ 대표 문제

오른쪽 바둑돌을 시계 방향으로 90°만큼 돌렸을 때의 모양이 처음 모양과 같도록 다시 놓으려고 합니다. 색깔을 바꿔 다시 놓아야 할 바둑돌은 몇 개인지 풀이 과정을 쓰고, 답을 구해 보세요.

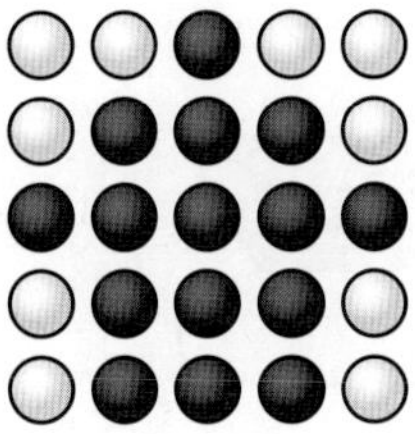

풀이

바둑돌을 시계 방향으로 [ ] 만큼 돌린 모양에서 처음 모양과 같으려면 어떤 바둑돌의 색깔을 바꿔야 하는지 알아봅니다.

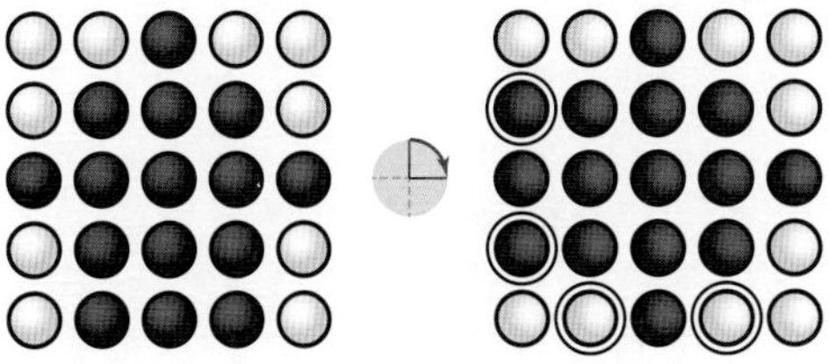

따라서 색깔을 바꿔 다시 놓아야 할 바둑돌은 [ ] 개입니다.

힌트 체크

오른쪽 바둑돌을 ❶시계 방향으로 90°만큼 돌렸을 때의 모양이 ❷처음 모양과 같도록 다시 놓으려고 합니다. 색깔을 바꿔 다시 놓아야 할 바둑돌은 몇 개인지 풀이 과정을 쓰고, 답을 구해 보세요.

❶ 바둑돌을 시계 방향으로 90°만큼 돌린 모양을 알아봅니다.
❷ 돌린 모양에서 색깔이 달라진 바둑돌은 몇 개인지 구합니다.

답 ....

❷ 연습 문제

오른쪽 바둑돌을 시계 반대 방향으로 90° 만큼 돌렸을 때의 모양이 처음과 같도록 다시 놓으려고 합니다. 색깔을 바꿔 다시 놓아야 할 바둑돌은 몇 개인지 풀이 과정을 쓰고, 답을 구해 보세요.

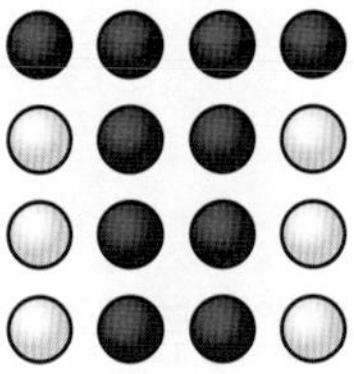

힌트 체크

★ 힌트가 되는 부분에 ○표 하세요!

풀이

....

....

답 ....

빨리 채점해요!

48 일째	틀린 개수
공부한날	월

1

왼쪽 도형 조각을 위쪽으로 밀었을 때의
도형에 ◯표 하세요.

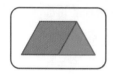

( ) ( )

2

그림을 보고 알맞은 말에 ◯표 하세요.

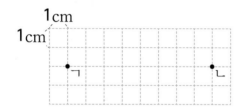

점 ㄱ이 점 ㄴ에 도착하려면
(왼쪽, 오른쪽)으로 8 cm 이동해야
합니다.

3 시험에 꼭!

보기 의 도형을 시계 반대 방향으로 90°만큼
돌렸을 때의 도형에 ◯표 하세요.

 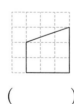

( ) ( )

[4~5] ☐ 안에 알맞은 수를 써넣으세요.

4

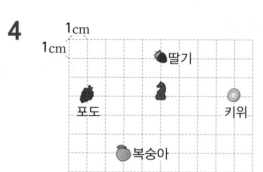

말(🐴)이 포도에 도착하려면 왼쪽으로
☐ cm 이동해야 합니다.

5

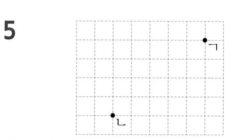

점 ㄱ이 점 ㄴ에 도착하려면 왼쪽으로
☐ 칸, 아래쪽으로 ☐ 칸 이동해야
합니다.

6

주어진 도형을 오른쪽으로 7 cm 밀었을
때의 도형을 그려 보세요.

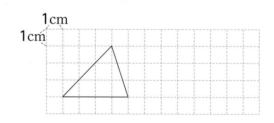

☀ 정답 및 풀이 42쪽

7

도형을 시계 방향으로 **360°**만큼 돌렸을 때의 도형을 그려 보세요.

8

왼쪽 도형을 뒤집었더니 오른쪽 도형이 되었습니다. 뒤집은 방향이 될 수 있는 것을 모두 찾아 기호를 써 보세요.

| ㉠ 왼쪽 ㉡ 오른쪽 ㉢ 위쪽 ㉣ 아래쪽 |

(   )

9 시험에 쏙!

어떤 도형을 아래쪽으로 뒤집은 도형이 다음과 같습니다. 처음 도형을 그려 보세요.

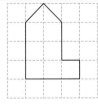

움직인 도형   처음 도형

10

대화를 읽고 ☐ 안에 알맞은 말을 써넣으세요.

6을 왼쪽으로 뒤집고 ☐쪽으로 뒤집으면 **9**가 됩니다.

11

도형을 시계 반대 방향으로 주어진 각도만큼 돌렸을 때의 도형을 각각 그려 보세요.

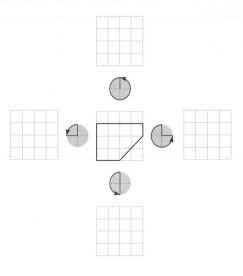

12 시험에 꼭!

그림을 보고 도형을 이동한 방법을 설명해 보세요.

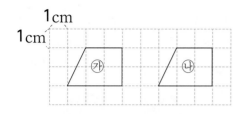

설명

_____

_____

13

수창이처럼 포장지의 무늬를 꾸며 보세요.

수창

◪ 모양으로 뒤집기를 이용해서 만든 규칙적인 무늬로 포장지를 꾸밀 거야.

[14~15] 주어진 도형으로 만든 규칙적인 무늬를 보고 밀기, 뒤집기, 돌리기 중 어떤 방법을 이용하여 무늬를 만들었는지 써 보세요.

14

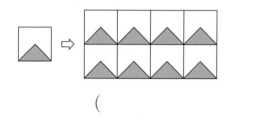

( )

15

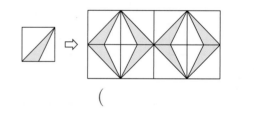

( )

16

알파벳 중 시계 반대 방향으로 180°만큼 돌렸을 때의 모양이 처음과 같은 것을 모두 찾아 기호를 써 보세요.

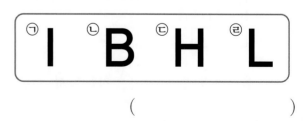

ⓐ I ⓑ B ⓒ H ⓓ L

( )

☀ 정답 및 풀이 42쪽

17

왼쪽 도형을 돌렸더니 오른쪽 도형이 되었습니다. 알맞은 돌리기 방법을 모두 찾아 기호를 써 보세요.

처음 도형   움직인 도형

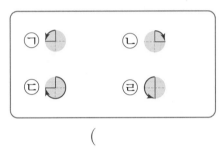

(   )

18   도전해 얍!

도형 ㉠을 시계 방향으로 90°만큼 9번 돌렸더니 도형 ㉡과 같은 모양이 되었습니다. ㉠은 어떤 도형이었는지 그려 보세요.

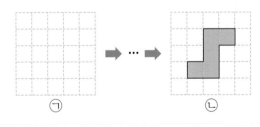

㉠   ㉡

 문제

19

어떤 도형을 시계 방향으로 270°만큼씩 가장 적게 돌려 처음과 같은 모양을 만들려고 했을 때 몇 번 돌리면 되는지 풀이 과정을 쓰고, 답을 구해 보세요.

풀이

답

20

다음은 종이를 시계 방향으로 180°만큼 돌린 것입니다. 돌리기 전의 식을 계산하면 얼마인지 풀이 과정을 쓰고, 답을 구해 보세요.

198+201

풀이

답

1

 모양으로 한 가지 방법을 이용하여 무늬를 만들었습니다. 무늬를 만든 방법을 찾아 ○표 하세요.

(밀기, 뒤집기, 돌리기)

2

점 ㄱ을 오른쪽으로 4 cm 이동했을 때의 위치를 찾아 기호를 써 보세요.

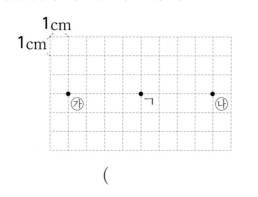

(   )

3

점 ㄱ을 위쪽으로 5 cm 이동했을 때의 위치에 점 ㄴ으로 표시해 보세요.

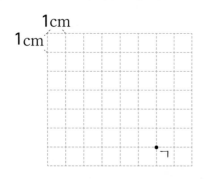

[4~6] 그림을 보고 ☐ 안에 알맞은 수나 말을 써넣으세요.

4

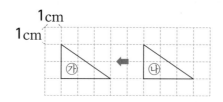

㉮ 도형은 ㉯ 도형을 ☐ 쪽으로 ☐ cm 밀어서 이동한 도형입니다.

5

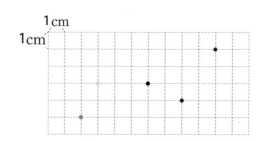

점 •이 점 •에 도착하려면 오른쪽으로 ☐ cm, 위쪽으로 ☐ cm 이동해야 합니다.

6 시험에 꼭!

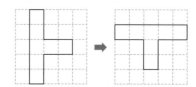

왼쪽 도형을 시계 반대 방향으로 ☐ ° 만큼 돌리면 오른쪽 도형이 됩니다.

7

어느 조각을 어떻게 움직였는지 ☐ 안에 알맞게 써넣으세요.

조각을 밀어
왼쪽의 정사각형을 완성했어.

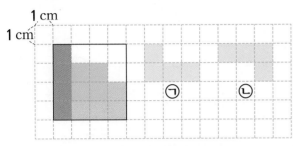

조각 ☐ 을 왼쪽으로 ☐ cm 밀었습니다.

8

도형을 왼쪽으로 5 cm 밀었을 때의 도형을 그려 보세요.

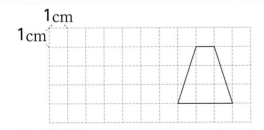

9 시험에 꼭!

도형을 시계 방향으로 180°만큼 돌렸을 때의 도형을 그려 보세요.

10

도형을 시계 반대 방향으로 180°만큼 돌렸을 때의 도형을 그려 보세요.

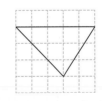

11 시험에 꼭!

왼쪽으로 뒤집었을 때 모양이 변하지 <u>않는</u> 것을 모두 고르세요. (   )

① **A**   ② **D**   ③ **N**
④ **S**   ⑤ **Y**

12

도형을 오른쪽으로 뒤집고, 위쪽으로 뒤집었을 때의 도형을 각각 그려 보세요.

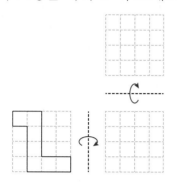

13

도형을 움직인 방법을 바르게 설명한 사람은 누구일까요?

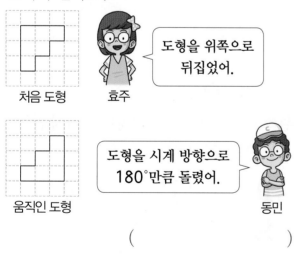

처음 도형   효주   도형을 위쪽으로 뒤집었어.

움직인 도형   동민   도형을 시계 방향으로 180°만큼 돌렸어.

(   )

14

빈칸을 채워 정사각형을 완성하려면 어떤 도형을 어떻게 움직여야 하는지 설명해 보세요.

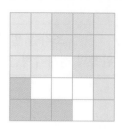

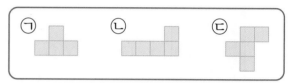

도형 ☐ 을 시계 방향으로 ☐°만큼 돌려야 합니다.

15

오른쪽은 어떤 도형을 시계 반대 방향으로 180°만큼 돌렸을 때의 도형입니다. 처음 도형을 그려 보세요.

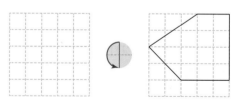

16 도전해 얍!

그림과 같은 숫자 카드에 892가 적혀 있습니다.
이 숫자 카드를 시계 방향으로 180°만큼 돌렸을 때 만들어지는 숫자를 구해 보세요.

(   )

[17~18] 희수는 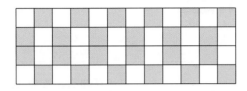 모양으로 규칙적인 무늬를 만들었습니다. 무늬를 보고 물음에 답하세요.

17

어떤 규칙으로 만들었는지 설명해 보세요.

설명

18

희수가 만든 무늬와 다른 규칙으로 무늬를 만들고, 설명해 보세요.

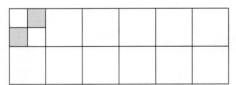

설명

빨리 채점해요!

50 일째	틀린 개수	개
공부 한날	월	일

 서술형 문제

19

3장의 수 카드를 사용하여 둘째로 작은 세 자리 수를 만들어 🕐 방향으로 돌리면 어떤 수가 되는지 풀이 과정을 쓰고, 답을 구해 보세요.

풀이

답

20

보기의 낱말을 사용하여 아래의 삼각형을 움직인 방법을 2가지로 설명해 보세요.

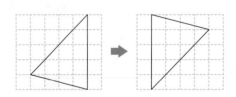

보기
오른쪽, 왼쪽, 위쪽, 아래쪽, 시계 방향, 시계 반대 방향, 90°, 180°, 270°, 360°, 밀기, 뒤집기, 돌리기

설명

막대그래프

올림픽에 참가한 우리나라 선수 수

막대그래프를 보니까 서울 올림픽 때 참가 선수가 400명으로 가장 많았다는 것을 한눈에 알 수 있네!

올림픽에 참가한 우리나라 선수 수를 개최 도시별로 나눠서 막대그래프로 나타내었어.

4년마다 열리는 올림픽은 세계인의 축제지!

우리나라 선수들이 입장하고 있어.

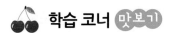

✪ 공을 종류별로 분류해서 나타내 봅시다.

✪ 표로 나타내기

종류별 공의 수

공	축구공	야구공	럭비공	농구공
개수(개)	6	7	4	3

✪ 막대그래프로 나타내기

종류별 공의 수

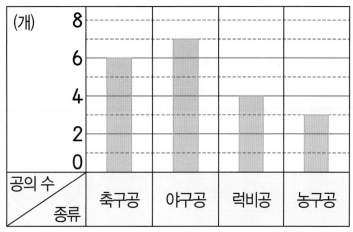

개념 1 막대그래프 알아보기

• 조사한 자료를 막대 모양으로 나타낸 그래프를 막대그래프라고 합니다.

❖ 어느 반 학생들이 좋아하는 과일을 조사하여 나타낸 표와 그래프를 알아봅시다.

〈표〉

좋아하는 과일별 학생 수

과일	포도	사과	배	합계
학생 수(명)	6	11	8	25

〈막대그래프〉

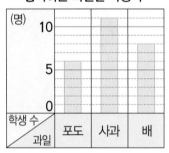

좋아하는 과일별 학생 수

① 그래프에서 가로는 과일, 세로는 학생 수를 나타냅니다.
② 그래프에서 세로 눈금 5칸이 5명을 나타내므로 세로 눈금 한 칸은 학생 1명을 나타냅니다.
③ 막대의 길이는 좋아하는 과일별 학생 수를 나타냅니다.

→ 세로 눈금
  한 칸은
  1명을 나타냅니다.

표	조사한 항목별 자료의 수, 합계를 알아보기 쉽습니다.
막대그래프	막대의 높이로 항목별 수량의 많고 적음을 한눈에 비교하기 쉽습니다.

[1~5] 도윤이네 반 학생들이 태어난 계절을 조사하여 나타낸 표와 막대그래프입니다. 물음에 답하세요.

태어난 계절별 학생 수

계절	봄	여름	가을	겨울	합계
학생 수(명)	8	5	3	4	20

태어난 계절별 학생 수

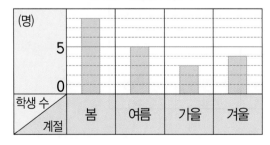

1 막대그래프에서 가로는 [   ], 세로는 [   ]를 나타냅니다.

2 막대의 길이는 [   ]를 나타냅니다.

3 막대그래프에서 세로 눈금 한 칸은 [   ]명을 나타냅니다.

4 표와 막대그래프 중 전체 학생 수를 알아
보기에 더 편리한 자료는 ☐ 입니다.

5 표와 막대그래프 중에서 학생들이 가장
많이 태어난 계절을 한눈에 알아보기 더
편리한 자료는 ☐ 입니다.

[6~8] 경원이네 반 학생들이 여행가고 싶은
나라를 조사하여 나타낸 막대그래프입니다.
물음에 답하세요.

여행 가고 싶은 나라별 학생 수

6 조사한 학생은 모두 몇 명일까요?

( )

7 가로와 세로는 각각 무엇을 나타낼까요?

가로 ( )
세로 ( )

8 막대의 길이가 가장 긴 나라는 어디일까요?

( )

[9~10] 현우네 반 학생들이 좋아하는 생선
을 조사하여 나타낸 막대그래프입니다. 물음
에 답하세요.

좋아하는 생선별 학생 수

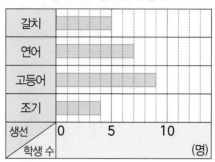

9 가로와 세로는 각각 무엇을 나타낼까요?

가로 ( )
세로 ( )

10 막대의 길이는 무엇을 나타낼까요?

( )

11 개념 체크

☐ 안에 알맞은 말을 써넣으세요.

(1) 조사한 자료를 막대 모양으로 나타낸
그래프를 ☐ 라고 합니다.

(2) 표와 막대그래프 중에서 항목별 수량
과 합계를 알아보기 쉬운 것은 ☐ 이
고, 항목별 수량의 많고 적음을 한눈에
비교하기 쉬운 것은 ☐ 입니
다.

빨리 채점해요!

51 일째   틀린 개수   개

공부 한 날   월   일

개념 2 막대그래프의 내용 알아보기

✪ 지혜네 반 학생들이 좋아하는 프로그램을 조사하여 나타낸 막대그래프를 보고 여러 가지 내용을 알아봅시다.

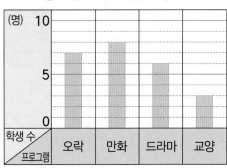

좋아하는 프로그램별 학생 수

막대그래프에서 수량을 구할 때는 먼저, 눈금 한 칸의 크기를 알아본 다음 막대가 눈금 몇 칸인지 세어 봐요.

① 가장 많은 학생들이 좋아하는 프로그램은 만화이고,
   <u>막대의 길이가 가장 긴 항목</u>
   가장 적은 학생들이 좋아하는 프로그램은 교양입니다.
   <u>막대의 길이가 가장 짧은 항목</u>

② 오락을 좋아하는 학생 수는 7명, 만화를 좋아하는 학생 수는 8명,
   드라마를 좋아하는 학생 수는 6명, 교양을 좋아하는 학생 수는 3명입니다.

③ <u>드라마를 좋아하는 학생 수는</u> <u>교양을 좋아하는 학생 수의</u> 2배입니다.
    6명   3명

[1~5] 민정이네 반 학생들이 좋아하는 과목을 조사하여 나타낸 막대그래프입니다. ☐안에 알맞은 수나 말을 써넣으세요.

좋아하는 과목별 학생 수

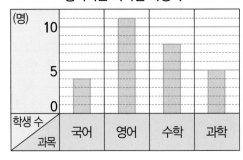

1 가장 많은 학생들이 좋아하는 과목은 ☐입니다.

2 가장 적은 학생들이 좋아하는 과목은 ☐입니다.

3 세로 눈금 한 칸은 ☐명을 나타냅니다.

4 국어를 좋아하는 학생은 ☐명입니다.

5 학생 수가 국어의 2배인 과목은 ☐입니다.

[6~9] 승찬이네 학교 4학년 학생들이 관심 있는 지구촌 문제를 조사하여 나타낸 막대그래프입니다. 물음에 답하세요.

관심 있는 지구촌 문제별 학생 수

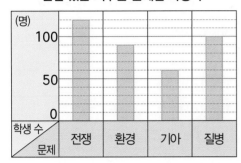

6 가장 많은 학생들이 관심 있는 지구촌 문제는 무엇일까요?

( )

7 두 번째로 많은 학생들이 관심 있는 지구촌 문제는 무엇일까요?

( )

8 세로 눈금 한 칸은 몇 명을 나타낼까요?

( )

세로 눈금 5칸은 50명을 나타냅니다.

9 환경 문제에 관심 있는 학생은 몇 명일까요?

( )

[10~13] 진우네 반 학생들이 좋아하는 과일을 조사하여 나타낸 막대그래프입니다. 물음에 답하세요.

좋아하는 과일별 학생 수

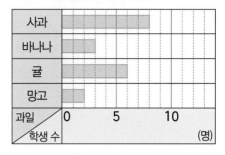

10 가장 적은 학생이 좋아하는 과일은 무엇이고, 좋아하는 학생은 몇 명일까요?

( ), ( )

11 바나나를 좋아하는 학생 수보다 많고 사과를 좋아하는 학생 수보다 적은 과일은 무엇일까요?

( )

12 점심 시간에 학생들에게 과일을 하나씩 나누어 준다면 어떤 과일을 준비해야 가장 많은 학생이 좋아할까요?

( )

13 알맞은 말에 ○표 하세요.

막대그래프에서 막대의 길이가 길수록 항목의 수량이 (크고 , 작고), 막대의 길이가 짧을수록 항목의 수량이 (큽니다 , 작습니다).

[14~17] 두일이네 반 학생들이 좋아하는 우유를 조사하여 나타낸 막대그래프입니다. 물음에 답하세요.

좋아하는 우유별 학생 수

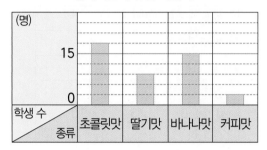

14 두일이네 반 학생들이 좋아하는 우유의 종류는 모두 몇 가지일까요?

( )

15 가장 많은 학생들이 좋아하는 우유의 종류부터 차례로 써 보세요.

( )

16 두일이네 반 학생들에게 줄 우유를 한 가지 준비한다면 어떤 우유를 준비하는 것이 좋을까요?

( )

17 막대그래프에서 두일이가 좋아하는 우유의 종류를 알 수 있을까요?

( )

[18~20] 나이별 비타민C의 1일 권장 섭취량을 나타낸 막대그래프입니다. 물음에 답하세요.

나이별 비타민C의 1일 권장 섭취량

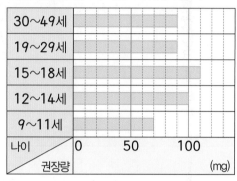

(출처: 텔레비전 건강프로그램)

18 선우와 재민이의 대화를 읽고 ㉠, ㉡에 알맞은 수를 써 보세요.

우리는 11살이니까 하루에 비타민 ㉠ mg을 섭취해야겠네.

선우

내년은 12살이니까 섭취량이 ㉡ mg 더 늘어나.

재민

㉠ ( ), ㉡ ( )

19 비타민C의 권장 섭취량이 가장 많은 나이와 가장 적은 나이의 권장 섭취량의 차는 몇 mg일까요?

( )

20 막대그래프에서 나이가 많을수록 비타민C의 권장 섭취량이 많다고 할 수 있나요? '예' 또는 '아니요'로 답해 보세요.

( )

정답 및 풀이 47쪽

1 마을별 사과 생산량을 조사하여 나타낸 그림그래프와 막대그래프입니다. 사과 생산량을 각각 무엇으로 나타내었는지 써 보세요.

사과 생산량

마을	생산량
가	🍎🍎
나	🍎🍎🍎🍎🍎
다	🍎🍎

🍎100상자 🍎10상자

사과 생산량

(   ) (   )

2 도진이네 반 학생들이 좋아하는 색깔을 조사하여 표와 막대그래프로 나타내려고 합니다. 도진이네 반 전체 학생 수를 알아보려면 어떤 자료를 보는 것이 더 편리할까요?

(   )

3 아래 막대그래프에서 가로 눈금 한 칸은 몇 명을 나타낼까요?

마을별 초등학생 수

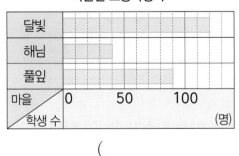

(   )

[4~6] 은지네 학교 4학년 반별 모은 헌 종이의 무게를 조사하여 나타낸 막대그래프입니다. 물음에 답하세요.

반별 모은 헌 종이의 무게

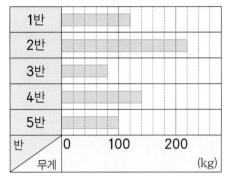

4 가로 눈금 한 칸은 몇 kg을 나타낼까요?

(   )

5 헌 종이를 많이 모은 반부터 차례대로 써 보세요.

(   )

6 막대그래프는 다섯 반이 모은 헌 종이의 무게가 모두 몇 kg인지 알아보기에 표보다 편리할까요?

(   )

7 김밥을 좋아하는 학생은 몇 명일까요?

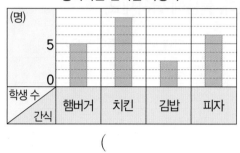

좋아하는 간식별 학생 수

( )

8 알맞은 말에 ○표 하세요.

막대그래프에서는 막대의 (길이 , 두께)로 수량의 많고 적음을 한눈에 비교할 수 있습니다.

9 풀잎 마을의 4학년 학생은 몇 명일까요?

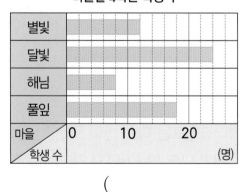

마을별 4학년 학생 수

( )

[10~13] 기철이네 반 학생들이 하는 하루 양치 횟수를 조사하여 나타낸 막대그래프입니다. 물음에 답하세요.

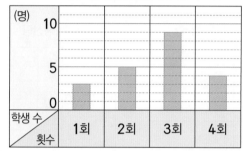

하루 양치 횟수별 학생 수

10 가장 많은 학생들이 하는 하루 양치 횟수는 몇 회일까요?

( )

11 가장 적은 학생들이 하는 하루 양치 횟수는 몇 회일까요?

( )

12 하루 양치 횟수가 3회보다 많은 학생은 몇 명일까요?

( )

13 하루 양치 횟수가 1회인 학생 수의 3배인 학생 수의 양치 횟수는 몇 회일까요?

( )

빨리 채점해요!

53 일째 　틀린 개수 　　개

공부 한날 　　월 　　일

개념 3 막대그래프로 나타내기

✪ **막대그래프로 그리는 방법을 알아봅시다.**

① 가로와 세로 중 어느 쪽에 조사한 수를 나타낼 것인가를 정합니다.

② 눈금 한 칸의 크기를 정하고, 조사한 수 중 가장 큰 수를 나타낼 수 있도록 눈금의 수를 정합니다.

③ 조사한 수에 맞도록 막대를 그립니다.

④ 막대그래프에 알맞은 제목을 붙입니다.

✪ **표를 보고 막대그래프를 그려 봅시다.**

줄넘기 기록

이름	지아	영은	동명	준열	합계
기록(회)	200	350	200	250	1000

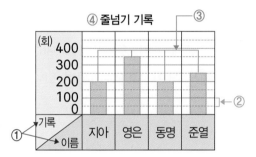

① 가로에 이름을, 세로에 줄넘기 기록을 나타내기로 정합니다.

② 눈금 한 칸의 크기를 50회로 정하고 눈금의 수를 정합니다.

③ 조사한 줄넘기 기록에 맞도록 막대를 그립니다.

④ 막대그래프에 '줄넘기 기록'이라는 제목을 붙입니다.

[1~3] 도윤이네 반 학생들이 좋아하는 동물을 조사한 것입니다. 물음에 답하세요.

좋아하는 동물

호랑이	사자	기린	토끼	호랑이	호랑이	사자
사자	토끼	호랑이	토끼	사자	토끼	호랑이
토끼	호랑이	사자	호랑이	토끼	호랑이	기린

1 조사한 결과를 표로 정리해 보세요.

좋아하는 동물별 학생 수

동물	호랑이	사자	기린	토끼	합계
학생 수(명)	8				

2 가로에 동물을 나타낸다면 세로에는 무엇을 나타내어야 할까요?

( )

3 표를 보고 막대그래프로 나타내 보세요.

( )

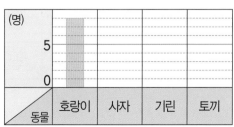

[4~7] 정민이네 반 학생들이 좋아하는 구기 종목을 조사하여 나타낸 표를 보고 막대그래프로 나타내려고 합니다. 물음에 답하세요.

좋아하는 구기 종목별 학생 수

구기 종목	야구	축구	농구	합계
학생 수(명)	9	12	4	25

4 가로에 구기 종목을 나타낸다면 세로에는 무엇을 나타내어야 할까요?

( )

5 세로 눈금 한 칸은 학생 몇 명을 나타내어야 할까요?

( )

6 세로 눈금 한 칸이 **1**명을 나타낸다면 야구를 좋아하는 학생 수는 세로 눈금 몇 칸으로 나타내어야 할까요?

( )

7 표를 보고 막대그래프로 나타내 보세요.

( )

```
(명)

10 ┈┈┈┈┈┈┈┈┈┈┈┈

5 ┈┈┈┈┈┈┈┈┈┈┈┈

0
    종목  야구  축구  농구
```

[8~9] 혜영이가 1년 동안 산 색깔별 머리핀 수를 조사하여 나타낸 표를 보고 막대그래프로 나타내려고 합니다. 물음에 답하세요.

색깔별 머리핀 수

색깔	파랑	검정	초록	분홍	합계
머리핀 수(개)	8	4	11	7	30

8 표를 보고 막대그래프로 나타내 보세요.

( )

```
(개)

10 ┈┈┈┈┈┈┈┈┈┈┈┈

5 ┈┈┈┈┈┈┈┈┈┈┈┈

0
                색깔
```

9 가로에는 머리핀 수, 세로에는 색깔이 나타나도록 막대가 가로인 막대그래프로 나타내 보세요.

( )

```
색깔
머리핀 수   0    5    10
                        ( )
```

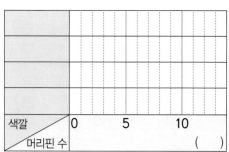

개념 4 막대그래프로 이야기 만들기

✪ 막대그래프로 나타낸 것을 보고 이야기를 만들어 봅시다.

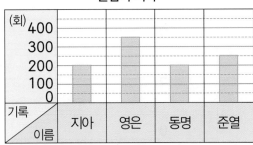
줄넘기 기록

• 체육 시간에 줄넘기를 하였습니다.
• 지아와 동명이는 200회로 줄넘기 기록이 같았습니다.
• 준열이는 동명이보다 줄넘기를 50회 더 많이 했습니다.
• 영은이의 기록은 350회로 우리 반에서 가장 좋은 기록입니다

1 도영이네 모둠 학생들이 방학 동안 읽은 책 수를 조사하여 나타낸 막대그래프입니다. ☐ 안에 알맞은 수를 써넣으세요.

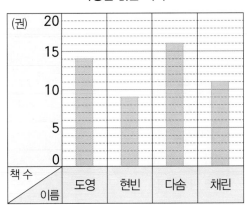
학생별 읽은 책 수

방학 동안 책을 도영이는 ☐ 권, 다솜이는 ☐ 권 읽었으므로 도영이는 다솜이보다 ☐ 권 더 적게 읽었습니다.

빨리 채점해요!

55 일째   틀린 개수   개

공부 한 날   월   일

2 은석이네 빵집에서 이번 주 동안 판매한 종류별 빵의 수를 조사하여 나타낸 막대그래프입니다. 설명으로 옳은 것을 모두 찾아 기호를 쓰세요.

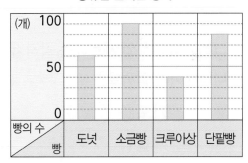
종류별 판매한 빵 수

㉠ 은석이네 빵집에서 가장 많이 팔린 빵은 소금빵입니다.
㉡ 도넛과 크루아상은 같은 수만큼 팔렸습니다.
㉢ 이번 주에 판매한 빵은 모두 270개입니다.
㉣ 은석이네 빵집에서 한 가지 빵을 판다면 단팥빵을 파는 것이 가장 좋겠습니다.

( )

[1~6] 소희네 반 학생들이 받고 싶은 선물을 조사한 것입니다. 물음에 답하세요.

받고 싶은 선물

게임기	인형	책	휴대전화
♥♥ ♥♥♥	♥ ♥ ♥	♥ ♥	♥♥♥ ♥♥♥

1 조사한 결과를 표로 정리해 보세요.

받고 싶은 선물별 학생 수

받고 싶은 선물	게임기	인형	책	휴대전화	합계
학생 수 (명)					

2 그래프의 가로와 세로에는 각각 무엇을 나타내어야 할까요?

가로 (   )

세로 (   )

3 그래프의 세로 눈금 한 칸은 몇 명을 나타내어야 할까요?

(   )

4 1의 표를 보고 막대그래프로 나타내 보세요.

(   )

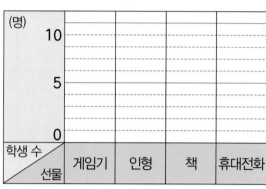

5 가로에는 학생 수, 세로에는 받고 싶은 선물이 나타나도록 가로로 된 막대그래프로 나타내 보세요.

(   )

게임기			
인형			
책			
휴대전화			
선물＼학생 수	0	5	10 (명)

6 위 막대그래프를 보고 알 수 있는 사실을 쓰세요.

[사실]

—————————————————

—————————————————

—————————————————

[7~9] 기철이네 집에서 한 달 동안 배출된 쓰레기 양을 조사하여 나타낸 표를 보고 막대그래프로 나타내려고 합니다. 물음에 답하세요.

종류별 배출된 쓰레기 양

종류	음식물	플라스틱류	병류	종이류	합계
쓰레기 양(kg)	6	10	2	4	22

7 가로에 종류를 나타낸다면 세로에는 무엇을 나타내어야 할까요?

(   )

8 세로 눈금 한 칸이 1 kg을 나타낸다면 병류의 쓰레기 양은 몇 칸으로 나타내어야 할까요?

(   )

9 표를 보고 막대그래프로 나타내 보세요.

(   )

[10~11] 미세먼지는 대기오염을 일으켜 인체 및 생태계 건강에 직접적인 영향을 미치는 대표적인 물질입니다. 막대그래프를 보고 물음에 답하세요.

서울 연평균 미세먼지(PM2.5) 농도

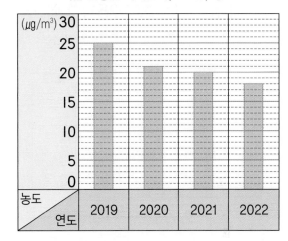

10 알맞은 말에 ○표 하세요.

> 2019년부터 2022년까지의 막대를 비교하면 막대의 길이는 (길어지고, 짧아지고) 있습니다.

11 서울의 연평균 미세먼지 농도는 어떻게 변하는지 살펴보고, 2024년에는 서울의 연평균 미세먼지 농도가 어떻게 변할지 예상해 보세요.

빠르게 채점해요!

56일째 틀린 개수   개

공부한 날   월   일

실생활 문제 다잡기

유형 **1** 합계를 이용하여 항목의 수 구하기

정훈이네 반 학생들이 좋아하는 구기 종목을 조사하여 나타낸 막대그래프입니다. 정훈이네 반 학생이 모두 25명일 때, 배구를 좋아하는 학생은 몇 명일까요?

좋아하는 구기 종목별 학생 수

👆 **핵심 체크**

배구를 좋아하는 학생 수는 전체 학생 수에서 야구, 축구, 농구를 좋아하는 학생 수의 합을 빼서 구합니다.

풀이

1단계 세로 눈금 한 칸이 몇 명을 나타내는지 알아보기

세로 눈금 한 칸은 ☐ 명을 나타냅니다.

2단계 야구, 축구, 농구를 좋아하는 학생 수의 합 구하기

야구, 축구, 농구를 좋아하는 학생 수는

☐ + ☐ + ☐ = ☐ (명)입니다.

3단계 배구를 좋아하는 학생 수를 구하는 식 세우기

전체 학생 수가 25명이므로 배구를 좋아하는 학생은 25 − ☐ = ☐ (명)입니다.

답 _____

유형 **1**-1

어느 지역의 마을별 사과 생산량을 조사하여 나타낸 막대그래프입니다. 이 지역의 마을들의 사과 생산량이 모두 600상자일 때, ㉯ 마을의 사과 생산량은 몇 상자일까요?

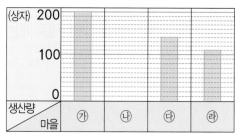
마을별 사과 생산량

(   )

유형 **1**-2

어느 아파트의 동별 4학년 학생 수를 조사하여 나타낸 막대그래프입니다. 이 아파트의 학생이 모두 50명일 때, 4동의 4학년 학생은 몇 명일까요?

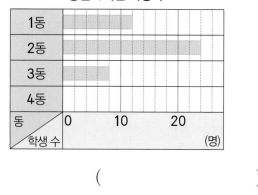
동별 4학년 학생 수

(   )

유형 ② 표와 막대그래프 완성하기

진영이네 반 학생들이 좋아하는 계절을 조사하여 나타낸 표와 막대그래프입니다. 표와 막대그래프를 완성해 보세요.

좋아하는 계절별 학생 수

계절	봄	여름	가을	겨울	합계
학생 수(명)		4		6	30

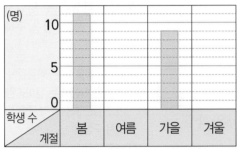

좋아하는 계절별 학생 수

🖐 핵심 체크

막대그래프의 세로 눈금 한 칸이 나타내는 학생 수를 구합니다.

풀이

1단계 막대그래프의 세로 눈금 한 칸이 몇 명을 나타내는지 구하기

세로 눈금 한 칸은 5÷5＝□명을 나타냅니다.

2단계 표와 막대그래프를 완성하기

봄을 좋아하는 학생은 □명, 가을을 좋아하는 학생은 □명입니다. 여름을 좋아하는 학생은 4명이므로 □칸, 겨울을 좋아하는 학생은 6명이므로 □칸으로 막대를 그립니다.

유형 ②-1

정미네 반 학생들의 100 m 달리기 기록을 조사하여 나타낸 표와 막대그래프입니다. 표와 막대그래프를 완성해 보세요.

100 m 달리기 기록

이름	정미	윤석	지우	민석	합계
기록(초)	18		20		68

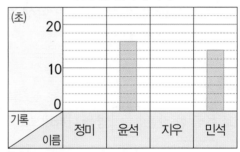

100 m 달리기 기록

유형 ②-2

어느 과수원에서 1시간 동안 수확한 과일별 개수를 조사하여 나타낸 표와 막대그래프입니다. 표와 막대그래프를 완성해 보세요.

1시간 동안 수확한 과일별 개수

종류	사과	배	포도	수박	합계
개수(개)		110	100		370

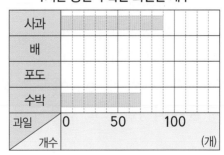

1시간 동안 수확한 과일별 개수

빨리 채점해요!

57일째　틀린 개수　　개

공부한날　　월　　일

서술형 대비 문제

❶ 대표 문제

진수네 학교 4학년 학생들이 현장 체험 학습으로 가고 싶은 장소를 조사하여 나타낸 막대그래프입니다. 박물관에 가고 싶은 학생 수가 놀이공원에 가고 싶은 학생 수보다 8명이 적을 때, 박물관에 가고 싶은 학생은 몇 명인지 풀이 과정을 쓰고, 답을 구해 보세요.

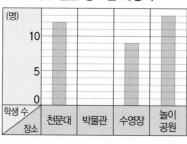

가고 싶은 장소별 학생 수

풀이

세로 눈금 한 칸은 [ ]명을 나타내므로 놀이공원에 가고 싶은 학생 수는 [ ]명입니다. 따라서 박물관에 가고 싶은 학생 수는 놀이공원에 가고 싶은 학생 수보다 [ ]명이 적으므로

[ ] － [ ] ＝ [ ] (명)입니다.

◆ 힌트 체크

진수네 학교 4학년 학생들이 현장 체험 학습으로 가고 싶은 장소를 조사하여 나타낸 막대그래프입니다. 박물관에 가고 싶은 학생 수가 놀이공원에 가고 싶은 학생 수보다 ❶8명이 적을 때 ❷박물관에 가고 싶은 학생은 몇 명인지 풀이 과정을 쓰고, 답을 구해 보세요.

❶ 8명이 적을 때 ➡ 박물관에 가고 싶은 학생 수는 놀이공원에 가고 싶은 학생 수에서 8명을 빼서 구합니다.
❷ 세로 눈금 한 칸은 몇 명을 나타내는지 구합니다.

답

---

❶ 연습 문제

효석이가 모은 월별 칭찬 붙임딱지 수를 조사 하여 나타낸 막대그래프입니다. 6월에 모은 칭찬 붙임딱지 수가 3월에 모은 칭찬 붙임딱지 수의 4배일 때, 6월에 모은 칭찬 붙임딱지 수는 몇 개인지 풀이 과정을 쓰고, 답을 구해 보세요.

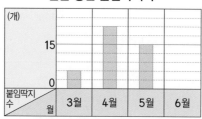

월별 칭찬 붙임딱지 수

◆ 힌트 체크

★ 힌트가 되는 부분에 ○표 하세요!

풀이

답

❷ 대표 문제

나라네 반 학생들의 고민을 조사하여 나타낸 막대그래프입니다. 고민이 장래 희망인 학생 수는 고민이 가족인 학생 수의 2배라고 할 때, 풀이 과정을 쓰고, 막대그래프를 완성해 보세요.

학생들의 고민

고민 \ 학생 수	0	5	10	(명)
성적				
친구				
가족				
장래 희망				

⊙ 힌트 체크

나라네 반 학생들의 고민을 조사하여 나타낸 막대그래프입니다. 고민이 장래 희망인 학생 수는 고민이 가족인 학생 수의 ⚝❶2배라고 할 때, 풀이 과정을 쓰고, ❷막대그래프를 완성해 보세요.

⚝❶ 2배 ➡ 고민이 가족인 학생 수는 고민이 장래 희망인 학생 수를 2로 나누어 구합니다.

❷ 세로 눈금 한 칸은 몇 명을 나타내는지 구합니다.

풀이

고민이 장래 희망인 학생 수는 ☐ 명이므로 고민이 가족인 학생 수는 ☐ ÷ ☐ = ☐ (명)입니다.

가로 눈금 한 칸이 학생 수 ☐ 명을 나타내므로 고민이 가족인 학생 수는 ☐ 칸으로 나타냅니다.

❷ 연습 문제

❷ 대표 문제의 막대그래프에서 나라네 반 학생은 모두 몇 명인지 구하고, 막대그래프를 통해 알 수 있는 사실을 2가지 써 보세요.

풀이

⊙ 힌트 체크

★ 힌트가 되는 부분에 ○표 하세요!

빨리 채점해요!

58 일째　틀린 개수

공부 한날　　월

답 _____

단원 평가 1회

(문제당 5점)

점수 [   ] 점

1

☐ 안에 알맞은 말을 써넣으세요.

> 조사한 자료를 막대 모양으로 나타낸 그래프를 [   ](이)라고 합니다.

[2~4] 현수의 휴대 전화에 들어 있는 종류별 사진 수를 조사하여 나타낸 막대그래프입니다. 물음에 답하세요.

종류별 사진 수

종류	0 25 50
가족 사진	
친구 사진	
풍경 사진	
동물 사진	

사진 수 (장)

2

막대의 길이는 무엇을 나타낼까요?

(   )

3

두 번째로 많은 사진 종류는 무엇이고, 사진은 몇 장일까요?

(   ), (   )

4

현수의 휴대 전화에 들어 있는 사진은 모두 몇 장일까요?

(   )

[5~9] 어느 지역 도서관의 마을별 하루 이용자 수를 조사하여 나타낸 표입니다. 표를 보고 막대그래프로 나타낼 때, 물음에 답하세요.

도서관의 마을별 하루 이용자 수

마을	가	나	다	라	합계
이용자 수(명)	70	110	100	60	340

5

가로에 마을을 나타낸다면 세로에는 무엇을 나타내어야 할까요?

(   )

6

세로는 적어도 이용자 수 몇 명까지 나타낼 수 있어야 할까요?

(   )

7

세로 눈금 한 칸을 몇 명으로 나타내야 할까요?

( )

8

표를 보고 막대그래프로 나타내 보세요.

( )

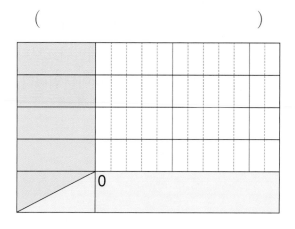

9

도서관의 마을별 하루 이용자 수가 적은 마을부터 위에서 차례대로 나타나도록 막대가 가로인 막대그래프로 나타내 보세요.

( )

[10~11] 정우네 반 학생들이 좋아하는 색깔을 조사한 것입니다. 물음에 답하세요.

좋아하는 색깔

노랑	보라	노랑	보라	초록
주황	초록	보라	주황	주황
노랑	주황	초록	보라	노랑
보라	주황	보라	노랑	주황

10

조사한 결과를 표로 정리해 보세요.

좋아하는 색깔별 학생 수

색깔	노랑	보라	초록	주황	합계
학생 수 (명)					20

11 시험에 꼭!

표를 보고 막대그래프로 나타내 보세요.

( )

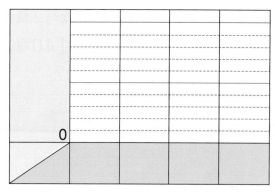

12

표를 보고 세로 눈금 한 칸이 학생 수 1명인 막대그래프로 나타낸다면 장래희망이 의사인 학생 수는 몇 칸으로 나타내어야 할까요?

장래희망별 학생 수

장래희망	선생님	의사	연예인	합계
학생 수(명)	8	12	4	24

(   )

13

12의 표를 보고 용준이의 방법으로 막대그래프를 그린다면 장래희망이 선생님인 학생 수는 몇 칸으로 나타내어야 할까요?

막대그래프의 세로 눈금 한 칸을 학생 수 2명으로 할 거야.

용준

(   )

14

지민이네 쇼핑몰에서 일주일 동안 판매한 상품의 판매량을 조사하여 막대그래프로 나타내었습니다. 가방의 판매량이 40개일 때, 티셔츠 판매량은 몇 개일까요?

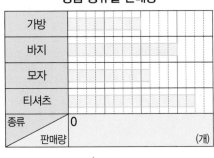

상품 종류별 판매량

(   )

[15~16]
국제 축구 연맹(FIFA)에서 주관한 어떤 대회에서 경기 결과를 나타낸 막대그래프입니다. 물음에 답하세요.

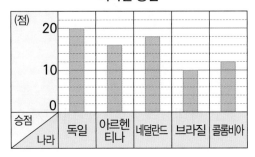

나라별 승점

15

세로 눈금 한 칸은 승점 몇 점을 나타낼까요?

(   )

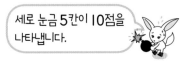

세로 눈금 5칸이 10점을 나타냅니다.

16

막대그래프의 내용으로 옳지 <u>않은</u> 것을 모두 찾아 기호를 쓰세요.

> ㉠ 승점이 가장 높은 나라는 독일입니다.
> ㉡ 승점이 가장 낮은 나라는 브라질입니다.
> ㉢ 콜롬비아의 승점은 11점입니다.
> ㉣ 브라질보다 승점이 높고 네덜란드보다 승점이 낮은 나라는 콜롬비아뿐입니다.

(   )

17 도전해 얍!

수정이네 학교 4학년 학생들의 혈액형을 조사하여 나타낸 막대그래프입니다. 4학년 학생은 모두 70명이고 혈액형이 O형인 학생 수가 AB형인 학생 수의 2배일 때, B형인 학생과 O형인 학생은 각각 몇 명일까요?

혈액형별 학생 수

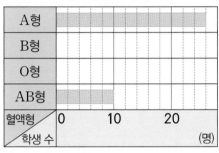

B형 (   )
O형 (   )

18 도전해 얍!

재현이네 학교 4학년의 반별 남녀 학생 수를 조사하여 나타낸 막대그래프입니다. 남녀 학생 수의 차가 가장 작은 반은 몇 반일까요?

반별 남녀 학생 수

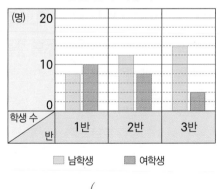

(   )

빨리 채점해요!

59 일째   틀린 개수   개

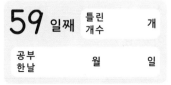
공부한 날   월   일

🍒 서술형 문제

[19~20] 규성이네 학교 4학년 학생들이 가족들과 가고 싶어 하는 장소를 조사하여 나타낸 막대그래프입니다. 물음에 답하세요.

가고 싶어 하는 장소

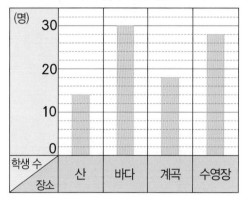

19

수영장에 가고 싶어 하는 학생 수는 산에 가고 싶어 하는 학생 수의 몇 배인지 풀이 과정을 쓰고, 답을 구해 보세요.

[풀이]

[답]

20

위 막대그래프는 몇 월에 조사하여 나타낸 것이라고 예상해 보고, 그 이유를 설명해 보세요.

[예상]

단원 평가 2회

(문제당 5점)

[1~3] 문구점에서 오늘 등교 시간에 팔린 학용품 판매량을 조사하여 나타낸 막대그래프입니다. 물음에 답하세요.

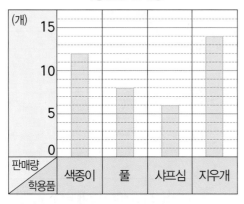

학용품별 판매량

1

가로와 세로는 각각 무엇을 나타낼까요?

가로 (　　　　　　　　)

세로 (　　　　　　　　)

2

가장 적게 판 학용품은 무엇일까요?

(　　　　　　　　)

3

판매량이 풀보다 많은 학용품을 모두 찾아 써 보세요.

(　　　　　　　　)

4

막대그래프로 나타내는 순서에 맞게 기호를 써 보세요.

> ㉠ 한 칸의 눈금을 얼마로 할지 정합니다.
> ㉡ 조사한 내용을 표로 정리합니다.
> ㉢ 가로와 세로에 무엇을 나타낼지 정합니다.
> ㉣ 조사한 수량보다 더 많은 수의 눈금을 표시합니다.

(　　　　　　　　)

[5~6] 주리네 반 학생들이 기르고 싶은 반려동물을 조사하여 나타낸 표입니다. 물음에 답하세요.

기르고 싶은 반려동물별 학생 수

반려 동물	강아지	고양이	토끼	고슴 도치	합계
학생 수 (명)	10	6	2		23

5 시험에 꼭

표를 막대그래프로 나타낼 때, 세로 눈금 한 칸이 1명을 나타낸다면 고슴도치를 기르고 싶은 학생 수는 몇 칸으로 나타내어야 할까요?

(　　　　　　　　)

6

표를 보고 막대그래프로 나타낼 때, 학생 수를 나타내는 눈금은 적어도 몇 칸이 필요할까요?

(　　　　　　　　)

[7~9] 지혜네 집에서 영화 박물관까지 가는 이동 수단별 소요 시간을 나타낸 표를 보고 물음에 답하세요.

이동 수단별 소요 시간

이동 수단	자동차	버스	지하철	버스와 지하철
소요 시간(분)	25	40	30	45

7

표를 보고 막대그래프로 나타내 보세요.

( )

0

8 시험에 꼭!

가장 빨리 도착하는 이동 수단을 알아볼 때 한눈에 알아보기 더 편리한 것은 표와 막대그래프 중 어느 것일까요?

( )

9

자신이라면 어떤 이동 수단으로 영화 박물관에 갈지 생각하여 답을 쓰고, 그 이유를 설명해 보세요.

이유

[10~12] 가게에서 30분 동안 판매된 메뉴를 조사한 것입니다. 메뉴별 판매 수를 정리하여 막대그래프로 나타내려고 합니다. 물음에 답하세요.

메뉴별 판매 수

물냉면 비빔냉면 갈비탕 물냉면 갈비탕 비빔냉면
비빔냉면 비빔냉면 갈비탕 비빔냉면 비빔냉면 물냉면
물냉면 비빔냉면 물냉면 비빔냉면 갈비탕 비빔냉면

10

메뉴별 판매 수를 표로 정리해 보세요.

메뉴별 판매 수

메뉴	물냉면	비빔냉면	갈비탕	합계
판매 수 (그릇)				

11

가로 눈금 한 칸이 1그릇을 나타낸다면 갈비탕의 판매 수는 몇 칸으로 나타내야 할까요?

( )

12

판매 수가 적은 메뉴부터 위에서 차례로 나타나도록 막대가 가로인 막대그래프로 나타내 보세요.

( )

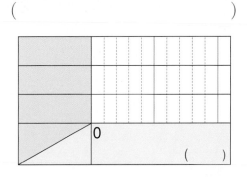

0

( )

[13~14] 구름공원의 오늘 입장객 수를 조사하여 나타낸 막대그래프입니다. 물음에 답하세요.

구름공원 입장료

성인	청소년	어린이
2000원	1500원	1000원

연령대별 입장객 수

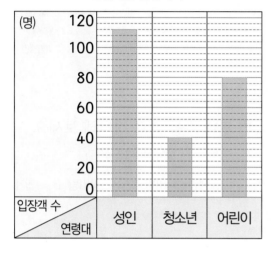

13

오늘 방문한 어린이의 입장료의 합은 얼마일까요?

( )

14 시험에 꼭!

공원에 생태 탐방 프로그램을 준비하려고 합니다. 누구를 대상으로 한 프로그램을 가장 많이 준비하면 좋을까요?

( )

[15~16] 찬영이네 반 학생들이 배우고 싶은 악기를 조사하여 나타낸 표입니다. 물음에 답하세요.

악기별 학생 수

악기	피아노	가야금	바이올린	첼로	해금	합계
학생 수 (명)		3	6	4		23

15

피아노를 배우고 싶은 학생 수가 첼로를 배우고 싶은 학생 수의 2배일 때, 표와 막대그래프를 각각 완성해 보세요.

악기별 학생 수

(명) ─ 학생 수 / 악기 : 피아노, 가야금, 바이올린, 첼로, 해금

16

위 그래프에서 알 수 있는 사실을 2가지 써 보세요.

사실

[17~18] 성찬이네 반 학생들이 좋아하는 김밥을 조사하여 나타낸 막대그래프가 찢어졌습니다. 참치 김밥을 좋아하는 학생은 야채 김밥을 좋아하는 학생의 2배이고, 치즈 김밥을 좋아하는 학생은 돈가스 김밥을 좋아하는 학생보다 2명 더 적다고 합니다. 물음에 답하세요.

김밥 종류별 학생 수

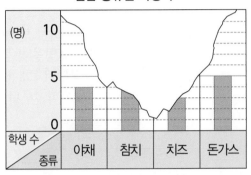

17 도전해 엽

참치 김밥과 치즈 김밥을 좋아하는 학생은 각각 몇 명일까요?

참치 김밥 (   )

치즈 김밥 (   )

18

성찬이네 반 학생은 모두 몇 명일까요?

(   )

🍒 서술형 문제

[19~20] 시연이와 홍식이가 양궁 경기를 하였습니다. 각 세트당 2발씩 쏘아 얻은 기록의 합을 정리하여 나타낸 자료1 과 자료2 를 보고 물음에 답하세요.

자료1 기록의 합을 나타낸 표

시연이와 홍식이의 기록

이름＼세트	1세트	2세트	3세트	4세트	5세트
시연	18	15	14		
홍식	19	12	16		

자료2 4세트와 5세트의 기록을 나타낸 막대그래프

시연이의 기록   홍식이의 기록

19

자료2 를 보고 자료1 의 표를 완성해 보세요.

20

시연이와 홍식이 중 누구를 양궁 대표 선수로 정하는 것이 좋을지 답을 쓰고, 그 이유를 설명해 보세요.

이유

답 ....

빨리 채점해요!

60 일째   틀린 개수   개

공부 한 날   월   일

6 단 원

규칙 찾기

그럼, 여섯 번째에 알맞은 모양을 만들려면 모형 11개가 필요하겠구나!

친구들이 모형으로 여러 가지 모양을 만들었네.

첫 번째부터 다섯 번째까지 모양을 만드는데 모형이 각각 1개, 3개, 5개, 7개, 9개가 사용되었어.

1개에서 시작하여 오른쪽과 위쪽으로 각각 1개씩 더 늘어나는 규칙이 있어.

✪ 배열에서 규칙을 찾으면 다음에 올 모양을 알 수 있어!

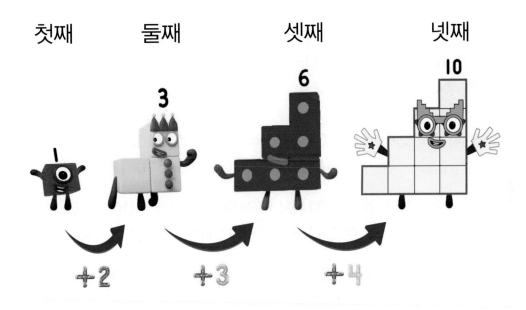

⇨ 모형의 수가 1개부터 시작하여 2개, 3개, 4개…씩
   늘어나는 규칙이에요!

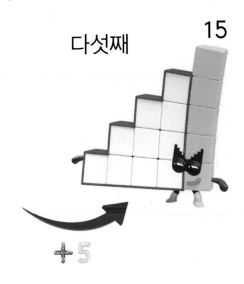

⇨ 다섯째에 올 모양에서 모형은 1+2+3+4+5=15(개)예요.

개념 1 수의 배열에서 규칙 찾기

✪ 수 배열표에서 규칙을 찾아봅시다.

① 101	111	121	131	141
201	211	221	231	241
301	311	321	331	341
401	411	421	431	441
① 501	511	521	531	541

① 가로줄에서 규칙 찾기 : 예 (1) 101에서 시작하여 오른쪽으로 10씩 커집니다.

   (2) 541에서 시작하여 왼쪽으로 10씩 작아집니다.

② 세로줄에서 규칙 찾기 : 예 (1) 101에서 시작하여 아래쪽으로 100씩 커집니다.

   (2) 541에서 시작하여 위쪽으로 100씩 작아집니다.

③ 그 외 다른 규칙 찾기 : 예 (1) 101에서 시작하여 ↘ 방향으로 110씩 커집니다.

   (2) 501에서 시작하여 ↗ 방향으로 90씩 작아집니다.

1 수 배열표에서 규칙을 찾아 ☐ 안에 알맞은 수를 써넣고, 알맞은 말에 ○표 하세요.

2101	2121	2141	2161	2181
2201	2221	2241	2261	2281
2301	2321	2341	2361	2381
2401	2421	2441	2461	2481
2501	2521	2541	2561	2581

(1) → 방향으로 ☐ 씩 (커집니다, 작아집니다).

(2) ↓ 방향으로 ☐ 씩 (커집니다, 작아집니다).

(3) ↑ 방향으로 ☐ 씩 (커집니다, 작아집니다).

(4) ↘ 방향으로 ☐ 씩 (커집니다, 작아집니다).

[2~4] 수 배열표에서 규칙을 찾아 ☐ 안에 알맞은 수를 써넣으세요.

2

401	412	423	434	445
501	512	523	534	545
601	612	623	634	645

규칙 → 방향으로 ☐ 씩 커집니다.

3

1004	1104	1204	1304
2004	2104	2204	2304
3004	3104	3204	3304

규칙 ↓ 방향으로 ☐ 씩 커집니다.

4

38541	38542	38543
48541	48542	48543
58541	58542	58543

규칙 ↘ 방향으로 ☐ 씩 커집니다.

[5~6] →, ↓, ↘ 방향으로 각각 일정한 규칙이 있는 그림을 보고 규칙을 써 보세요.

5

50	51	52	53	54
60	61	62	63	64
70	71	72	73	74

→ 방향으로 ☐ 씩 커집니다.

↓ 방향으로 ☐ 씩 커집니다.

↘ 방향으로 ☐ 씩 커집니다.

6

201	202	203	204	205
301	302	303	304	305
401	402	403	404	405

→ 방향으로 ☐ 씩 커집니다.

↓ 방향으로 ☐ 씩 커집니다.

↘ 방향으로 ☐ 씩 커집니다.

7 개념 체크

수 배열표에서 규칙을 찾아 ☐ 안에 알맞은 수를 써넣으세요.

6418	6428	6438	6448
7418	7428	7438	7448
8418	8428		8448

↓ 방향으로 ☐ 씩 커지는 규칙이므로

빈칸에 알맞은 수는 ☐ 입니다.

61 일째 틀린 개수 개

공부 한날 월 일

개념 2 모양의 배열에서 규칙을 찾아 수로 나타내기

☆ 계단 모양의 배열에서 규칙을 찾아봅시다.

| 첫째 | 둘째 | 셋째 | 넷째 |

순서	첫째	둘째	셋째	넷째
모형의 수(개)	1	3	6	10

규칙 모형의 수가 1개에서 시작하여 2개, 3개, 4개…씩 더 늘어나고 있습니다.

· 다섯째 올 모양과 모형의 수 알아보기

다섯째

모형이 2개, 3개, 4개…씩 늘어나고 있으므로 다섯째 모양의 모형 수는 넷째 모양의 수에 5개를 더한 15개입니다.

[1~2] 삼각형의 배열에서 규칙을 찾아 수로 나타내려고 합니다. 물음에 답하세요.

1 삼각형의 배열에는 어떤 규칙이 있는지 살펴보고, 빈칸에 알맞은 수를 써넣으세요.

| 첫째 | 둘째 | 셋째 | 넷째 |

순서	첫째	둘째	셋째	넷째
삼각형의 수(개)				

2 삼각형의 배열에는 어떤 규칙이 있는지 말해 보세요.

 규칙 1개부터 시작하여 아래쪽으로 삼각형이 ☐개, ☐개, ☐개씩 늘어나고 있습니다.

[3~5] 모양의 배열을 보고 ☐ 안에 알맞은 수를 써넣으세요.

3 첫째　　둘째　　셋째　　　넷째

2　　4　　6　　☐

⇨ 사각형의 수가 ☐ 개씩 늘어납니다.

4 첫째　　둘째　　셋째　　넷째

3　　6　　9　　☐

⇨ 원의 수가 ☐ 개씩 늘어납니다.

5 첫째　　둘째　　셋째　　넷째

1　　3　　5　　☐

⇨ 모형의 수가 ☐ 개씩 늘어납니다.

[6~7] 모양의 배열을 보고 물음에 답하세요.

첫째　　둘째　　셋째　　넷째

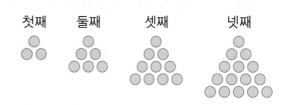

6 다섯째에 알맞은 도형의 개수는 몇 개일까요?

(　　　　　　　　　)

7 다섯째에 알맞은 도형을 그려 보세요.

다섯째

8 개념 체크

표를 완성하고, ☐ 안에 알맞은 수를 써넣으세요.

첫째　　둘째　　셋째　　넷째

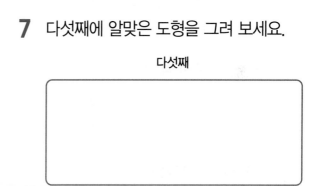

순서	첫째	둘째	셋째	넷째
모형의 수(개)				

⇨ 위쪽으로 모형이 ☐ 개씩 늘어나고 있습니다.

개념 3) 모양의 배열에서 규칙을 찾아 식으로 나타내기

✪ 사각형 모양의 배열에서 규칙을 찾아 식으로 나타내 봅시다.

| 첫째 | 둘째 | 셋째 | 넷째 |

순서	첫째	둘째	셋째	넷째
모형의 수(개)	1	4	9	16

규칙 가로, 세로에 각각 놓인 모형의 수가 1개에서 시작하여 2개, 3개, 4개…씩 더 늘어나고 있습니다.

· 규칙을 찾아 식으로 나타내기

순서	첫째	둘째	셋째	넷째
식	1	2×2=4	3×3=9	4×4=16

· 다섯째에 알맞은 모양과 모형의 수를 식으로 나타내기

다섯째

다섯째 모양을 만드는 데 필요한 모형의 수를 구하는 식은
5×5＝25입니다.
따라서 다섯째 모양을 만드는 데 필요한 모형은 25개입니다.

1 바둑돌로 만든 모양의 배열에서 규칙을 찾아 식으로 나타내려고 합니다. ☐ 안에 알맞은 수를 써넣으세요.

| 첫째 | 둘째 | 셋째 | 넷째 |

순서	첫째	둘째	셋째	넷째
식	2	2+4=6	2+4+6=☐	2+4+6+☐=☐

[2~4] 모양의 배열에서 규칙을 찾아 □ 안에 알맞은 수를 써넣으세요.

2

첫째	둘째	셋째	넷째
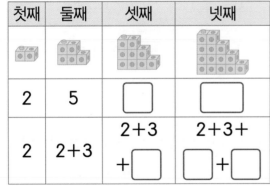			
1	4	☐	☐
1	1+☐	1+3 +☐	1+3+ ☐+☐

3

첫째	둘째	셋째	넷째
1	3	☐	☐
1	1+2	1+2 +☐	1+2+ ☐+☐

4

첫째	둘째	셋째	넷째
2	5	☐	☐
2	2+3	2+3 +☐	2+3+ ☐+☐

[5~6] 공깃돌로 만든 모양의 배열을 보고 물음에 답하세요.

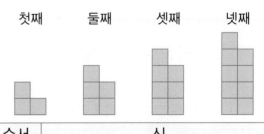

첫째　　둘째　　셋째　　넷째

5 규칙을 찾아 표를 완성해 보세요.

순서	식
첫째	2+3
둘째	2+3+2
셋째	
넷째	

6 다섯째 모양을 만드는 데 필요한 공깃돌은 몇 개일까요?

(　　　　　　)

7 개념 체크

사각형으로 만든 모양의 배열에서 규칙을 찾아 □ 안에 알맞은 수를 써넣으세요.

첫째　　둘째　　셋째　　넷째

순서	식
첫째	1+2=☐
둘째	1+2+2=☐
셋째	1+2+2+2=☐
넷째	1+2+2+2+2=☐

63 일째　틀린 개수　　개

공부 한날　　월　　일

중요 유형 익히기

[1~3] 수 배열표를 보고 물음에 답하세요.

1011	1111	1211	1311
2011	2111	2211	2311
3011	3111	3211	3311
4011	4111	4211	

1 수 배열표에서 규칙을 찾아 ☐ 안에 알맞은 수를 써넣으세요.

규칙 ↘ 방향으로 [   ]씩 커집니다.

2 수 배열표의 빈칸에 알맞은 수를 써넣으세요.

3 조건 을 만족하는 규칙적인 수들을 수 배열표에서 모두 찾아 색칠해 보세요.

조건
• 가장 큰 수는 4011입니다.
• 900씩 작아지는 규칙이 있습니다.

[4~6] 모양의 배열을 보고 물음에 답하세요.

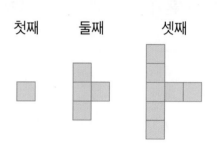

첫째   둘째   셋째

4 ■ 모양의 개수에서 규칙을 찾아 ☐ 안에 알맞은 수를 써넣으세요.

규칙 ■ 모양의 개수가 1개부터 시작하여 [   ]개씩 늘어납니다.

5 모양의 배열에서 규칙을 찾아 ☐ 안에 알맞은 수나 말을 써넣으세요.

규칙 ■ 모양이 위쪽, 오른쪽, [   ]쪽으로 각각 [   ]개씩 늘어나며 ⊥ 모양이 됩니다.

6 넷째에 알맞은 도형을 그려 보세요.

넷째

[7~8] 모양의 배열에서 규칙을 찾아 식으로 나타내려고 합니다. 빈칸에 알맞은 수를 써 넣으세요.

7

첫째	둘째	셋째	넷째
1	3	☐	☐
1	1+2	1+2+☐	1+2+☐+☐

8

첫째	둘째	셋째	넷째
4	8	☐	☐
1×4	2×4	3×☐	4×☐

[9~11] 사각형으로 만든 모양의 배열을 보고 물음에 답해 보세요.

첫째　　둘째　　셋째　　　넷째

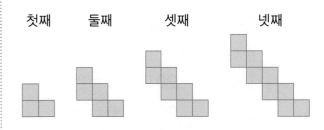

9 규칙을 찾아 표를 완성해 보세요.

순서	식
첫째	1+2=☐
둘째	1+2+2=☐
셋째	
넷째	

10 찾은 규칙으로 다섯째 모양의 사각형의 수를 구해 보세요.

(　　　　　　　)

11 넷째에 알맞은 모양은 모형(🎲)이 몇 개 인지 구해 보세요.

첫째　　　둘째　　　　셋째

(　　　　　　　)

개념 4) 덧셈식과 뺄셈식에서 규칙 찾기

☆ 덧셈식에서 규칙을 찾아봅시다.

순서	덧셈식
첫째	$201+10=211$
둘째	$202+20=222$
셋째	$203+30=233$
넷째	$204+40=244$

규칙 1씩 커지는 수에 10씩 커지는 수를 더하면 계산 결과는 11씩 커집니다.

⇨ 규칙에 따라 다섯째에 알맞은 덧셈식은 $205+50=255$입니다.

☆ 뺄셈식에서 규칙을 찾아봅시다.

순서	뺄셈식
첫째	$5000-500=4500$
둘째	$6000-600=5400$
셋째	$7000-700=6300$
넷째	$8000-800=7200$

규칙 1000씩 커지는 수에서 100씩 커지는 수를 빼면 계산 결과는 900씩 커집니다.

⇨ 규칙에 따라 다섯째에 알맞은 뺄셈식은 $9000-900=8100$입니다.

[1~2] 계산식의 배열에서 규칙을 찾아 알맞은 말에 ○표 하세요.

1

순서	덧셈식
첫째	$100+210=310$
둘째	$200+310=510$
셋째	$300+410=710$
넷째	$400+510=910$

규칙 더하는 두 수가 각각 100씩 커지면 두 수의 합은 (100씩 , 200씩) 커집니다.

2

순서	뺄셈식
첫째	$500-100=400$
둘째	$600-200=400$
셋째	$700-300=400$
넷째	$800-400=400$

규칙 100씩 작아지는 수와 100씩 커지는 수의 합은 (100씩 커집니다 , 일정합니다).

[3~5] 계산식의 배열에서 찾을 수 있는 규칙입니다. ☐ 안에 알맞은 수를 써넣으세요.

3

순서	뺄셈식
첫째	151−76=75
둘째	152−77=75
셋째	153−78=75
넷째	154−79=75

규칙 ☐씩 커지는 수에서 ☐씩 커지는 수를 빼면 계산 결과는 일정합니다.

4

순서	덧셈식
첫째	700+100=800
둘째	600+200=800
셋째	500+300=800
넷째	400+400=800

규칙 ☐씩 작아지는 수에서 ☐씩 커지는 수를 더하면 계산 결과는 일정합니다.

5

순서	뺄셈식
첫째	630−210=420
둘째	630−310=320
셋째	630−410=220
넷째	630−510=120

규칙 630에서 ☐씩 커지는 수를 빼면 계산 결과는 ☐씩 작아집니다.

[6~7] 계산식의 배열에서 규칙을 찾아 넷째에 알맞은 계산식을 빈칸에 써넣으세요.

6

순서	덧셈식
첫째	315+102=417
둘째	325+112=437
셋째	335+122=457
넷째	

7

순서	뺄셈식
첫째	917−706=211
둘째	817−606=211
셋째	717−506=211
넷째	

8 개념 체크

☐ 안에 알맞은 수를 써넣으세요.

101 + 212 = 313
102 + 213 = 315
103 + 214 = 317

더하는 두 수의 일의 자리 수가 각각 ☐씩 커지면 계산 결과 일의 자리 수가 ☐씩 커집니다.

빨리 채점해요!
65일째 틀린 개수 ☐ 개
공부한날 ☐월 ☐일

개념 5 곱셈식과 나눗셈식에서 규칙 찾기

✪ **곱셈식에서 규칙을 찾아봅시다.**

순서	곱셈식
첫째	$20 \times 10 = 200$
둘째	$20 \times 20 = 400$
셋째	$20 \times 30 = 600$
넷째	$20 \times 40 = 800$

규칙 같은 수에 2배, 3배인 수를 곱하면 계산 결과가 2배, 3배가 되므로 4배인 수를 곱하면 계산 결과도 4배가 됩니다.

⇨ 규칙에 따라 다섯째에 알맞은 곱셈식은 $20 \times 50 = 1000$입니다.

✪ **나눗셈식에서 규칙을 찾아봅시다.**

순서	나눗셈식
첫째	$100 \div 25 = 4$
둘째	$200 \div 25 = 8$
셋째	$300 \div 25 = 12$
넷째	$400 \div 25 = 16$

규칙 2배, 3배인 수를 같은 수로 나눈 계산 결과는 2배, 3배가 되므로 4배인 수를 같은 수로 나눈 계산 결과는 4배가 됩니다.

⇨ 규칙에 따라 다섯째에 알맞은 나눗셈식은 $500 \div 25 = 20$입니다.

[1~2] 계산식의 배열에서 규칙을 찾아 ☐ 안에 알맞은 수나 말을 써넣으세요.

1

순서	곱셈식
첫째	$101 \times 11 = 1111$
둘째	$101 \times 22 = 2222$
셋째	$101 \times 33 = 3333$
넷째	$101 \times 44 = 4444$

규칙 101에 십의 자리 수와 일의 자리 수가 같은 ☐ 자리 수를 곱하면 각 자리 수가 같은 ☐ 자리 수가 나옵니다.

2

순서	나눗셈식
첫째	$220 \div 20 = 11$
둘째	$330 \div 30 = 11$
셋째	$440 \div 40 = 11$
넷째	$550 \div 50 = 11$

규칙 110씩 커지는 수를 ☐ 씩 커지는 수로 나누면 몫은 항상 $110 \div$ ☐ $= 11$로 일정합니다.

[3~5] 계산식의 배열에서 찾을 수 있는 규칙입니다. ☐ 안에 알맞은 수를 써넣으세요.

3

순서	곱셈식
첫째	10×11=110
둘째	10×21=210
셋째	10×31=310
넷째	10×41=410

규칙 10에 ☐씩 커지는 수를 곱하면 계산 결과는 ☐씩 커집니다.

4

순서	나눗셈식
첫째	111÷3=37
둘째	222÷6=37
셋째	333÷9=37
넷째	444÷12=37

규칙 나누어지는 수와 나누는 수가 각각 2배, ☐배, ☐배…씩 커지면 몫은 모두 같습니다.

5

순서	곱셈식
첫째	9×9=81
둘째	99×99=9801
셋째	999×999=998001
넷째	9999×9999=99980001

규칙 곱하는 두 수에서 ☐의 개수가 한 개씩 늘어나면 계산 결과의 9와 ☐의 개수도 한 개씩 늘어납니다.

[6~7] 계산식의 배열에서 규칙을 찾아 넷째에 알맞은 계산식을 빈칸에 써넣으세요.

6

순서	곱셈식
첫째	30×11=330
둘째	40×11=440
셋째	50×11=550
넷째	

7

순서	나눗셈식
첫째	315÷3=105
둘째	3015÷3=1005
셋째	30015÷3=10005
넷째	

8  개념 체크

곱셈식의 배열을 보고 ☐ 안에 알맞은 수를 써넣으세요.

10×20=200
20×20=400
30×20=600
40×20=800

곱하는 수의 십의 자리 수가 ☐씩 커지면 계산 결과 백의 자리 수가 ☐씩 커집니다.

개념 6 등호(=)를 사용하여 식으로 나타내기

☆ 저울의 양쪽 무게가 같아지도록 만들어 봅시다.

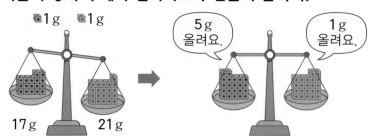

왼쪽 접시에 5 g을 더 올리고, 오른쪽 접시에 1 g을 더 올렸습니다.

⇨ $17+5=21+1$

☆ 등호를 사용한 식을 완성해 봅시다.

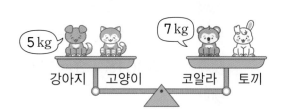

강아지는 코알라보다 2 kg 더 가볍습니다.

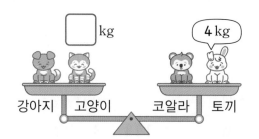

시소가 어느 한 쪽으로 기울어지지 않으려면 고양이는 토끼보다 2 kg 더 무거워야 합니다.

⇨ $5+\boxed{}=7+4$에서 $\boxed{}=6$이므로 고양이의 무게는 6 kg입니다.

[1~2] 오른쪽 저울의 양쪽 무게가 같도록 쌓기나무를 놓으려고 합니다. 물음에 답하세요.

1 저울의 양쪽 무게가 같아지려면 쌓기나무를 몇 개 더 놓아야 하는지 ☐ 안에 알맞은 수를 써넣으세요.

오른쪽에 왼쪽에 놓은 것보다 $\boxed{}$개 더 많이 놓아야 합니다.

2 놓은 쌓기나무의 수를 등호(=)를 이용해 식으로 나타내 보세요.

$4+1=2+\boxed{}$, $4+2=2+\boxed{}$, $4+3=2+\boxed{}$ …와 같이 여러 가지 식으로 나타낼 수 있습니다.

[3~5] 저울 양쪽의 무게가 같도록 ☐ 안에 알맞은 수를 써넣고, 등호를 사용한 식을 완성해 보세요. (단, 흰 돌과 검은 돌의 무게는 같습니다.)

3

흰 돌: 6개   흰 돌: ☐ 개
검은 돌: 33개   검은 돌: 30개

식 $6+33=\boxed{}+30$

4

검은 돌: 27개   검은 돌: 30개
덜어낸 돌: ☐ 개   덜어낸 돌: 17개

식 $27-\boxed{}=30-17$

5

검은 돌: 43개   검은 돌: ☐ 개
덜어낸 돌: 25개   덜어낸 돌: 19개

식 $43-25=\boxed{}-19$

6 같은 값을 나타내는 두 카드를 찾아 연결하고, 등호를 사용한 식을 완성해 보세요.

4+24 ·	· 23
12 ·	· 25−13
17+6 ·	· 28

식 $4+24=\boxed{}$

식 $12=25-\boxed{}$

식 $17+6=\boxed{}$

7 개념 체크

☐ 안에 알맞은 수를 써넣어 등호를 사용한 식을 완성해 보세요.

(1) $56+\boxed{}=52+21$

(2) $47-15=63-\boxed{}$

빨리 채점해요!

67 일째 틀린 개수 개

공부한 날 월 일

중요 유형 익히기

[1~3] 계산식의 배열에서 규칙을 찾아 넷째에 알맞은 계산식을 빈칸에 써넣으세요.

1

순서	덧셈식
첫째	$400+700=1100$
둘째	$400+1700=2100$
셋째	$400+2700=3100$
넷째	

2

순서	곱셈식
첫째	$8\times107=856$
둘째	$8\times1007=8056$
셋째	$8\times10007=80056$
넷째	

3

순서	나눗셈식
첫째	$180\div10=18$
둘째	$270\div15=18$
셋째	$360\div20=18$
넷째	

4 저울이 어느 한 쪽으로 기울어지지 않도록 모형을 올리거나 내렸습니다. 저울의 양쪽 무게를 등호를 사용하여 식으로 나타내 보세요.

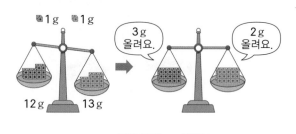

식 $12+3=\boxed{}+\boxed{}$

5 ☐ 안에 알맞은 수를 써넣고, 등호를 사용하여 식으로 나타내 보세요.

검은 돌: 46개   검은 돌: 43개
덜어낸 돌: $\boxed{}$개   덜어낸 돌: 12개

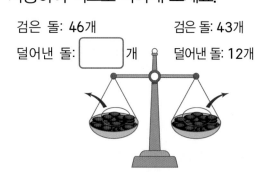

식 $46-15=\boxed{}-\boxed{}$

[6~7] 규칙적인 계산식을 보고 물음에 답하세요.

㉮	㉯
405+251=656	212+105=317
505+251=756	312+205=517
605+251=856	412+305=717
705+251=956	512+405=917
805+251=1056	612+505=1117

㉰	㉱
857-643=214	698-112=586
757-543=214	688-122=566
657-443=214	678-132=546
557-343=214	668-142=526
457-243=214	658-152=506

6 동준이의 설명에 맞는 계산식을 찾아 기호를 써 보세요.

> 백의 자리 수가 각각 1씩 커지는 두 수의 합은 200씩 커져.

동준

(   )

7 혜란이의 설명에 맞는 계산식을 찾아 기호를 써 보세요.

> 같은 자리의 수가 똑같이 작아지는 두 수의 차는 항상 일정해.

혜란

(   )

[8~9] 규칙적인 계산식을 보고 물음에 답하세요.

㉮	㉯
11×11=121	20×11=220
22×11=242	20×21=420
33×11=363	20×31=620
44×11=484	20×41=820

㉰	㉱
1650÷50=33	13200÷11=1200
1320÷40=33	26400÷22=1200
990÷30=33	39600÷33=1200
660÷20=33	52800÷44=1200

8 혜리의 설명에 맞는 계산식을 찾아 기호를 써 보세요.

> 나누어지는 수는 13200씩, 나누는 수는 11씩 커지면 몫은 13200÷11=1200으로 일정해.

혜리

(   )

9 유정이의 설명에 맞는 계산식을 찾아 기호를 써 보세요.

> 11부터 44까지의 수 중에서 십의 자리 수와 일의 자리 수가 같은 수에 11을 곱하면 백의 자리 수와 일의 자리 수가 같은 세 자리 수가 나와.

유정

(   )

빨리 채점해요!

68일째

틀린 개수		개
공부 한 날	월	일

실생활 문제 다잡기

유형 ① 계산기에서 규칙 찾기

계산기를 사용하여 다음과 같은 규칙을 찾았습니다. 계산식의 배열에서 규칙을 찾아 넷째에 알맞은 계산식을 구해 보세요.

순서	계산식
첫째	$1 \times 1 = 1$
둘째	$11 \times 11 = 121$
셋째	$111 \times 111 = 12321$
넷째	

핵심 체크

곱해지는 수와 곱하는 수의 1이 1개씩 늘어나고 있습니다.

1단계 계산식의 배열에서 규칙 찾기

곱하는 두 수에서 1의 개수가 ☐ 개씩 늘어

나면 계산 결과는 두 수의 ☐ 만큼 늘

어났다가 다시 1씩 줄어듭니다.

2단계 넷째에 알맞은 계산식 구하기

$1111 \times 1111 = 123$ ☐ 321

답 ....

유형 ①-1

계산기를 사용하여 다음과 같은 규칙을 찾았습니다. 계산식의 배열에서 규칙을 찾아 넷째에 알맞은 계산식을 구해 보세요.

순서	계산식
첫째	$1 \times 9 = 9$
둘째	$11 \times 99 = 1089$
셋째	$111 \times 999 = 110889$
넷째	

(   )

유형 ①-2

계산기를 사용하여 다음과 같은 규칙을 찾았습니다. 계산식의 배열에서 규칙을 찾아 넷째에 알맞은 계산식을 구해 보세요.

순서	계산식
첫째	$35 \times 35 = 1225$
둘째	$335 \times 335 = 112225$
셋째	$3335 \times 3335 = 11122225$
넷째	

(   )

유형 ❷ 종이를 이용한 규칙 찾기

그림과 같이 종이 한 장을 반으로 자르고, 자른 종이를 겹쳐서 또 반으로 자르고, 다시 겹쳐서 반으로 잘랐습니다. 이와 같은 방법으로 **4**번을 자르면 종이는 모두 몇 장일까요?

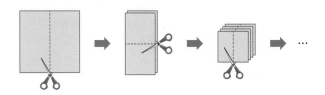

🖐 핵심 체크

종이를 한 번 자를 때마다 종이는 몇 장이 되는지 알아봅니다.

1단계 종이를 자른 횟수와 종이 장수의 규칙 찾기

자른 횟수(번)	1	2	3	4
종이 장수(장)				

2단계 4번 잘랐을 때 종이는 모두 몇 장인지 구하기

만들어지는 종이의 수가 ☐개, ☐개,

☐개…로 ☐배씩 늘어나므로 넷째에는

☐ × ☐ = ☐ (장)의 종이가

만들어집니다.

답

69 일째 틀린 개수 　개

공부 한날　월　일

유형 ❷-1

그림과 같이 종이 한 장의 가로를 반으로 잘라 작은 직사각형을 만들려고 합니다. 넷째에 만들어지는 작은 직사각형은 모두 몇 개일까요?

(　)

유형 ❷-2

정사각형 모양의 종이를 계속해서 반씩 접었다 편 그림입니다. 이와 같은 방법으로 **5**번 접었다 폈을 때 가장 작은 직사각형은 모두 몇 개 만들어질까요?

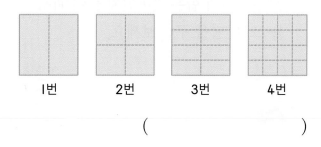

1번　2번　3번　4번

(　)

서술형 대비 문제

❶ 대표 문제

수 배열에서 규칙을 찾아 ㉠과 ㉡에 알맞은 수의 합은 얼마인지 풀이 과정을 쓰고, 답을 구해 보세요.

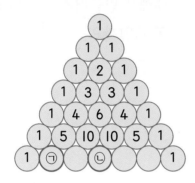

힌트 체크

수 배열에서 **규칙을 찾아** ㉠과 ㉡에 알맞은 수의 **합**은 얼마인지 풀이 과정을 쓰고, 답을 구해 보세요.

★❶ 수 배열에서 규칙을 찾습니다.
❷ ㉠과 ㉡에 알맞은 수의 합을 구합니다.

풀이

왼쪽과 오른쪽의 끝에는 ☐ 이 반복되고, 왼쪽과 오른쪽의 수를 더하면 아래의 수가 되는 규칙입니다.

㉠=1+5=☐, ㉡=10+10=☐

⇨ ㉠+㉡=☐+☐=☐

답 _____

❶ 연습 문제

수 배열에서 규칙을 찾아 ㉠과 ㉡에 알맞은 수의 합은 얼마인지 풀이 과정을 쓰고, 답을 구해 보세요.

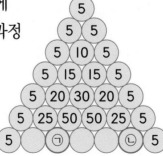

힌트 체크

★ 힌트가 되는 부분에 ○표 하세요!

풀이

_____

_____

답 _____

2 대표 문제

성냥개비로 다음과 같은 모양을 만들었을 때 넷째에 오게
될 모양에는 성냥개비를 몇 개 사용했는지 풀이 과정을
쓰고, 답을 구해 보세요.

첫째　　둘째　　셋째

◐ 힌트 체크

성냥개비로 다음과 같은 모양
을 만들었을 때 ①넷째에 오게
될 모양에는 ②성냥개비를 몇
개 사용했는지 풀이 과정을
쓰고, 답을 구해 보세요.

❶ 성냥개비 수의 규칙을 찾습니다.
❷ 넷째에 오게 될 모양에서 사용
될 성냥개비의 수를 구합니다.

풀이

성냥개비의 수가 ☐개부터 시작하여 ☐개씩 늘어나는 규칙이므
로 넷째에 오게 될 모양에는 성냥개비를 ☐+☐=☐(개)
사용했습니다.

답 _____

2 연습 문제

성냥개비로 다음과 같은 모양을 만들었을 때 넷째에 오게
될 모양에는 성냥개비를 몇 개 사용했는지 풀이 과정을
쓰고, 답을 구해 보세요.

첫째　　둘째　　셋째

풀이

_____

_____

_____

답 _____

빨리 채점해요!

70일째　틀린 개수

공부 한날　　월

[1~4] 수 배열표를 보고 물음에 답하세요.

117	119		123
217		221	223
	319	321	323
417	419	421	423

1

□로 표시된 칸에 나타난 규칙을 찾아보세요.

규칙 417에서 시작하여 오른쪽으로

☐씩 커집니다.

2

색칠된 칸에 나타난 규칙을 찾아보세요.

규칙 ☐에서 시작하여 ↗ 방향으로

☐씩 작아집니다.

3

수 배열표의 규칙에 맞게 빈칸에 알맞은 수를 써넣으세요.

4

소준이가 찾은 규칙에 맞는 수의 배열을 찾아 색칠해 보세요.

소준

가장 큰 수는 423이고,
↖방향으로 다음 수는 앞의 수보다
102씩 작아지는 규칙이 있어.

5

시험에 꼭!

공깃돌로 만든 모양의 배열에서 규칙을
찾아 ☐ 안에 알맞은 수를 써넣으세요.

첫째   둘째   셋째   넷째

1   4   ☐   ☐

규칙 공깃돌의 수가 1개부터 시작하여 3개,

☐개, ☐개…씩 늘어납니다.

6

저울이 어느 한 쪽으로 기울어지지 않도록
모형을 올리거나 내렸습니다. 저울의 양쪽 무게
를 등호를 사용하여 식으로 나타내 보세요.

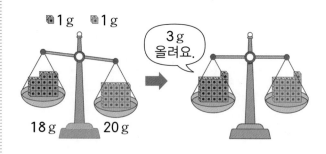
1g   1g
3g
올려요.
18g   20g

식 18+☐=20+☐

[7~8] 모양의 배열을 보고 물음에 답하세요.

첫째　　　둘째　　　　셋째

7

규칙을 찾아 표를 완성해 보세요.

순서	식
첫째	3×1=3
둘째	3×2=6
셋째	
넷째	

8

넷째에 알맞은 모양을 그려 보세요.

넷째

9

☐ 안에 알맞은 수를 써넣으세요.

첫째	둘째	셋째	넷째
2	3	☐	☐
2	2+1	2+1+☐	2+1+1+☐

10

바둑돌로 만든 모양의 배열에서 규칙을 찾아 넷째 모양을 만드는 데 필요한 바둑돌의 수를 식으로 나타내 보세요.

첫째　　　둘째　　　　셋째

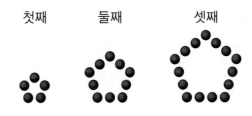

식 ....

11　시험에 꼭!

덧셈식의 배열에서 규칙을 찾아 넷째에 알맞은 계산식을 빈칸에 써넣으세요.

순서	덧셈식
첫째	181+406=587
둘째	171+416=587
셋째	161+426=587
넷째	

[12~13] 뺄셈식의 배열을 보고 물음에 답하세요.

순서	뺄셈식
첫째	1058－331＝727
둘째	1068－341＝727
셋째	1078－351＝727
넷째	

12

뺄셈식의 배열에서 규칙을 찾아보세요.

규칙

13

뺄셈식의 배열에서 규칙을 찾아 넷째에 알맞은 뺄셈식을 써 넣으세요.

14

사각형 모양의 배열에서 여섯째에 알맞은 모양의 모형의 개수를 구해 보세요.

첫째   둘째   셋째   넷째

   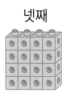

(   )

15

□ 안에 알맞은 수를 써넣고, 등호를 사용한 식을 완성해 보세요.

검은 돌: 29개   검은 돌: 32개

덜어낸 돌: 14개   덜어낸 돌: □개

식 29－14＝32－□

16   시험에 꼭!

계산식 배열의 규칙에 맞게 빈칸에 들어갈 식을 써넣으세요.

$$6 \times 7 = 42$$

[   ]

$$666 \times 667 = 444222$$
$$6666 \times 6667 = 44442222$$

[   ]

17

1부터 9까지의 자연수 중 알맞은 수를 □ 안에 써넣어 등호를 사용한 식을 만들려고 합니다. 만들 수 있는 식을 써 보세요.

$$23 + \boxed{} = 20 + \boxed{}$$

식 _____

18 도전해 얍!

곱셈식을 보고 계산 결과가 777777777이 나오는 곱셈식을 써 보세요.

순서	곱셈식
첫째	12345679 × 9 = 111111111
둘째	12345679 × 18 = 222222222
셋째	12345679 × 27 = 333333333
넷째	12345679 × 36 = 444444444

(   )

빨리 채점해요!

71 일째   틀린 개수   개

공부 한날   월   일

🍒 서술형 문제

19

㉮, ㉯에 들어갈 수 있는 수 카드는 얼마인지 풀이 과정을 쓰고, 답을 구해 보세요.

| 1 | 2 | 7 |
| 8 | 9 | 11 |

$$46 - \boxed{㉮} = 43 - \boxed{㉯}$$

풀이 _____

_____

_____

답 _____

20

오른쪽 나눗셈식의 규칙을 찾아 999 ÷ 37의 몫을 구하려고 합니다. 풀이 과정을 쓰고, 답을 구해 보세요.

$$111 ÷ 37 = 3$$
$$222 ÷ 37 = 6$$
$$333 ÷ 37 = 9$$
$$444 ÷ 37 = 12$$

풀이 _____

_____

_____

답 _____

 단원 평가 **2**회

(문제당 5점)

[1~2] 수 배열표를 보고 물음에 답하세요.

8005	8106	8207	8308	8409
7005	7106	7207	7308	7409
6005	6106	6207	6308	6409
5005	5106	5207	5308	5409

1

□로 표시된 칸에 나타난 규칙을 찾아보세요.

규칙 8005에서 시작하여 아래쪽으로

[   ] 씩 작아집니다.

2

색칠된 칸에 나타난 규칙을 찾아보세요.

규칙 5005에서 시작하여 ↗ 방향으로

[   ] 씩 커집니다.

3 시험에 꼭!

□ 안에 알맞은 수를 써넣고, 등호를 사용한 식을 완성해 보세요. (단, 흰 돌과 검은 돌의 무게는 같습니다.)

흰 돌: 22개   흰 돌: 23개

검은 돌: [   ]개   검은 돌: 31개

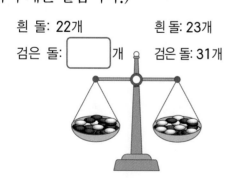

식 22+[   ]=23+31

4

수 배열의 규칙에 맞게 빈칸에 들어갈 수를 써넣으세요.

10003	10104		10306
20003	20104	20205	20306
30003		30205	30306
	40104	40205	40306
50003	50104	50205	

5

덧셈식의 배열에서 규칙을 찾아 넷째에 알맞은 덧셈식을 써넣으세요.

순서	덧셈식
첫째	355＋113＝468
둘째	345＋123＝468
셋째	335＋133＝468
넷째	

[6~8] 계단 모양의 배열을 보고 물음에 답하세요.

첫째   둘째   셋째   넷째

6

다섯째에 알맞은 모양을 그려 보세요.
(단, 모양을 그릴 때 모형을 ⇨ ☐ 과 같이 간단히 사각형으로 나타냅니다.)

다섯째

7

모형의 개수를 세어 빈칸에 알맞은 수를 써 넣으세요.

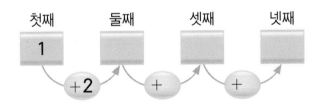

첫째   둘째   셋째   넷째

1   +2   +   +

8

계단 모양의 배열에서 규칙을 찾아보세요.

규칙 _____

[9~10] 모양의 배열을 보고 물음에 답하세요.

첫째   둘째   셋째   넷째

9 시험에 꼭!

규칙을 찾아 표를 완성해 보세요.

순서	식
첫째	$1 \times 2 = 2$
둘째	$2 \times 3 = 6$
셋째	
넷째	

10

찾은 규칙으로 다섯째 모양의 모형의 수를 구해 보세요.

(   )

[11~13] 덧셈식의 배열을 보고 물음에 답하세요.

순서	덧셈식
첫째	32＋69＝101
둘째	332＋669＝1001
셋째	3332＋6669＝10001
넷째	33332＋66669＝100001

11

덧셈식의 배열에서 규칙을 찾아보세요.

규칙

12

다음에 올 계산식을 써 보세요.

13

규칙에 따라 계산 결과가 1000000001
이 되는 덧셈식을 써 보세요.

[14~16] 곱셈식의 배열을 보고 물음에 답하세요.

순서	곱셈식
첫째	123456×9＝1111104
둘째	123456×18＝2222208
셋째	123456×27＝3333312
넷째	123456×36＝4444416
다섯째	

14

곱셈식의 배열에서 규칙을 찾아보세요.

규칙

15

다섯째 빈칸에 알맞은 곱셈식을 써 보세요.

16 시험에 꼭!

위의 규칙을 이용하여 123456×54의 값을 구해 보세요.

(   )

17

여섯째에 알맞은 모양에서 모형의 개수를 구해 보세요.

첫째　　둘째　　　셋째　　　　넷째

(　　　　　　　　　)

18　도전해 앱!

같은 값을 나타내는 두 카드를 찾아 색칠하고, 등호를 사용하여 식으로 나타내 보세요.

| 48+9 | 60−5 |
| 58−3 | 51+7 |

식

서술형 문제

19

바둑돌로 만든 모양의 배열을 보고 넷째 모양을 만드는 데 필요한 흰 돌과 검은 돌은 각각 몇 개인지 풀이 과정을 쓰고, 답을 구해 보세요.

첫째　　　둘째　　　　셋째

풀이

답

20

도형의 배열을 보고 다음에 올 사각형은 몇 개인지 풀이 과정을 쓰고, 답을 구해 보세요.

풀이

답

1

다음을 수로 나타내 보세요.

> 팔억 천오백삼십칠만 이천이백삼십팔

(　　　　　　　　)

2

다음은 재민이가 일주일 동안 저금통에 모은 돈입니다. 모은 돈은 모두 얼마일까요?

> · 10000원짜리 지폐 2장
> · 1000원짜리 지폐 14장
> · 100원짜리 동전 35개
> · 10원짜리 동전 17개

(　　　　　　　　)

3

십억 자리 숫자가 가장 큰 수를 찾아 기호로 써 보세요.

> ㉠ 24167951328
> ㉡ 197635620173
> ㉢ 8351387811354

(　　　　　　　　)

4

도형에서 찾을 수 있는 둔각과 예각의 차는 몇 개 일까요?

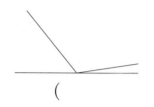

(　　　　　　　　)

5

도형에 표시한 모든 각의 크기의 합을 구해 보세요.

(　　　　　　　　)

6

3시에 시계의 긴바늘과 짧은바늘이 이루는
각의 크기는 몇 도일까요?

(   )

7

㉠과 ㉡의 각도의 합은 몇 도일까요?

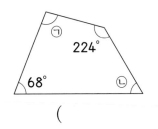

(   )

8

다음 곱셈식을 이용하여 437×33의
곱을 구해 보세요.

$$437 \times 3 = 1311$$

(   )

9

서림이는 매일 아몬드를 8개씩 먹습니다.
서림이가 4주 동안 먹는 아몬드는 모두
몇 개일까요?

(   )

10

나머지가 더 작은 나눗셈식에 ◯표 하세요.

$147 \div 11$ $87 \div 14$

(   )   (   )

11

복숭아 168개가 있습니다. 한 박스에
15개씩 담는다면 몇 박스까지 담을 수
있고, 남는 복숭아는 몇 개일까요?

(   ), (   )

12

오른쪽 도형을 돌린 모양이 아닌 것을 찾아 기호를 써 보세요.

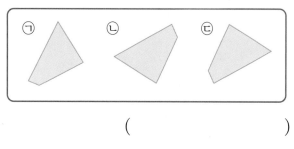

(   )

13

알맞은 말에 ○표 하세요.

⑦   ④

㉮ 도형을 (시계, 시계 반대) 방향으로 (90°, 180°)만큼 돌리면 ㉯ 도형이 됩니다.

14

조각을 움직여서 직사각형을 완성하려고 합니다. 퍼즐의 빈칸에 들어갈 수 있는 조각을 찾아 기호로 써 보세요.

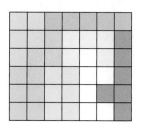

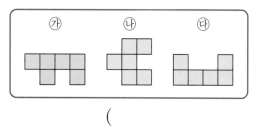

(   )

15

태윤이네 아파트의 동별 학생 수를 나타낸 표입니다. 표를 막대그래프로 나타낼 때 눈금 한 칸이 2명을 나타낸다면 3동의 학생 수는 몇 칸으로 나타내야 할까요?

동별 학생 수

동	1동	2동	3동	합계
학생 수 (명)	22	26		66

(   )

16

연아네 모둠 학생들이 일주일 동안 독서한 시간을 조사하여 나타낸 막대그래프입니다. 진아가 일주일 동안 독서한 시간은 몇 시간일까요?

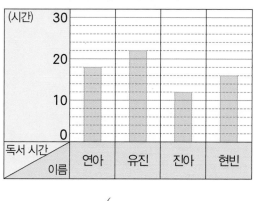

일주일 동안 독서한 시간

( )

17

승연이네 반 학생 24명이 좋아하는 음료별 학생 수를 조사하여 나타낸 막대그래프입니다. 사이다를 좋아하는 학생은 몇 명일까요?

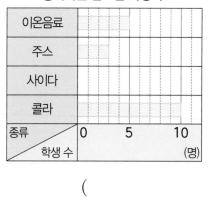

좋아하는 음료별 학생 수

( )

18

규칙적인 수 배열에서 ●, ◆에 알맞은 수를 구해 보세요.

| 2791 | ● | 2871 | 2911 | 2951 | ◆ |

● ( )
◆ ( )

19

◯가 17개인 도형은 몇째에 놓이는지 구해 보세요.

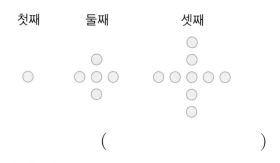

첫째　　둘째　　셋째

( )

20

계산식의 규칙에 따라 빈칸에 알맞은 식을 써넣으세요.

$$327+201=528$$
$$337+211=548$$
$$347+221=568$$
$$357+231=588$$

[ ]

메모장

메모장

My Best friend
수경출판사 · 자이스토리

나만의 학습 계획표를 올려 주세요.

나만의 학습 계획표를 작성하고, 사진을 찍어
인스타그램 또는 블로그에 올려 주세요.

★ 필수 해시태그 - #수경출판사 #자이스토리 #수능기출문제집
#학습 계획표

★ 참여해 주신 분께: 바나나우유 기프티콘 증정

 QR코드를 스캔하여 개인 정보 및 작성한 게시물의 URL을 입력합니다.

수경 Mania가 되어 주세요.

인스타그램, 카페, 블로그 등에 수경출판사 교재로
공부하는 모습, 학습 후기, 교재 사진을 올려 주세요.

★ 참여해 주신 분께: 3,000원 편의점 기프티콘 증정
★ 우수 후기 작성자: 강남인강 1년 수강권 증정

 QR코드를 스캔하여 개인 정보 및 작성한 게시물의 URL을 입력합니다.

교재 평가 설문지를 작성해 주세요.

수경출판사 교재 학습 후기, 교재 평가 설문지를 작성해 주세요.
[학생, 선생님 모두 가능]

★ 참여해 주신 분께: 2,000원 편의점 기프티콘 증정
★ 우수 후기 작성자: 강남인강 1년 수강권 증정

 QR코드를 스캔하여 해당 링크에 들어가서 설문조사를 진행합니다.

선생님 전용
설문 조사

학생 전용
설문 조사

＊ 자세한 사항은 해당 QR코드를 스캔하거나, 홈페이지 이벤트 공지글을 참고해 주세요.
＊ 이벤트의 내용이나 상품이 변경될 수 있으며, 변경시 홈페이지에 공지됩니다.

2022 개정 교육과정

수학 실력 100% 충전

수력충전
기본

해설편

초등 수학 **4·1**

수경출판사

정답 및 풀이

개념 1 만 알아보기
10~11쪽

1 10000

2 (1) 만 (2) 1000 (3) 9900

3 10000 **4** 10000 **5** 10000

6 9997, 10000 **7** 6000, 10000

8 9900, 10000 **9** 40

개념 체크

10 10, 10000, 만

---

8 9800은 9750보다 50만큼 더 큰 수이므로 주어진 수들은 50씩 커지는 규칙을 가지고 있습니다.
따라서 50씩 커지는 규칙에 따라 빈칸에 들어갈 수는 9900, 10000입니다.

9 9960에서 40만큼 커지면 10000이 되므로 10000은 9960보다 40만큼 큰 수입니다.

개념 2 다섯 자리 수 알아보기
12~14쪽

1 32615 **2** 59203

3 1, 7, 9, 3, 2 **4** 8, 1, 3, 7, 0

5 구만 천사 **6** 이만 칠백십

7 61439 **8** 32096

9 4000, 20 **10** 2000, 100

11 50000, 300, 2 **12** 80000, 70

13 1, 10000

---

14 8, 8000 **15** 3, 300

16 9, 90 **17** 5, 5

18 천, 4000 **19** 십, 30

20 20000 **21** 5 **22** 900

개념 체크

23 6, 3 / 2, 7

---

20 2는 만의 자리 숫자이므로 20000을 나타냅니다.

22 9는 백의 자리 숫자이므로 900을 나타냅니다.

23 16237=10000+6000+200+30+7

개념 3 십만, 백만, 천만 알아보기
15~16쪽

1 100000 **2** 1000000, 100만

3 10000000, 1000만

4 2846 **5** 이천팔백사십육만

6 구백팔십이만 **7** 이천사백구십일만

8 칠십이만 천구백오십팔

9 팔백사십구만 오천삼백팔십이

10 194021 **11** 3791439

12 28365142 **13** 70320485

14 (왼쪽에서부터) 8 / 0, 100000

개념 체크

15 3, 30000000, 9, 9000000, 1, 100000

---

5 일의 자리에서부터 네 자리씩 끊은 다음, '만', '일'로 하여 왼쪽부터 차례로 읽습니다.

중요 유형 익히기

1 1000

2 1, 10, 100

3 9970, 9990

4 (1) 50 (2) 150

5 100상자

6 500원

7 26500

8 76254, 칠만 육천이백오십사

9 3, 30000, 5, 50

10 61439, 칠만 백삼십팔

11 25863

12 52908

13 39000원

14 ㉮, ㉲

15 36370장

16 10만, 1000만

17 9, 7 / 9000000, 30000

18 2710000원

19 ㉡

20 600000 또는 60만

21 380000원

---

3 10000은 9970보다 30 큰 수이고, 9990보다 10 큰 수입니다.

5 10000은 100이 100개인 수입니다.
따라서 딸기 10000개를 100개씩 담으면 100상자가 됩니다.

6 10000은 9500보다 500만큼 더 큰 수입니다. 10000원은 9500원보다 500원 더 많으므로 호철이가 10000원짜리 장난감을 사려면 500원이 더 필요합니다.

7 이만 육천오백 ⇨ 26500

8 70000＋6000＋200＋50＋4＝76254

10 자리 숫자가 0인 것은 읽지 않습니다.

11 숫자 2가 20000을 나타내는 수는 만의 자리 숫자가 2인 수입니다.

12 숫자 5가 나타내는 값을 알아보면
1**8**$\underline{5}$72 ⇨ 500, 2$\underline{5}$863 ⇨ 5000,
$\underline{5}$2908 ⇨ 50000, 312$\underline{5}$7 ⇨ 50입니다.
따라서 숫자 5가 나타내는 값이 가장 큰 수는 52908입니다.

13 10000원짜리 3장 ⇨ 30000원,
1000원짜리 9장 ⇨ 9000원
⇨ 30000＋9000＝39000(원)

14 각 지역별 인구수의 만의 자리 숫자를 알아보면
㉮: $\underline{1}$2540 → 1, ㉯: $\underline{3}$0625 → 3,
㉰: $\underline{1}$7438 → 1, ㉱: $\underline{2}$3961 → 2입니다.
따라서 만의 자리 숫자가 서로 같은 지역은 ㉮와 ㉰입니다.

15 10000이 3개, 1000이 6개, 100이 3개, 10이 7개인 수는 36370입니다.
따라서 창고에 있는 색종이는 모두 36370장입니다.

16 1만의 10배 ⇨ 10만
100만의 10배 ⇨ 1000만

17 49730000은 1000만이 4개, 100만이 9개, 10만이 7개, 만이 3개인 수입니다.

18 10000이 271개이면 2710000이므로 빵집에서 판매한 카스텔라는 모두 2710000원입니다.

19 십만의 자리 숫자에 밑줄을 그으면 다음과 같습니다.
ㄱ 20<u>5</u>87300 ㄴ 45<u>8</u>31900
ㄷ 67<u>5</u>21000 ㄹ 81<u>5</u>03000
따라서 다른 하나는 ㄴ입니다.

20 십만의 자리 숫자 6이 나타내는 값은 600000(60만)입니다.

21 100000이 3개이므로 300000이고,
10000이 8개이므로 80000입니다.
⇨ 300000＋80000＝380000(원)

개념 4 **억 알아보기** 20~21쪽

1 10만, 100만, 1000만

2

3	5	8	1	2	5	7	6	0	0	0	0
천	백	십	일	천	백	십	일	천	백	십	일
		억				만				일	

3 492억, 49200000000

4 9214억, 921400000000

5 342억 2814만, 34228140000

6 4752억 2045만, 475220450000

7 5293억 674만
오천이백구십삼억 육백칠십사만

8 십억, 4000000000(또는 40억)

 개념 체크

9 100000000, 1억, 억, 일억

---

7 큰 수는 일의 자리부터 네 자리씩 끊은 다음 '만', '억'의 단위를 사용하여 왼쪽부터 차례로 읽습니다.

5	2	9	3	0	6	7	4	0	0	0	0
천	백	십	일	천	백	십	일	천	백	십	일
		억				만				일	

개념 5 **조 알아보기** 22~23쪽

1 1억, 10억, 100억

2

2	3	7	1	9	4	6	2	0	0	0	0	0	0	0	0
천	백	십	일	천	백	십	일	천	백	십	일	천	백	십	일
		조				억				만				일	

3 392조, 392000000000000

4 9264조, 9264000000000000

5 261조 4314억, 261431400000000

6 6940조 82억, 6940008200000000

7 1487조 3581억,
천사백팔십칠조 삼천오백팔십일억

8 (1) 8, 800000000000
(2) 7, 70000000000000

 개념 체크

9 1000000000000, 1조, 조, 일조

7

1	4	8	7	3	5	8	1	0	0	0	0	0	0	0	0
천	백	십	일	천	백	십	일	천	백	십	일	천	백	십	일
		조				억				만				일	

8

3	9	7	1	8	2	4	3	2	5	6	1	0	0	0	0
천	백	십	일	천	백	십	일	천	백	십	일	천	백	십	일
		조				억				만				일	

개념 6 뛰어 세기 24~25쪽

1 만, 1

2 65000, 75000

3 400000, 600000

4 3760000, 3960000

5 425억, 428억

6 1827억, 1829억, 1830억

7 269조, 289조, 299조

8 1586조, 1606조, 1616조

9 1억 **10** 10억 **11** 10조

 개념 체크

12 십만, 100000

[3~4] 십만의 자리 수가 1씩 커지도록 합니다.

[5~6] 1억의 자리 수가 1씩 커지도록 합니다.

[7~8] 10조의 자리 수가 1씩 커지도록 합니다.

개념 7 수의 크기 비교하기 26~27쪽

1

천만	백만	십만	만	천	백	십	일
2	8	9	5	4	5	1	3
2	8	1	4	9	5	6	2

2 2, 8, 십만 **3** (○) ( )

4 <, 409562 **5** <, 19845

6 < / 6, 7 **7** > / 8, 7

8 >, > **9** <, <

10 > **11** >

 개념 체크

12 많은, 높은

1

천만	백만	십만	만	천	백	십	일
2	8	9	5	4	5	1	3
2	8	1	4	9	5	6	2

3 28954513 > 28149562
       └── 9 > 1 ──┘

4 자리 수가 다르면 자리 수가 많은 쪽이 더 큽니다.

5 자리 수가 같으면 가장 높은 자리의 수부터 차례로 비교합니다.

[6~9] 자리 수가 다르면 자리 수가 많은 쪽이 더 크고, 자리 수가 같으면 가장 높은 자리의 수부터 차례로 비교하여 수가 큰 쪽이 더 큽니다.

10 749051243 > 748230715
        └──── 9 > 8 ────┘

11 184억 2471만 > 184억 982만
          └──── 2471 > 982 ────┘

 중요 유형 익히기 28~29쪽

1 1억, 1조

2

	숫자	나타내는 값
천억의 자리	5	500000000000
백억의 자리	6	60000000000
십억의 자리	9	**9000000000**
억의 자리	2	200000000

3 60000000000, 200000000

4 500000000원 또는 5억 원

5 ㉡

6 ㉠ 1000000000 또는 10억
   ㉡ 100000 또는 10만

7 3억 5800만 명

정답 및 풀이 **5**

8 4306억, 4906억

9 164조, 168조, 176조

10 10000씩 또는 1만씩

11 2675억 **12** (1) < (2) >

13 ㉡, ㉠, ㉢ **14** ㉯

---

4 1000만이 50개이면 5억이므로 천만 원짜리 수표 50장은 5억 원입니다.

5 숫자 4가 나타내는 값이 4000000000000인 것은 조의 자리 수가 4인 경우입니다. 주어진 수에서 조의 자리 숫자를 찾으면 ㉡입니다.

6 1425178782에서
   ㉠ ㉡
   ㉠은 십억의 자리 숫자이므로 1000000000(10억)이고, ㉡은 십만의 자리 숫자이므로 100000(10만)입니다.

7 2024년에 예상된 서울역을 이용하는 사람은 35800000×10=358000000(명)입니다. 따라서 3억 5800만 명입니다.

11 2375억에서 100억씩 3번 뛰어 셉니다.
   ⇨ 2375억 — 2475억 — 2575억 — 2675억
   1년 후   2년 후   3년 후

12 (1) 천조의 자리 수와 백조의 자리 수가 같으므로 십조의 자리 수를 비교하면 2<5입니다. 따라서 1650조 823억이 더 큽니다.
   (2) 천사백오십억 → 1450억
   ⇨ 1450억 > 284억

13 ㉠, ㉡은 14자리 수이고 ㉢은 13자리 수이므로 가장 작은 수는 ㉢입니다.
   ㉠, ㉡에서 높은 자리 수부터 차례로 비교하면 천억의 자리 수가 ㉠은 1, ㉡은 5이므로 가장 큰 수는 ㉡입니다.
   따라서 큰 수부터 차례로 기호를 쓰면 ㉡, ㉠, ㉢입니다.

14 자릿수가 같으므로 만의 자리 수를 비교하면 319235<328954입니다.
   따라서 ㉯ 도서관에 책이 더 많습니다.

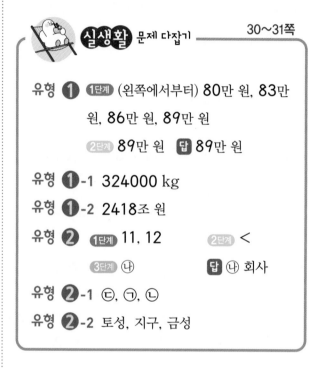

실생활 문제 다잡기 30~31쪽

유형 ❶ 1단계 (왼쪽에서부터) 80만 원, 83만 원, 86만 원, 89만 원
   2단계 89만 원 답 89만 원

유형 ❶-1 324000 kg

유형 ❶-2 2418조 원

유형 ❷ 1단계 11, 12 2단계 <
   3단계 ㉯ 답 ㉯ 회사

유형 ❷-1 ㉢, ㉠, ㉡

유형 ❷-2 토성, 지구, 금성

유형 ❶

풀이

1단계 1월까지 저금한 돈 77만 원에서 3만 원씩 4번 뛰어 세기

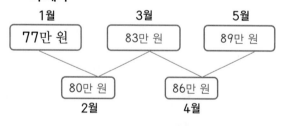

2단계 올해 5월까지 저금한 돈은 얼마인지 구하기
위의 그림에서 5월까지 저금한 돈은 [89]만 원입니다.

답 89만 원

유형 **①**-1

👆 핵심 체크

어느 자리 수가 얼마씩 변하는지 알아봅시다.

264000에서 10000씩 6번 뛰어 세기를 하면
264000−274000−284000
−294000−304000−314000−324000
따라서 2022년에 수확한 수박은 324000 kg
입니다.

유형 **①**-2

👆 핵심 체크

20조씩 뛰어 세기를 할 때에는 20조씩 커지는
것과 같습니다.

2318조에서 20조씩 5번 뛰어 세기를 하면
2318조−2338조−2358조−2378조
−2398조−2418조
따라서 2023년 수출 금액은 2418조 원입니다.

유형 **②**

풀이

1단계 두 회사의 매출액은 몇 자리 수인지 구하기

지난해 ㉮ 회사의 매출액은

296억 7900만 원=29679000000원으로

11 자리 수입니다.

지난해 ㉯ 회사의 매출액은 152931000000원

으로 12 자리 수입니다.

2단계 두 수의 크기 비교하기

29679000000 $<$ 152931000000

3단계 매출액이 더 많은 회사 구하기

매출액이 더 많은 회사는 ㉯ 회사입니다.

답 ㉯ 회사

유형 **②**-1

👆 핵심 체크

자리 수가 다르면 자리 수가 많은 수가 더 큰 수
입니다.

노트북의 가격은 7자리 수, 세탁기의 가격은 6자
리 수, TV의 가격은 7자리 수이므로 가장 싼 제품
은 세탁기입니다.
노트북의 가격의 십만의 자리 수는 2, TV의 가격
의 십만의 자리 수는 6이므로 가장 비싼 제품은
TV입니다.
따라서 비싼 제품부터 차례대로 기호를 쓰면 ㉢,
㉠, ㉡입니다.

유형 **②**-2

👆 핵심 체크

자리 수가 같을 때에는 높은 자리 수부터 차례로
비교합니다.

태양에서 지구까지의 거리는 9자리 수입니다. 태양
에서 금성까지의 거리는 9자리 수입니다. 태양에서
토성까지의 거리는 10자리 수입니다. 따라서 태양
에서 가장 먼 행성은 토성입니다.
태양에서 지구까지의 거리의 천만의 자리 수는 4이
고 태양에서 금성까지의 거리의 천만의 자리 수는
0이므로 태양에 더 가까운 행성은 금성입니다.
따라서 태양에서 먼 순서대로 행성의 이름을 쓰면
토성, 지구, 금성입니다.

 서술형 대비 문제

32~33쪽

❶ 대표 5, 50000000, 2, 20000,
50000000, 20000,
50020000 / 50020000

❶ 연습 풀이 참조, 5

❷ 대표 7, 2, 3, 3, 2, 0, TV / TV

❷ 연습 풀이 참조, 혁민

❶ 대표 문제

51821669에서 천만의 자리 수는 $\boxed{5}$ 이므로 천만의 자리 수가 나타내는 값은 $\boxed{50000000}$ 입니다. ⋯㉠

51821669에서 만의 자리 수는 $\boxed{2}$ 이므로 만의 자리 수가 나타내는 값은 $\boxed{20000}$ 입니다. ⋯㉡

따라서 나타내는 값의 합은 $\boxed{50000000}$ $+ \boxed{20000} = \boxed{50020000}$ 입니다. ⋯㉢

답 50020000

〈평가 기준〉

㉠ 천만의 자리 수가 나타내는 값을 구합니다.
㉡ 만의 자리 수가 나타내는 값을 구합니다.
㉢ 천만의 자리 수가 나타내는 값과 만의 자리 수가 나타내는 값의 합을 구합니다.

❶ 연습 문제

⊙ 힌트 체크 ⋯⋯⋯⋯⋯⋯⋯⋯⋯⋯⋯⋯⋯⋯⋯⋯

다음은 2022년 우리나라의 ㉮ 기업과 ㉯ 기업의 매출액을 나타낸 표입니다. ㉮ 기업의 매출액의 ⟨십조의 자리 수⟩와 ㉯ 기업의 매출액의 ⟨백조의 자리 수⟩의 ❷합은 얼마인지 풀이 과정을 쓰고 답을 구해 보세요.

❶ 십조의 자리 수, 백조의 자리 수 ➡ 오른쪽에서부터 몇 번째 자리에 있는 수인지 알아봅니다.
❷ 십조의 자리 수 ★, 백조의 자리 수 ♥를 구해 ★＋♥을 계산합니다.

풀이

예 ㉮ 기업의 매출액인 814852000000000의 십조의 자리 수는 1입니다. ⋯㉠
㉯ 기업의 매출액인 4023921000000000의 백조의 자리 수는 4입니다. ⋯㉡
따라서 구하는 합은 1+4=5입니다. ⋯㉢

답 5

〈평가 기준〉

㉠ ㉮ 기업의 매출액의 십조의 자리 수를 구합니다.
㉡ ㉯ 기업의 매출액의 백조의 자리 수를 구합니다.
㉢ 두 수의 합을 구합니다.

❷ 대표 문제

에어컨, TV, 냉장고 가격의 자리 수는 모두 $\boxed{7}$ 자리입니다. ⋯㉠

에어컨 가격의 백만의 자리 수는 $\boxed{2}$, TV 가격의 백만의 자리 수는 $\boxed{3}$, 냉장고 가격의 백만의 자리 수는 $\boxed{3}$ 입니다. TV와 냉장고의 십만의 자리 수를 비교하면 TV 가격의 십만의 자리 수는 $\boxed{2}$, 냉장고 가격의 십만의 자리 수는 $\boxed{0}$ 이므로 (에어컨, ⟨TV⟩, 냉장고) 가 가장 비싼 물건입니다.

⋯㉡

답 TV

〈평가 기준〉

㉠ 물건 가격의 자리 수를 비교합니다.
㉡ 세 수를 비교하여 가장 비싼 물건을 구합니다.

❷ 연습 문제

⊙ 힌트 체크 ⋯⋯⋯⋯⋯⋯⋯⋯⋯⋯⋯⋯⋯⋯⋯⋯

다음은 ❷세 학생의 통장에 들어 있는 돈을 나타낸 표입니다. 통장에 들어 있는 돈이 ❶가장 적은 학생은 누구인지 풀이 과정을 쓰고, 답을 구해 보세요.

❶ 가장 적은 학생 ➡ 통장에 들어 있는 돈의 금액이 가장 작은 수를 찾습니다.
❷ 세 금액은 모두 6자리 수이므로 높은 자리 수부터 차례로 비교하여 가장 작은 수를 찾습니다.

풀이

예 현우, 진희, 혁민이의 통장에 들어 있는 돈의 자리 수는 모두 6자리입니다. ⋯㉠
가장 높은 자리인 십만의 자리 수를 비교하면 6<8이므로 현우의 통장에 들어 있는 돈이 가장 많습니다. 진희의 통장에 들어 있는 돈과 혁민이의 통장에 들어 있는 돈의 만의 자리 수가 같으므로 천의 자리 수를 비교하면 7>3이므로 혁민이의 통장에 가장 적은 돈이 들어 있습니다. ⋯㉡

답 혁민

〈평가 기준〉

㉠ 현우, 진희, 혁민이의 통장에 들어 있는 돈의 자리 수를 구합니다.
㉡ 세 금액의 높은 자리 수부터 비교해 가장 작은 수를 구합니다.

1 10, 100   **2** 10000원

3 51742   **4** 1, 6

5 40000+7000+800+20+9

6 (선 잇기)   **7** 십만, 100000

8 100만   **9** 3625장

10 1578만   **11** 1682750000

12 (위에서부터) 238억, 335억, 437억

13 ㉡   **14** 10000원

15 (1)
```
┼──┼──┼──┼──┼──┼──┼──┼──┼──┼──┼
54000    54500      55000
      ㉡       ㉠
```

(2) 54600, 54200

16 (1) <   (2) <   **17** 1000배

18 일본, 이탈리아, 대한민국

19 풀이 참조, 84957개

20 풀이 참조, ㉯ 상가

---

1 10000은 9990보다 10 큰 수, 9900보다 100 큰 수, 9000보다 1000 큰 수입니다.

3 10000이 5개 → 50000,
1000이 1개 → 1000, 100이 7개 → 700,
10이 4개 → 40, 1이 2개 → 2
⇨ 50000+1000+700+40+2
=51742

4 17605432
↑ 십만의 자리 숫자: 6
천만의 자리 숫자: 1

8 백만의 자리 수가 1씩 커졌으므로 100만씩 뛰어 세었습니다.

9 3625만은 10000이 3625개인 수입니다. 따라서 3625만 원은 만 원짜리 지폐 3625장으로 바꿀 수 있습니다.

10 100만이 10개이면 1000만, 100만이 5개이면 500만이므로 100만이 15개이면 1500만입니다.
10만이 7개이면 70만, 만이 8개이면 8만입니다.
⇨ 1500만+70만+8만=1578만

11 1382750000에서 1억씩 3번 뛰어 세면
1382750000─1482750000
─1582750000─1682750000

12 135억─235억에서 100억이 커졌으므로 아래쪽으로 100억씩 뛰어 세었습니다.
235억─236억─237억에서 1억씩 커졌으므로 오른쪽으로 1억씩 뛰어 세었습니다.

13 ㉠ 백억의 자리 숫자는 오른쪽부터 11번째 자리에 있는 수로 3입니다.
㉡ 숫자 2는 오른쪽에서부터 9번째 자리에 있는 수이므로 억의 자리 숫자입니다. 따라서 숫자 2가 나타내는 값은 2억입니다.
㉢ 숫자 8은 오른쪽에서부터 12번째 자리에 있는 수이므로 천억의 자리 숫자입니다.
따라서 834295000000에 대한 설명으로 틀린 것은 ㉡입니다.

14 만의 자리 수가 1씩 커졌으므로 10000씩 뛰어 세었습니다. 따라서 해준이는 한 달에 10000원씩 저금을 했습니다.

15

⊙이 나타내는 수는 **54600**이고, ⓛ이 나타내는 수는 **54200**입니다.

⇨ 수직선에서 오른쪽에 나타낸 수가 왼쪽에 나타낸 수보다 더 크므로 **54600**이 **54200**보다 더 큽니다.

16 (1) 75¦3800¦0000 ⇨ 75억 3800만

따라서 7억 8635만 ⟨<⟩ 7538000000 입니다.

(2) 16¦0002¦5000¦0000 ⇨ 16조 2억 5천만

따라서 16000250000000 ⟨<⟩ 16조 25억입니다.

17 ⊙의 2는 십조의 자리 숫자이고, ⓛ의 2는 백억의 자리 숫자입니다. 따라서 ⊙이 나타내는 값은 ⓛ이 나타내는 값의 **1000**배입니다.

18 • 이탈리아: 5869만 7000명

• 대한민국: 5150만 명

• 일본: 1억 2263만 1000명

일본이 9자리 수로 가장 많고, 여덟 자리 수인 이탈리아와 대한민국의 천만의 자리 수부터 비교해 보면 천만의 자리 수는 5로 같고, 백만의 자리 수는 8>1로 이탈리아가 더 큽니다. 따라서 5869만 7000>5150만이므로 인구가 많은 나라부터 순서대로 쓰면 일본, 이탈리아, 대한민국입니다.

19

➕ 힌트 체크 ┄┄┄┄┄┄┄┄┄┄┄┄┄┄┄┄┄

창고에 구슬이 10000개씩 8상자, 1000개씩 4상자, 100개씩 9상자, 10개씩 5상자, 낱개로 7개가 있습니다. 창고에 있는 구슬은 모두 몇 개인지 풀이 과정을 쓰고, 답을 구해 보세요. 구슬은 모두 몇 개일까요?

✿ 구슬은 모두 몇 개 ➡ 각 자리 숫자가 나타내는 값의 합으로 나타내어 구슬이 모두 몇 개인지 구합니다.

풀이

㉠ 10000개씩 8상자가 있으므로
10000×8=80000(개), 1000개씩 4상자가 있으므로 1000×4=4000(개),
100개씩 9상자가 있으므로 100×9=900(개),
10개씩 5상자가 있으므로 10×5=50(개), 낱개는 7개입니다. … ㉠

따라서 창고에 있는 구슬은 모두
80000+4000+900+50+7=84957(개)입니다. … ⓛ

답 84957개

〈평가 기준〉

㉠ 각 상자에 들어 있는 구슬의 수를 구합니다.
ⓛ 창고에 있는 구슬은 모두 몇 개인지 구합니다.

20

➕ 힌트 체크 ┄┄┄┄┄┄┄┄┄┄┄┄┄┄┄┄┄

㉮, ㉯, ㉰ 세 군데의 전자 제품 상가에서 똑같은 청소기의 가격을 조사한 것입니다. 청소기를 어느 곳에서 사는 것이 가장 좋은지 풀이 과정을 쓰고, 답을 구해 보세요.

✿ 청소기를 어느 곳에서 사는 것이 가장 좋은지 ➡ 세 군데의 전자 제품 상가에서 조사한 청소기의 가격을 비교해 가장 싼 청소기를 구합니다.

풀이

㉠ 자리 수가 6자리로 모두 같으므로 높은 자리의 수부터 차례로 비교해 봅니다. 십만의 자리 수를 비교하면 5<6이므로 ㉰ 상가가 가장 비쌉니다.
㉮ 상가와 ㉯ 상가의 만의 자리 수를 비교하면 6>5이므로 ㉯ 상가가 더 쌉니다. … ㉠

따라서 청소기 가격이 가장 싼 ㉯ 상가에서 청소기를 사는 것이 가장 좋습니다. … ⓛ

답 ㉯ 상가

〈평가 기준〉

㉠ 청소기의 가격을 비교합니다.
ⓛ 청소기를 어느 곳에서 사는 것이 가장 좋은지 설명합니다.

7 10000원짜리 지폐가 2장이면 20000원, 1000원짜리 지폐가 4장이면 4000원, 100원짜리 동전이 7개이면 700원, 10원짜리 동전이 3개이면 30원이므로 저금통에 들어있는 돈은 모두 20000＋4000＋700＋30＝24730(원)입니다.

8 ㉠: 억의 자리 수가 1씩 커지므로 1억씩 뛰어 센 것입니다.
㉡: 백억의 자리 수가 1씩 커지므로 100억씩 뛰어 센 것입니다.
㉢: 십억의 자리 수가 1씩 커지므로 10억씩 뛰어 센 것입니다.
따라서 10억씩 뛰어 센 것은 ㉢입니다.

9 13260000－14260000－15260000 에서 백만의 자리 수가 1씩 커졌으므로 1000000씩 뛰어 세었습니다.

10 ㉠의 8은 백만의 자리 숫자이므로 8000000 또는 800만을 나타냅니다.
㉡의 8은 십만의 자리 숫자이므로 800000 또는 80만을 나타냅니다.

11 매달 3만 원씩 저금을 하므로 6월까지 저금한 돈은 15만 원에서 3만 원씩 4번 뛰어 세기를 하면 됩니다.
즉, 15만 원－18만 원－21만 원－24만 원－27만 원이므로 6월까지 저금한 돈은 모두 27만 원입니다.

12 숫자 5가 나타내는 값을 알아봅니다.
㉠ 3<u>5</u>412680 ⇨ 5000000
㉡ <u>5</u>8149603 ⇨ 50000000
㉢ 126<u>5</u>89134 ⇨ 500000
㉣ 2970<u>5</u>8341 ⇨ 50000
따라서 숫자 5가 500000을 나타내는 것은 ㉢입니다.

단원 평가 2회   38~41쪽

1 ㉢
2 100억, 1000억
3 4, 5
4 10, 1000
5 7634825 또는 763만 4825 / 칠백육십삼만 사천팔백이십오
6 7개
7 24730원
8 ㉢
9 16260000, 18260000
10 8000000 또는 800만 / 800000 또는 80만
11 27만 원
12 ㉢
13 ㉣
14 줄었습니다.
15 33억 5000만
16 ㉠
17 470억 원
18 94608000000000km
19 풀이 참조, 100개
20 풀이 참조, 85210, 팔만 오천이백십

---

1 ㉠: 10000, ㉡: 10000, ㉢: 9910
따라서 나타내는 수가 다른 하나는 ㉢입니다.

2 10억의 10배 ⇨ 100억
100억의 10배 ⇨ 1000억

4 10000은 1000이 10개인 수이고, 10이 1000개인 수입니다.

6 7014285634에서 숫자 1은 천만의 자리 수이므로 1천만을 나타냅니다. 1천만을 수로 쓰면 10000000이므로 0을 모두 7개 써야 합니다.

13 백만의 자리 숫자를 알아봅니다.
㉠ 35412680 ⇨ 5
ㄴ 58149603 ⇨ 8
ㄷ 126589134 ⇨ 6
ㄹ 297058341 ⇨ 7
백만의 자리 숫자가 7인 것은 ㄹ입니다.

14 억의 자리 수를 비교하면 8＞3이므로 2012년의 쌀 소비량이 더 많습니다.
따라서 2012년에 비해 2017년의 쌀 소비량은 줄었습니다.

15 35억에서 눈금 2칸만큼 뛰어 세면 36억이므로 눈금 2칸은 1억을 나타내고, 눈금 1칸은 5000만을 나타냅니다.
따라서 ㉠은 35억에서 5000만씩 거꾸로 3번 뛰어 센 수이므로
35억 － 34억 5000만 － 34억 － 33억 5000만입니다.

16 ㉠, ㉡, ㉢의 자리 수가 모두 10자리로 같으므로 높은 자리 수부터 차례로 비교합니다.
㉠, ㉡, ㉢의 십억의 자리 수가 모두 2로 같으므로 억의 자리 수를 비교합니다.
㉠의 억의 자리 수는 3, ㉡의 억의 자리 수는 1, ㉢의 억의 자리 수는 2이므로 가장 큰 수는 ㉠입니다.

17 매년 50억 원씩 매출액이 증가하므로 50억 원씩 뛰어 세기를 해야 하고, 2026년은 5년 후이므로 뛰어 세기를 5번 해야 합니다.
220억에서 50억씩 5번 뛰어 세기를 하면
220억－270억－320억－370억
－420억－470억
따라서 이 회사의 2026년 매출액은 470억 원입니다.

18 (10광년)＝(1광년)×10이므로
10광년은 1광년의 10배입니다.
1광년이 약 9460800000000 km이므로
10광년은
약 9460800000000×10
＝94608000000000 (km)입니다.

19

(10000원)이 되려면 100원짜리 동전이 몇 개 있어야 할까요?

✿ 10000원이 되려면 ➡ 1000원이 되려면 100원짜리 동전이 몇 개 있어야 하는지 알아보고, 10000원이 되려면 100원짜리 동전이 몇 개 있어야 하는지 구합니다.

풀이

㉠ 10000원은 1000원짜리 지폐가 10장이 있어야 합니다. …㉠
1000원은 100원짜리 동전이 10개가 있어야 합니다. …㉡
따라서 10000원이 되려면 100원짜리 동전이 10×10＝100(개)가 있어야 합니다. …㉢

답 100개

〈평가 기준〉

㉠ 10000원이 되려면 1000원짜리 지폐가 몇 장 있어야 하는지 구합니다.
㉡ 1000원이 되려면 100원짜리 동전이 몇 개 있어야 하는지 구합니다.
㉢ 10000원이 되려면 100원짜리 동전이 몇 개 있어야 하는지 구합니다.

12 초등 수력충전 기본 4-1

20

⊕ 힌트 체크

수 카드를 모두 한 번씩만 사용하여 가장 큰 수를 만들어 쓰고 읽어보려고 합니다. 풀이 과정을 쓰고, 답을 구해 보세요.

✿ 가장 큰 수를 만들려면 가장 큰 수부터 차례로 가장 높은 자리에 늘어 놓아야 합니다.

풀이

⑩ 가장 큰 수를 만들려면 가장 큰 수부터 차례로 가장 높은 자리에 늘어놓아야 합니다. ⋯㉠
8 > 5 > 2 > 1 > 0이므로 만들 수 있는 가장 큰 수는 85210이고 팔만 오천이백십이라고 읽습니다.
⋯㉡

〈평가 기준〉

| ㉠ 가장 큰 수를 만들려면 어떻게 해야 하는지 설명합니다. |
| ㉡ 가장 큰 수를 만들어 쓰고, 읽습니다. |

2 각도
정답 및 풀이

개념 1 각의 크기 비교하기   44~45쪽

1 ㉯   **2** ㉯   **3** ㉮
4 (○)( )   **5** (○)( )   **6** ( )(○)
7 (○)( )   **8** ( )(○)   **9** 가, 다, 나
10 나, 가, 다   **11** 나, 가, 다

개념 체크

12 클수록

2   부채의 양 끝이 더 많이 벌어진 각이 더 큽니다.

3   투명 종이에 겹쳐 보았을 때 더 많이 벌어진 각이 더 큽니다.

[4~8] 두 변의 벌어진 정도가 더 큰 것을 찾습니다.

개념 2 각의 크기 재기   46~47쪽

1 (○)( )   **2** 1°   **3** 80도
4 125도   **5** 35도   **6** 140도
7 30°   **8** 55°   **9** 150°
10 90°

개념 체크

11 각도, 90, 1, 1

[3~4] 각의 한 변이 바깥쪽 눈금 0에 맞춰져 있으므로 바깥쪽 눈금을 읽습니다.

[5~6] 각의 한 변이 안쪽 눈금 0에 맞춰져 있으므로 안쪽 눈금을 읽습니다.

개념 3 각 그리기   48~49쪽

1 ㄴ, 20, ㄱ

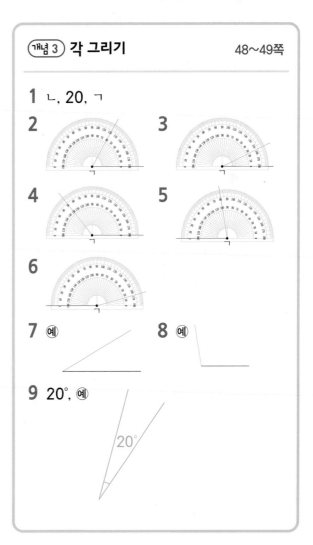

2

3

4

5

6

7 ⑩

8 ⑩

9 20°, ⑩

2 각의 한 변이 안쪽 눈금 0에 맞춰져 있으므로 안쪽 눈금의 60°와 점 ㄱ을 연결하는 다른 한 변을 그립니다.

3 각의 한 변이 안쪽 눈금 0에 맞춰져 있으므로 안쪽 눈금의 25°와 점 ㄱ을 연결하는 다른 한 변을 그립니다.

4 각의 한 변이 안쪽 눈금 0에 맞춰져 있으므로 안쪽 눈금의 130°와 점 ㄱ을 연결하는 다른 한 변을 그립니다.

5 각의 한 변이 바깥쪽 눈금 0에 맞춰져 있으므로 바깥쪽 눈금의 80°와 점 ㄱ을 연결하는 다른 한 변을 그립니다.

6 각의 한 변이 바깥쪽 눈금 0에 맞춰져 있으므로 바깥쪽 눈금의 165°와 점 ㄱ을 연결하는 다른 한 변을 그립니다.

[7~8] 각의 꼭짓점을 정한 후 각도기의 중심과 각의 꼭짓점을 맞추고 각도기의 밑금을 각의 한 변에 맞추어 주어진 각도에 맞게 각을 그립니다.

9 각의 꼭짓점을 정한 후 각도기의 중심과 각의 꼭짓점을 맞추고 각도기의 밑금을 각의 한 변에 맞추어 주어진 각도에 맞게 각을 그립니다.

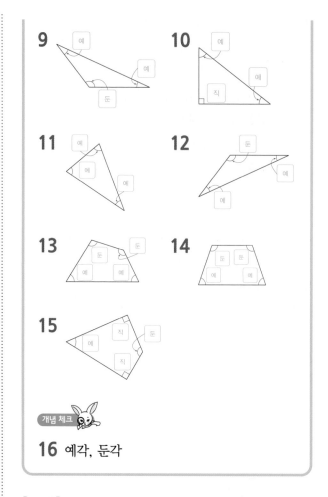

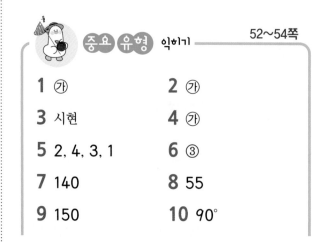

[1~8] 각도가 0°보다 크고 직각보다 작은 각은 예각이고, 각도가 직각보다 크고 180°보다 작은 각은 둔각입니다.

[9~15] 각도가 0°보다 크고 직각보다 작은 각은 예각이므로 '예'라고 쓰고, 각도가 직각보다 크고 180°보다 작은 각은 둔각이므로 '둔'이라고 씁니다. 또한 각도가 90°인 각은 직각이므로 '직'이라고 씁니다.

16 예각, 둔각

개념4 예각과 둔각   50~51쪽

1 예각	**2** 둔각	**3** 직각
4 예각	**5** 예각	**6** 예각
7 둔각	**8** 직각	

중요 유형 익히기   52~54쪽

1 ㉮	**2** ㉮
3 시현	**4** ㉮
5 2, 4, 3, 1	**6** ③
7 140	**8** 55
9 150	**10** 90°

11 ⓔ 각도기의 중심과 각의 꼭짓점을 맞추지 않았습니다.

12 75°, 45°, 60°　　**13** ㉠

14 ㉡, ㉠, ㉣, ㉢

15

16 ⓔ

17 ⓔ

18

19 ㉮, ㉰, ㉱　　**20** ㉲

21 ㉢

---

2 각의 크기는 두 변이 벌어진 정도가 클수록 큰 각입니다. 따라서 두 각 중 더 큰 각은 ㉮입니다.

3 다리의 벌어진 정도가 더 큰 선수는 시현입니다.

5 각의 두 변이 벌어진 정도가 가장 큰 각부터 차례로 번호를 써넣습니다.

6 각도기를 이용하여 각도를 잴 때에는 각도기의 중심을 각의 꼭짓점에 맞춰야 합니다.

7 각의 한 변이 안쪽 눈금 0에 맞춰져 있으므로 안쪽 눈금인 140을 읽어야 합니다.
따라서 주어진 각의 각도는 140°입니다.

---

10 각도기의 중심을 각의 꼭짓점에 맞추고 각도기의 밑금을 각의 한 변에 맞춘 다음, 각의 나머지 변이 각도기의 눈금과 만나는 부분을 읽습니다.

[12~13] ㉠: 75°, ㉡: 45°, ㉢: 60°
　　　⇨ 75° > 60° > 45°이므로 세 각 중 가장 큰 각은 ㉠입니다.

16 각의 꼭짓점을 정한 후 각도기의 중심과 각의 꼭짓점을 맞추고 각도기의 밑금을 각의 한 변에 맞추어 주어진 각도에 맞게 각을 그립니다.

19 예각은 각도가 0°보다 크고 직각보다 작은 각을 찾으면 됩니다. 따라서 예각은 ㉮, ㉰, ㉱입니다.

20 직각은 90°이므로 90°인 각은 ㉲입니다.

21 ㉠: 직각, ㉡: 예각, ㉢: 둔각

> **개념 5** **각도의 합과 차**　　　　　55~57쪽

1 ⓔ 100, 100　　**2** ⓔ 60, 60
3 75°, 75　　**4** 120°, 120
5 165°, 165　　**6** 30°, 30
7 75°, 75　　**8** 30°, 30
9 35°　　**10** 110°
11 165°　　**12** 160°
13 20°　　**14** 5°
15 60°　　**16** 35°
17 150°, 210°　　**18** 70°, 290°
19 100°, 260°　　**20** 25°, 335°

9 20+15=35이므로 20°+15°=35°

10 65+45=110이므로 65°+45°=110°

11 95+70=165이므로 95°+70°=165°

12 75+85=160이므로 75°+85°=160°

13 45−25=20이므로 45°−25°=20°

14 50−45=5이므로 50°−45°=5°

15 140−80=60이므로 140°−80°=60°

16 145−110=35이므로 145°−110°=35°

17 직선이 이루는 각의 크기는 180°이므로 ㉠의 각도는 180°−30°=150°이고 ㉡의 각도는 180°+30°=210°입니다.

18 직선이 이루는 각의 크기는 180°이므로 ㉠의 각도는 180°−110°=70°이고 ㉡의 각도는 180°+110°=290°입니다.

19 직선이 이루는 각의 크기는 180°이므로 ㉠의 각도는 180°−80°=100°이고 ㉡의 각도는 180°+80°=260°입니다.

20 직선이 이루는 각의 크기는 180°이므로 ㉠의 각도는 180°−155°=25°이고 ㉡의 각도는 180°+155°=335°입니다.

개념 6 **삼각형의 세 각의 크기의 합**   58~59쪽

1 40, 50   **2** 40, 50, 180

3 180   **4** 60, 180

5 130, 180   **6** 80, 180

7 30, 180   **8** 35

9 80   **10** 30

11 100°

개념 체크

12 180°

8 □°=180°−85°−60°=35°

9 □°=180°−30°−70°=80°

10 □°=180°−130°−20°=30°

11 ㉠+㉡=180°−80°=100°

개념 7 **사각형의 네 각의 크기의 합**   60~61쪽

1 70, 120   **2** 70, 120, 360

3 360   **4** 70, 360

5 130, 360   **6** 120, 360

7 50, 360   **8** 85

9 70   **10** 140

11 185°

개념 체크

12 360°

8 □°=360°−90°−65°−120°=85°

9 $\square°=360°-130°-75°-85°=70°$

10 $\square°=360°-110°-65°-45°=140°$

11 ㉠+㉡$=360°-80°-95°=185°$

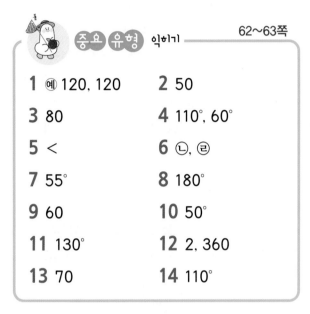

62~63쪽

1 예 120, 120	**2** 50
3 80	**4** 110°, 60°
5 <	**6** ㉡, ㉣
7 55°	**8** 180°
9 60	**10** 50°
11 130°	**12** 2, 360
13 70	**14** 110°

2 $30+20=50 ⇨ 30°+20°=50°$

3 (㉠의 각도)$=110°-30°=80°$

4 합: $25°+85°=110°$
차: $85°-25°=60°$

5 $25°+109°=134° ⇨ 134°<140°$

6 ㉠ $55°+35°=90°$
㉡ $64°+38°=102°$
㉢ $116°-48°=68°$
㉣ $121°-29°=92°$
둔각은 각도가 직각보다 크고 $180°$보다 작은
각이므로 ㉡, ㉣입니다.

7 $90°+35°=125°$이므로 ㉠의 각도는
$180°-125°=55°$입니다.

8 삼각형의 세 각의 크기의 합은 $180°$입니다.

9 직각 삼각자의 한 각은 $90°$입니다.
⇨ $\square°=180°-90°-30°=60°$

10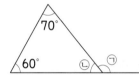

$60°+70°=130°$이므로
㉡$=180°-130°-20°=30°$이고
㉢$=180°-60°-40°=80°$이므로
㉠$=$㉢$-$㉡$=80°-30°=50°$

11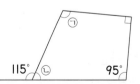

삼각형의 세 각의 크기의 합은 $180°$이므로
㉡$=180°-70°-60°=50°$입니다.
직선이 이루는 각도는 $180°$이므로
㉠$=180°-$㉡$=180°-50°=130°$

12 사각형의 네 각의 크기의 합은 삼각형의 세 각
의 크기의 합의 2배입니다.

13 $\square°=360°-130°-75°-85°=70°$

14

일직선이 이루는 각도는 $180°$이므로
㉡$=180°-115°=65°$이고,
사각형의 네 각의 크기의 합은 $360°$이므로
㉠$=360°-65°-95°-90°=110°$입니다.

유형 ❶ [1단계] 예각, 둔각, 90°

　　　　 [2단계] 150°, 둔각

　　　　 [답] 둔각

유형 ❶-1 둔각　　　유형 ❶-2 75°

유형 ❷ [1단계] 180, 180

　　　　 [2단계] 180, 25

　　　　 [답] 25°

유형 ❷-1 85°

유형 ❷-2 110°

유형 ❶

[풀이]

[1단계] **예각, 직각, 둔각은 어떤 각인지 알아보기**

$0° <$ 예각 $< 90°$, $90° <$ 둔각 $< 180°$ 이고

직각 $= \boxed{90°}$ 입니다.

[2단계] **긴바늘과 짧은바늘이 이루는 작은 쪽의 각도를 어림하기**

긴바늘과 짧은바늘이 이루는 작은 쪽의 각도는 약 $\boxed{150°}$ 입니다. 따라서 이 각은 (예각, 직각, ⓓ둔각) 입니다.

[답] 둔각

유형 ❶-1

👆 핵심 체크

시계의 긴바늘과 짧은바늘이 이루는 각 중 더 작은 쪽의 각을 어림하여 예각, 직각, 둔각 중 어느 것인지 알아봅니다.

긴바늘과 짧은바늘이 이루는 작은 쪽의 각도는 약 $100°$ 입니다. 따라서 각도가 직각보다 크고 $180°$ 보다 작으므로 둔각입니다.

유형 ❶-2

👆 핵심 체크

시계의 긴바늘과 짧은바늘이 몇 칸 떨어져 있는지 알아봅니다.

시곗바늘이 한 바퀴를 돌면 $360°$이고 $360÷12=30$이므로 시계에서 숫자와 숫자 사이의 한 칸의 각도는 $30°$입니다.

3시 30분을 가리킬 때 짧은바늘과 긴바늘이 이루는 작은 쪽의 각에서 숫자와 숫자 사이는 두 칸과 반 칸이 떨어져 있습니다.

따라서 구하는 각도는 $30°+30°+15°=75°$입니다.

유형 ❷

[풀이]

[1단계] **찢어진 부분의 각도를 구하기 위한 식 세우기**

삼각형의 찢어진 부분의 각도를 ★라 하면 삼각형의 세 각의 크기의 합은 $\boxed{180}°$이므로

$105°+50°+★=\boxed{180}°$

[2단계] **찢어진 부분의 각도 구하기**

$★=\boxed{180}°-105°-50°=\boxed{25}°$

[답] 25°

유형 ❷-1

👆 핵심 체크

사각형은 모양과 크기에 상관없이 네 각의 크기의 합은 항상 $360°$입니다.

사각형의 찢어진 부분의 각도를 ★라 하면 사각형의 네 각의 크기의 합은 $360°$이므로

$140°+45°+90°+★=360°$

$★=360°-140°-45°-90°=85°$

따라서 찢어진 부분의 각도는 $85°$입니다.

유형 ②-2

🖐 핵심 체크

삼각형은 모양과 크기에 상관없이 세 각의 크기의 합은 항상 $180°$입니다.

나머지 두 각의 크기의 합을 ★라 하면
삼각형의 세 각의 크기의 합은 $180°$이므로
$★+70°=180°$, $★=180°-70°=110°$
따라서 찢어진 부분의 각도의 합은 $110°$입니다.

서술형 대비 문제   66~67쪽

❶ 대표 90, 20, 90, 20, 110 / 110°
❶ 연습 풀이 참조, 50°
❷ 대표 360, 360, 225, 225 / 225°
❷ 연습 풀이 참조, 40°

❶ 대표 문제

풀이

⑩ 직각은 $\boxed{90}$°입니다. …㉠

세원이는 직각보다 $\boxed{20}$만큼 더 큰 각을 그렸으므로 그린 각의 크기는 $\boxed{90}$°$+\boxed{20}$°$=\boxed{110}$°입니다. …㉡

답 110°

〈평가 기준〉

㉠ 직각은 몇 도인지 알아봅니다.
㉡ 직각보다 20°만큼 더 큰 각의 크기를 구합니다.

❶ 연습 문제

🔾 힌트 체크

지현이가 독서대를 세우기 전 ❶40°에서 10°만큼 더 세웠다고 합니다. 지현이가 ❷독서대를 세운 후의 각도는 몇 도인지 풀이 과정을 쓰고, 답을 구해 보세요.

❶ 40°에서 10°만큼 더 ➡ 원래의 각도에 10°만큼 더하여 만들어진 각만큼 세웠다는 것입니다.
❷ 40과 10의 합을 계산하여 각의 크기를 구합니다.

풀이

⑩ 독서대를 세운 후의 각도는
$40°+10°=50°$입니다.

답 50°

〈평가 기준〉

각도의 합을 구할 수 있습니다.

❷ 대표 문제

풀이

민정이가 그린 사각형의 나머지 두 각의 크기의 합을 ★라 하면

$50°+85°+★=\boxed{360}$° …㉠

$★=\boxed{360}$°$-50°-85°=\boxed{225}$°

따라서 나머지 두 각의 크기의 합은 $\boxed{225}$°입니다. …㉡

답 225°

〈평가 기준〉

㉠ 사각형의 나머지 두 각의 크기의 합을 구하는 식을 세웁니다.
㉡ 사각형의 나머지 두 각의 크기의 합을 구합니다.

❷ 연습 문제

🔾 힌트 체크

찬우는 ❷두 각도가 각각 30°, 110°인 삼각형을 그리려고 합니다. 찬우가 그리려는 ❶삼각형의 나머지 각의 크기는 몇 도인지 풀이 과정을 쓰고, 답을 구해 보세요.

❶ 삼각형의 나머지 각의 크기는 몇 도인지 ➡ 삼각형의 세 각의 크기의 합에서 주어진 두 각의 크기를 빼서 구합니다.
❷ 삼각형의 세 각의 크기의 합은 180°입니다.

풀이

찬우가 그리려는 삼각형의 나머지 한 각의 크기를 ★라 하면 $30°+110°+★=180°$ …㉠
$★=180°-30°-110°=40°$
따라서 찬우가 그리려는 삼각형의 나머지 한 각의 크기는 $40°$입니다. …㉡

답 40°

〈평가 기준〉

㉠ 삼각형의 나머지 한 각의 크기를 구하는 식을 세웁니다.
㉡ 삼각형의 나머지 한 각의 크기를 구합니다.

1 ( ) (○)   **2** ㉢, ㉣, ㉠, ㉡

3 ㉯   **4** ㉡

5 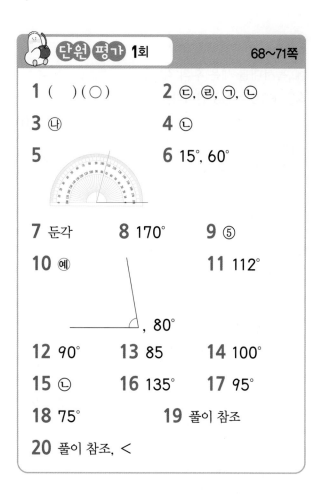   **6** 15°, 60°

7 둔각   **8** 170°   **9** ⑤

10 예

11 112°

12 90°   **13** 85   **14** 100°

15 ㉡   **16** 135°   **17** 95°

18 75°   **19** 풀이 참조

20 풀이 참조, <

---

1 가윗날의 두 변이 벌어진 정도가 가장 큰 각을 찾습니다.

3 각도를 재어 보면
㉮: 60°, ㉯: 65°, ㉰: 115°입니다.

4 각의 크기가 가장 큰 것을 찾으면 ㉡이므로 혜수가 먹을 피자 조각은 ㉡입니다.

5 각의 한 변이 안쪽 눈금 0에 맞춰져 있으므로 안쪽 눈금의 75°와 각의 중심을 연결하는 다른 한 변을 그립니다.

7 1시 30분일 때 짧은바늘과 긴바늘이 이루는 작은 쪽의 각은 직각보다 크고 180°보다 작은 각이므로 둔각입니다.

---

8 65°+105°=170°

11 직각은 90°이므로 136°>90°>87°>24°입니다.
⇨ 136°−24°=112°

12 ㉠: 120°, ㉡: 30°
⇨ 120°−30°=90°

13 직선이 이루는 각도는 180°이고
65°+30°=95°이므로
□=180°−95°=85°

14 사각형의 네 각의 크기의 합은 360°입니다.
㉠=360°−90°−85°−85°=100°

15 ㉠: 20°+60°+100°=180°이므로
20°, 60°, 100°는 삼각형의 세 각의 크기가 될 수 있습니다.
㉡: 30°+90°+50°=170°이므로
30°, 90°, 50°는 삼각형의 세 각의 크기가 될 수 없습니다.

16

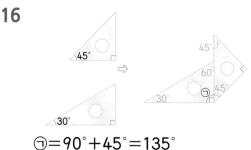

㉠=90°+45°=135°

17

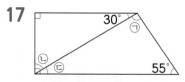

직각삼각형에서
㉡=180°−90°−30°=60°입니다.
㉢=90°−㉡=90°−60°=30°이므로
㉠=180°−㉢−55°
=180°−30°−55°=95°

18

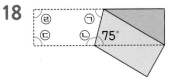

직선이 이루는 각도는 180°이므로

ⓛ=180°−75°=105°

직사각형의 네 각의 크기는 모두 90°이고

직사각형 모양의 종이를 접은 것이므로

ⓒ=ⓔ=90°

사각형의 네 각의 크기의 합은 360°이므로

ⓐ=360°−ⓛ−ⓒ−ⓔ

=360°−105°−90°−90°=75°

19

⊙ 힌트 체크

주현이가 다음과 같은 삼각형을 그리려고 합니다. 주현이가 삼각형을 그릴 수 없는 이유를 설명해 보세요.

나는 세 각의 크기가 각각 50°, 45°, 95°인 삼각형을 그릴 거야.

주현

☆ 삼각형의 세 각의 크기의 합은 180°임을 이용합니다.

풀이

예 삼각형의 세 각의 크기의 합은 180°입니다. …ⓐ

그런데 50°+45°+95°=190°이므로 주현이가 말하는 삼각형은 그릴 수 없습니다. …ⓛ

〈평가 기준〉

ⓐ 삼각형의 세 각의 크기의 합은 180°인 것을 압니다.
ⓛ 주현이가 삼각형을 그릴 수 없는 이유를 설명합니다.

20

⊙ 힌트 체크

각의 크기를 비교하여 ◯ 안에 >, =, <를 알맞게 써넣으세요.

98°+45° ⓛ< 180°−27°

☆ 각도의 합과 차를 구하고 두 각도를 비교합니다.

풀이

예 98°+45°=143°이고

180°−27°=153°입니다. …ⓐ

각의 크기를 비교하면 143°<153°이므로

98°+45°<180°−27°입니다. …ⓛ

답 <

〈평가 기준〉

ⓐ 각도의 합과 차를 구합니다.
ⓛ 두 각도를 비교합니다.

단원 평가 2회 72~75쪽

1 풀이 참조, ㉮>㉱>㉯ **2** 130°

3 (위에서부터) 120, 60

4 (위에서부터) 1, 3, 4, 2

5 예 **6** 2개

7 ① **8** 세호 **9** 45°

10 75 **11** 40°, 민채 **12** 65°

13 180, 720 / 720, 360, 360 / 360

14 ⓛ, ⓔ **15** 명진 **16** 95°

17 5개 **18** 1080°

19 풀이 참조, 110° **20** 풀이 참조, 140°

1 예 각의 크기는 변의 길이와 관계없이 두 변이 벌어진 정도가 클수록 큰 각입니다.
따라서 가장 큰 각은 ㉮이고, 가장 작은 각은 ㉯입니다

2 각의 한 변이 안쪽 눈금 0에 맞춰져 있으므로 안쪽 눈금을 읽으면 130°입니다.

3 각도기의 중심을 각의 꼭짓점에 맞추고 각도기의 밑금을 각의 한 변에 맞춘 다음, 각의 나머지 변이 각도기의 눈금과 만나는 부분을 읽습니다.

4 각을 그리는 순서를 생각하며 알맞게 번호를 씁니다.
① 자를 이용하여 각의 한 변인 변 ㄴㄷ을 그립니다.
② 각도기의 중심과 점 ㄴ을 맞추고, 각도기의 밑금과 각의 한 변인 변 ㄴㄷ을 맞춥니다.
③ 각도기의 밑금에서 시작하여 각도가 40°가 되는 눈금에 점 ㄱ을 표시합니다.
④ 각도기를 떼고, 자를 이용하여 변 ㄱㄴ을 그어 각도가 40°인 각 ㄱㄴㄷ을 완성합니다.

5 색종이를 한 번 접었을 때 만들어진 각은 45°입니다.

6 둔각은 직각보다 크고 180°보다 작은 각이므로 모두 **2**개입니다.

7 점 ㄱ과 ①을 이으면 둔각, ②를 이으면 직각, ③, ④를 이으면 예각이 됩니다.

8 삼각형은 모양과 크기에 상관없이 세 각의 크기의 합은 항상 180°입니다. 즉, 바르게 설명한 사람은 세호입니다.

9 책상의 각도가 15°에서 30°를 더 높이므로 15°와 30°의 합을 구해야 합니다.
따라서 조절한 책상의 각도는
$15° + 30° = 45°$입니다.

10 $\square° = 180° - 65° - 40° = 75°$

11 잰 각도는 40°이므로 $40° - 35° = 5°$, $55° - 40° = 15°$입니다. 어림한 각도와 각도기로 잰 각도의 차가 작을 수록 잘 어림한 것이므로 민채가 더 잘 어림했습니다.

12 삼각형을 잘라서 세 꼭짓점이 한 점에 모이도록 한 것이므로 세 각의 크기의 합은 180°입니다.
⇨ $\bigcirc = 180° - 45° - 70° = 65°$

14 ㉠: $25° + 65° = 90°$
㉡: $28° + 60° = 88°$
㉢: $150° - 45° = 105°$
㉣: $145° - 60° = 85°$
이때 예각은 각도가 0°보다 크고 90°보다 작은 각이므로 ㉡, ㉣입니다.

15 $100° + 30° + 75° + 155° = 360°$이므로 지수는 사각형의 네 각의 크기를 옳게 재었습니다.
$90° + 70° + 100° + 90° = 350°$이므로 명진이는 사각형의 네 각의 크기를 잘못 재었습니다.
$65° + 125° + 70° + 100° = 360°$이므로 연정이는 사각형의 네 각의 크기를 옳게 재었습니다.

16

$㉡ = 180° - 125° = 55°$이므로
$㉠ = 360° - 75° - ㉡ - 135°$
$\quad = 360° - 75° - 55° - 135° = 95°$

17 둔각이 되려면 직각보다 크고 180°보다 작아야 합니다. 따라서 주어진 그림에서 가장 작은 각이 적어도 3개가 더해져야 둔각이 됩니다.
가장 작은 각 3개가 더해진 각은 각 ㄴㄱㅁ, 각 ㄷㄱㅂ, 각 ㄹㄱㅅ으로 3개입니다.
가장 작은 각 4개가 더해진 각은 각 ㄴㄱㅂ, 각 ㄷㄱㅅ으로 2개입니다.
따라서 둔각은 $3 + 2 = 5$(개)입니다.

18 그림과 같이 두 꼭짓점을 잇는
선분을 그으면 주어진 도형은
삼각형 **6**개로 나누어집니다.
따라서 주어진 도형에 표시된
모든 각의 크기의 합은 **6**개의 삼각형의 세 각
의 크기의 합과 같으므로 $180° \times 6 = 1080°$
입니다.

다른 풀이

그림과 같이 두 꼭짓점을 잇는
선분을 그으면 주어진 도형은
사각형 **3**개로 나누어집니다.
따라서 주어진 도형에 표시된
모든 각의 크기의 합은 **3**개의 사각형의 네 각
의 크기의 합과 같으므로
$360° + 360° + 360° = 1080°$입니다.

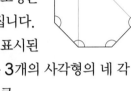

19

◆ **힌트 체크**

효진이가 각도기로 각의 크기를 잘못 잰 이유를
쓰고, 바르게 각도를 재어 써 보세요.

각의 크기는
70°야.

✿ 바르게 각도를 재어 ⇨ 각도를 잴 때 각의 한 변이 각도기
의 안쪽과 바깥 눈금 0 중 어디에 맞춰져 있는지 확인하며
각도를 읽습니다.

풀이

㉐ 각의 한 변이 안쪽 눈금 0에 맞춰져 있으므로
각도기의 안쪽 눈금을 읽어야 합니다.
따라서 바르게 각도를 재면 **110°**입니다.

답 110°

〈평가 기준〉

각도를 잴 때 각의 한 변이 각도기 안쪽 눈금 0에 맞춰져 있는지, 바깥 눈금 0에 맞춰져 있는지 확인하여 각도를 바르게 읽습니다.

20

◆ **힌트 체크**

그림과 같은 도형에서 ㉠의 각도를 구하는 풀이
과정을 쓰고, 답을 구해 보세요.

✿ 삼각형의 세 각의 크기의 합은 180°이고, 사각형의 네 각의
크기의 합은 360°임을 이용하여 각도를 구합니다.

풀이

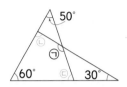

㉐ ㉡ $= 180° - 60° - 30° = 90°$이고 ⋯ ①
㉢ $= 180° - 50° - 60° = 70°$이므로 ⋯ ②
㉠ $= 360° - ㉡ - 60° - ㉢$
$= 360° - 90° - 60° - 70° = 140°$ ⋯ ③

답 140°

〈평가 기준〉

① 한 삼각형에서 나머지 한 각의 크기를 구합니다.
② 또 다른 삼각형에서 나머지 한 각의 크기를 구합니다.
③ 사각형에서 ㉠의 각도를 구합니다.

3 곱셈과 나눗셈 정답 및 풀이

개념1 (세 자리 수)×(몇십) 78~79쪽

---

1 723, 7230   **2** 723, 7230

3 3580   **4** 19400   **5** 39100

6 72, 720, 7200

7 771, 7710   **8** 1848, 18480

9 29040   **10** 32100   **11** 43960

개념 체크

12 1

4

$$
\begin{array}{r}
4\ 8\ 5 \\
\times\quad 4\ 0 \\
\hline
1\ 9\ 4\ 0\ 0
\end{array}
$$

6 180×4는 18×4의 10배이고,
180×40은 180×4의 10배입니다.

9 726×4=2904이므로
726×40=29040

10 535×6=3210이므로
535×60=32100

11 628×7=4396이므로
628×70=43960

개념2 (세 자리 수)×(두 자리 수) 80~81쪽

1 2808, 7020, 9828

2 2808, 7020, 9828

3 2200, 2750, 4950

4 1248, 14560, 15808

5 1830, 10980, 12810

6 풀이 참조   **7** 24507   **8** 10620

9 32208   **10** 54340

 개념 체크

11 20650, 3717, 20650, 3717,
24367

[3~5] (세 자리 수)×(두 자리 수)는 두 자리 수를
십의 자리와 일의 자리로 나누어 계산한 후 두 곱을
더합니다.

6
```
          2  5  8
   ×         4  8
   ─────────────────
       2  0  6  4   ←258×8
   1  0  3  2  0    ←258×40
   ─────────────────
   1  2  3  8  4
```

7
```
          3  8  9
   ×         6  3
   ─────────────────
       1  1  6  7
   2  3  3  4  0
   ─────────────────
   2  4  5  0  7
```

8
```
          2  9  5
   ×         3  6
   ─────────────────
       1  7  7  0
   8  8  5  0
   ─────────────────
   1  0  6  2  0
```

 중요 유형 익히기 82~83쪽

1 56, 56   **2** 35000   **3** 38580

4 14112   **5** 5820

6 (위에서부터) 18000, 2, 2, 36000

7 10500   **8** ✕(선 연결)

9 1617, 9240, 10857

10 예 500, 30, 15000

11 40176

12 (위에서부터) 13188, 26598

13 >   **14** ㉢, ㉣, ㉠, ㉡

15 14000원

1 (몇백)×(몇십)은 (몇)×(몇)의 값에 곱하는
두 수의 0의 개수만큼 0을 붙입니다.

5 194×3=582 ⇨ 194×30=5820

7 175×6=1050이므로
175×60=10500

9 231×47은 231×7과 231×40의 합으
로 계산할 수 있습니다.

11 가장 큰 수는 837이고 가장 작은 수는 48이 므로 837×48=40176입니다.

12

```
      1 5 7
  ×     8 4
  ─────────
      6 2 8
  1 2 5 6
  ─────────
  1 3 1 8 8
```

```
      4 2 9
  ×     6 2
  ─────────
      8 5 8
  2 5 7 4
  ─────────
  2 6 5 9 8
```

13 392×60=23520, 584×40=23360
⇨ 23520>23360

14 ㉠ 416×25=10400
㉡ 571×18=10278
㉢ 629×17=10693
㉣ 883×12=10596
⇨ 10693>10596>10400>10278
이므로 ㉢>㉣>㉠>㉡입니다.

15 700×20=14000(원)

┌───┐
│ (개념3) **(세 자리 수)÷(몇십)**   84~85쪽 │
└───┘

1 480, 8

2 (위에서부터) 420, 480, 540
/ 8, 480, 8, 34

3 8, 480, 480, 34, 514

4 20×9=180, 풀이 참조

5 50×5=250, 풀이 참조

6 60×8=480, 풀이 참조   **7** 9

8 6   **9** 5   **10** 8

11 3…18   **12** 9…37   **13** 9…9

개념 체크

14 (1) 8   (2) 49

---

4 20과 곱하여 186보다 크지 않으면서 가장 가까운 수가 되는 곱셈식을 찾으면 20×9=180이므로 몫은 9입니다.

```
        9
  20) 1 8 6
      1 8 0
      ─────
          6
```

5 50×5=250

```
        5
  50) 2 5 3
      2 5 0
      ─────
          3
```

6 60×8=480

```
        8
  60) 4 8 1
      4 8 0
      ─────
          1
```

┌───┐
│ (개념4) **몫이 한 자리 수인**   86~87쪽 │
│   **(두 자리 수)÷(두 자리 수)**   │
└───┘

1 80, 4   **2** 84 / 3, 63, 9

3 3, 63, 63, 9, 72

4 4…8 / 4, 72, 72, 8, 80

5 3…4 / 3, 93, 93, 4, 97

6 5…7   **7** 3…8

8 2…9   **9** 3   **10** 3

11 4   **12** 2

개념 체크

13 5, 5

4

$$18)\overline{\begin{array}{r} 4 \\ 8\ 0 \\ 7\ 2 \\ \hline 8 \end{array}}$$ ⇨ 80÷18=4…8

확인 18×4=72, 72+8=80

9 58을 약 60, 18을 약 20이라고 하면 60÷20=3이므로 58÷18의 몫은 약 3으로 어림할 수 있습니다.

10 89를 약 90, 32를 약 30이라고 하면 90÷30=3이므로 89÷32의 몫은 약 3으로 어림할 수 있습니다.

11 84를 약 80, 21을 약 20이라고 하면 80÷20=4이므로 84÷21의 몫은 약 4로 어림할 수 있습니다.

개념5 **몫이 한 자리 수인** 88~89쪽
(세 자리 수)÷(두 자리 수)

1 140, 7

2 138, 161 / 161 / 6, 138, 1

3 6, 138, 138, 1, 139

4 풀이 참조 **5** 풀이 참조 **6** 7…6

7 3…11 **8** 9…20 **9** 8, 4

10 (위에서부터) 5, 1, 17, 6, 17

개념 체크

11 6, 156, 5 / 6, 5

4

$$23)\overline{\begin{array}{r} 9 \\ 2\ 0\ 9 \\ 2\ 0\ 7 \\ \hline 2 \end{array}}$$ ← 23×9

확인 23×9=207, 207+2=209

5

$$47)\overline{\begin{array}{r} 7 \\ 3\ 5\ 2 \\ 3\ 2\ 9 \\ \hline 2\ 3 \end{array}}$$ ← 47×7

확인 47×7=329, 329+23=352

6

$$25)\overline{\begin{array}{r} 7 \\ 1\ 8\ 1 \\ 1\ 7\ 5 \\ \hline 6 \end{array}}$$

9 나누어지는 수가 같을 때 나누는 수가 2배씩 늘어나면 몫은 반씩 줄어듭니다.

10 497은 400과 97의 합이므로 497÷80을 400÷80, 97÷80으로 나누어 계산합니다.

11 어림하여 계산한 나머지가 나누는 수와 같거나 크면 몫을 1 크게 합니다.

개념6 **몫이 두 자리 수인** 90~91쪽
(세 자리 수)÷(두 자리 수)

1 2, 420, 20, 189, 420 / 29, 20, 420, 189, 189, 9, 0, 189, 189

2 풀이 참조 **3** 풀이 참조 **4** 17

5 16…1 **6** 19…15 **7** 21…6

8 17…17 **9** 20…25

개념 체크

10 27, 7 / 240, 20 / 88, 240 / 84, 7 / 4, 88, 84 / 27, 4

2

$$27)\overline{513} \atop 1\ 9$$

```
      1 9
27) 5 1 3
    2 7      ←27×10
    ─────
    2 4 3
    2 4 3   ←27×9
    ─────
        0
```

확인 27×19=513

3

```
        2 4
32) 7 8 2
    6 4        ←32×20
    ─────
    1 4 2
    1 2 8      ←32×4
    ─────
        1 4
```

확인 32×24=768, 768+14=782

4

```
      1 7
18) 3 0 6
    1 8
    ─────
    1 2 6
    1 2 6
    ─────
        0
```

7

```
      2 1
18) 3 8 4
    3 6
    ─────
    2 4
    1 8
    ─────
      6
```

중요 유형 익히기   92~93쪽

1 14   **2** <   **3** ㉢

4 8, 3   **5** 15 / 15, 540

```
        1 5
36) 5 4 0
    3 6
    ─────
    1 8 0
    1 8 0
    ─────
        0
```

6 ㉠, ㉢, ㉡   **7** 77   **8** 11팀, 5명

9 유비무환   **10** 5상자   **11** 28개

12 9가구

1

```
      1 4
27) 3 7 8
    2 7
    ─────
    1 0 8
    1 0 8
    ─────
        0
```

2 300÷60=5, 480÷80=6
⇨ 몫의 크기를 비교하면 5<6입니다.

3 210÷30=7
㉠ 160÷20=8 ㉡ 240÷40=6
㉢ 350÷50=7 ㉣ 560÷70=8
⇨ 몫이 7인 것을 찾으면 ㉢입니다.

4

```
          8    ←몫
52) 4 1 9
    4 1 6
    ─────
        3    ←나머지
```

5 540÷36=15
확인 나누는 수와 몫의 곱이 나누어지는 수가 되어야 합니다. ⇨ 36×15=540

6

```
        3 3
17) 5 6 1
    5 1      ←㉠ 17×30
    ─────
    5 1      ←㉢ 561−510
    5 1      ←㉡ 17×3
    ─────
      0      ←51−51
```

7 나머지는 항상 나누는 수보다 작아야 하므로 나올 수 있는 나머지 중에서 가장 큰 수는 **77** 입니다.

8 (전체 선수 수)÷(한 팀의 선수 수)

$=126÷11=11…5$

따라서 한 팀에 11명씩 배치하면 11팀이 되고 5명이 남습니다.

9 비: $368÷16=23$

환: $780÷65=12$

유: $696÷24=29$

무: $578÷34=17$

$29>23>17>12$이므로 몫이 큰 것부터 차례대로 글자를 쓰면 유비무환입니다.

10 (전체 사과의 무게)÷(한 상자에 넣는 사과의 무게)

$=112÷20=5…12$

따라서 사과를 한 상자에 20kg씩 넣으면 5상자에 포장할 수 있고 12kg이 남으므로 5상자까지 판매할 수 있습니다.

11 (전체 달걀의 수)

÷(달걀판 1개에 담을 수 있는 달걀 수)

$=420÷15=28$(개)

12 (전체 배추 수)÷(한 가구당 나누어 줄 배추 수)

$=145÷15=9…10$

수확한 배추를 한 가구당 15포기씩 나누어 준다면 9가구에게 나누어 주고 10포기가 남습니다.
따라서 모두 9가구에게 나누어 줄 수 있습니다.

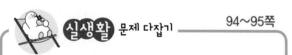

실생활 문제 다잡기
94~95쪽

유형 ❶ 1단계 24 2단계 900, 24, 21600

답 21600개

유형 ❶-1 18250 kg

유형 ❶-2 6000 ㎖

유형 ❷ 1단계 216, 4, 216, 4, 864

2단계 32, 864, 864, 32, 27

답 27일

유형 ❷-1 35개   유형 ❷-2 30상자

유형 ❶

풀이

1단계 하루는 몇 시간인지 알아보기

하루는 24 시간입니다.

2단계 만들 수 있는 쿠키는 모두 몇 개인지 구하기

900 × 24 = 21600 (개)

답 21600개

유형 ❶-1

👉 핵심 체크

1년은 365일인 것을 이용합니다.

365일 동안 사용한 귤의 양은 50kg이 365개 있는 것과 같으므로 주스 가게에서 1년 동안 사용한 귤은 모두 $50×365=365×50=18250$ (kg)입니다.

유형 ❶-2

👉 핵심 체크

6월은 30일까지 있습니다.

30일 동안 마신 우유의 양은 200 ㎖가 30개 있는 것과 같으므로 주민이가 6월 한 달 동안 마신 우유는 모두 $200×30=6000$ (㎖)입니다.

유형 ❷

풀이

1단계 동화책의 전체 쪽수 알아보기

동화책 한 권의 쪽수는 216 쪽이고 4 권을 샀으므로 민준이가 산 동화책의 전체 쪽수는

216 × 4 = 864 (쪽)입니다.

2단계 동화책을 읽는 데 며칠이 걸리는지 구하기

동화책을 하루에 32 쪽씩 읽고 전체 쪽수는 864 쪽이므로

864 ÷ 32 = 27 (일)이 걸립니다.

답 27일

유형 ❷-1

👉 핵심 체크

초콜릿의 전체 개수를 구한 다음 학생 수로 나눕니다.

초콜릿 15봉지에 들어 있는 초콜릿은
42×15=630(개)입니다.
따라서 한 명의 학생이 받는 초콜릿은
630÷18=35(개)입니다.

유형 ②-2

 핵심 체크
하루는 24시간이므로 24시간 동안 만드는 장
난감의 개수를 구합니다.

24시간 동안 만드는 장난감은
35×24=840(개)입니다.
따라서 하루 동안 만든 장난감은 모두
840÷28=30(상자)입니다.

서술형 대비 문제   96~97쪽

❶ 대표 327, 327, 4905, 14, 728,
            4905, 728, 4177, 41, 77 /
            41m 77cm
❶ 연습 풀이 참조, 46650원
❷ 대표 894, 34, 894, 34, 26, 10, 10,
            26, 27 / 27상자
❷ 연습 풀이 참조, 61모둠

❶ 대표 문제

풀이

3m 27cm= 327 cm 이므로
(색 테이프 15개의 길이)
= 327 ×15= 4905 (cm) ⋯ ㉠
(겹쳐진 부분의 길이)=52× 14 = 728 (cm)
                                              ⋯ ㉡
(이어 붙인 색 테이프 전체의 길이)
= 4905 − 728 = 4177 (cm)
⇨ 4177 cm= 41 m 77 cm ⋯ ㉢
                        답 41m 77cm

〈평가 기준〉

| ㉠ 색 테이프 15개의 길이를 구합니다. |
| ㉡ 겹쳐진 부분의 길이를 몇 개인지 구합니다. |
| ㉢ 이어 붙인 색 테이프 전체의 길이를 구합니다. |

❶ 연습 문제

💡 힌트 체크

저금통에 다음과 같이 동전이 들어 있습니다. 모두
얼마인지 풀이 과정을 쓰고, 답을 구해 보세요.

  143개   79개

⭐ 50원짜리 동전 143개의 금액, 500원짜리 동전 79개
의 금액을 구해 모두 얼마인지 구합니다.

풀이

㉘ (50원짜리 동전의 금액)
=50×143=143×50=7150(원) ⋯ ㉠
(500원짜리 동전의 금액)
=500×79=39500(원) ⋯ ㉡
⇨ 7150+39500=46650(원) ⋯ ㉢
                        답 46650원

〈평가 기준〉

| ㉠ 50원짜리 동전 143개의 금액을 구합니다. |
| ㉡ 500원짜리 동전 79개의 금액을 구합니다. |
| ㉢ 동전은 모두 얼마인지 구합니다. |

❷ 대표 문제

풀이

전체 키위 894 개를 한 상자에 34 개씩 포장합
니다. 894 ÷ 34 = 26 ⋯ 10 ⋯㉠
남은 10 개의 키위도 포장해야 하므로 필요한 상
자는 적어도
26 +1= 27 (상자)입니다. ⋯㉡
                        답 27상자

〈평가 기준〉

| ㉠ 전체 키위의 수를 한 상자에 포장할 키위의 수로 나누어야 합니다. |
| ㉡ 키위를 포장할 상자 수를 구합니다. |

② 연습 문제

🔔 힌트 체크

한 대에 **15명**까지 탈 수 있는 케이블카가 있습니다. 이 케이블카에 **학생 910명**이 타기 위해 모둠을 만들려고 합니다. **적어도 몇 모둠을 만들어야 하는지** 풀이 과정을 쓰고, 답을 구해 보세요.

❶ 전체 학생 수를 케이블카 한 대에 탈 수 있는 사람 수로 나눕니다.

❷ 남은 학생도 타야 하므로 만들어야 하는 모둠 수는 몫＋1입니다.

풀이

예) 전체 학생 910명은 한 대에 15명씩 탈 수 있습니다. 910÷15=60…10 … ㉠

남은 10명도 타야 하므로 케이블카를 타기 위해 적어도 60+1=61(모둠)을 만들어야 합니다. … ㉡

답 61모둠

〈평가 기준〉

㉠ 전체 학생 수를 케이블카 한 대에 탈 수 있는 사람 수로 나누어야 합니다.

㉡ 만들어야 하는 모둠 수를 구합니다.

단원 평가 1회　　　　98~101쪽

1 35, 35	2 26, 커야
3 4	4 16762
5 7, 3	6 16　　7 8도막
8 9…6	9 12500개

10 240, 280, 320 / 8

11
```
    6 2 4
  ×   5 3
  ─────────
  1 8 7 2
  3 1 2 0
  ─────────
  4 9 9 2
```
⇨
```
    6 2 4
  ×   5 3
  ─────────
  1 8 7 2
  3 1 2 0
  ─────────
  3 3 0 7 2
```

12 <	13 6 g
14 12분 42초	15 39
16 7037회	17 347
18 799	
19 풀이 참조, 2376자루	
20 풀이 참조, 8일, 18쪽	

1 (몇백)×(몇십)은 (몇)×(몇)의 값에 곱하는 두 수의 0의 개수만큼 0을 붙입니다.

2 나머지가 나누는 수보다 클 경우에는 나머지를 나누는 수로 더 나눌 수 있습니다. 따라서 나머지 52는 26으로 더 나눌 수 있으므로 468÷26의 몫은 16보다 더 큽니다.

3 84를 약 80, 21을 약 20이라 하면 20×4=80이므로 84÷21의 몫은 약 4라고 어림할 수 있습니다.

4 578×20=11560, 578×9=5202
⇨ 578×29=11560+5202=16762

5
```
          7 ← 몫
  19)1 3 6
     1 3 3
     ─────
         3 ← 나머지
```
⇨ 136÷19=7…3

6 나머지는 항상 나누는 수보다 작아야 합니다.
⇨ 나누는 수가 16이므로 나머지는 16보다 작은 수여야 합니다. 따라서 16은 나머지가 될 수 없습니다.

7 (전체 끈의 길이)÷(끈 한 도막의 길이)
=320÷40=8(도막)

8

$$24\overline{)222} \quad \leftarrow 몫$$
$$\underline{216}$$
$$6 \quad \leftarrow 나머지$$

$\Rightarrow 222 \div 24 = 9 \cdots 6$

9 (50상자에 들어 있는 감자 수)
= (한 상자에 들어 있는 감자 수) × 50
= 250 × 50 = 12500(개)

10 8 × 40 = 320 ⇨ 320 ÷ 40 = 8

11 624 × 50의 곱의 위치가 잘못되었습니다.

12 192 ÷ 32 = 6, 203 ÷ 29 = 7
따라서 몫의 크기를 비교하면 6 < 7이므로
192 ÷ 32 < 203 ÷ 29입니다.

13 (식빵 한 개를 만드는 데 필요한 이스트 양)
= (전체 이스트 양) ÷ (만들 수 있는 식빵 수)
= 78 ÷ 13 = 6 (g)

14 1분은 60초입니다.
762 ÷ 60 = 12 ⋯ 42이므로 762초는 12분
42초입니다.

15 21 × 35 = 735이므로 19 × □ > 735에서
735 ÷ 19 = 38 ⋯ 13입니다.
19 × 38 = 722, 19 × 39 = 741이므로
□ 안에 들어갈 수 있는 자연수 중에서 가장
작은 수는 39입니다.

16 3월은 31일까지 있으므로 윤지가 3월 한 달
동안 줄넘기를 한 횟수는 모두
227 × 31 = 7037(회)입니다.

17 어떤 수를 □라 하면 □ ÷ 26 = 13 ⋯ 9입니
다. (나누는 수) × (몫)에 나머지를 더하면
26 × 13 = 338, 338 + 9 = 347이므로
나누어지는 수가 됩니다. 따라서 □ = 347입니
다.

18 ©에서 30으로 나누었을 때 나머지가 19이
므로 나누어지는 수의 일의 자리 숫자는 9입니
다.
㉠에서 각 자리 숫자의 합은 25이고, 일의 자
리 숫자가 9이므로 백의 자리 숫자와 십의 자
리 숫자의 합은 25 − 9 = 16입니다.
©에서 십의 자리 숫자는 백의 자리 숫자보다
크므로 합이 16이 되는 한 자리 수를 찾으면
십의 자리 숫자는 9, 백의 자리 숫자는 7입니다.
따라서 조건을 모두 만족하는 세 자리 수는
799입니다.

19

◆ 힌트 체크

준호네 학교 4학년 학생은 **남학생이 102명**,
여학생이 96명입니다. 학생 한 명에게 연필을
12자루씩 나누어 주려고 할 때, 필요한 연필은
모두 몇 자루인지 풀이 과정을 쓰고, 답을 구해
보세요.

❶ 남학생이 102명, 여학생이 96명 ⇨ 남학생 수와 여학생
수를 더하여 전체 학생 수를 구하라는 힌트
❷ 전체 학생 수에 12자루를 곱합니다.

풀이

㉿ 준호네 학교 4학년 전체 학생 수는 남학생과
여학생 수의 합이므로 102 + 96 = 198(명)입니다.
⋯㉠
198명에게 연필을 12자루씩 나누어 주어야 하므
로 필요한 연필은 198 × 12 = 2376(자루)입니
다. ⋯©

답 2376자루

〈평가 기준〉

㉠ 4학년 전체 학생 수를 구합니다.
© 필요한 연필 수를 구합니다.

20

힌트 체크

주원이가 동화책을 다 읽으려면 <u>30쪽씩 며칠</u> <u>동안 읽고</u> 마지막 날에는 몇 쪽을 읽어야 하는 지 풀이 과정을 쓰고, 답을 구해 보세요.

동화책 전체 쪽수가 258쪽인데 매일 30쪽씩 읽을 거야!

✦❶ 30쪽씩 며칠 동안 읽고 ➡ 몫을 구하라는 힌트
❷ 마지막 날에는 몇 쪽을 읽어야 하는지 구하려면 나머지를 알 아야 합니다.

풀이

예 (동화책 전체 쪽수)÷(하루에 읽을 동화책 쪽수)
  =258÷30=8…18 …㉠

따라서 30쪽씩 8일 동안 읽고 마지막 날에는 18 쪽을 읽어야 합니다. …㉡

답 8일, 18쪽

〈평가 기준〉

㉠ 나눗셈식을 세우고 풀어 봅니다.
㉡ 나눗셈의 결과를 이용하여 답을 적습니다.

단원평가 2회   102~105쪽

1 6, 240, 9   2 7
3 ㉡   4 4, 5
5 10368   6 (선으로 연결)

7
```
      1 3   / 13, 377, 4
29) 3 8 1
    2 9
      9 1
      8 7
       4
```

8 성준   9 5

---

10 416÷52, 712÷89에 ○표,
   204÷17, 330÷15에 △표

11 7가마니

12 예
```
     2 ③                  2 2
19) 4 1 9          19) 4 1 9
    3 8                 3 8
    ───      ⇨          ───
    3 9                 3 9
    ⑤ ⑦                 3 8
                        ───
                         1
```

13 26개   14 4116L
15 >   16 ㉠   17 풀이 참조
18 764, 12, 63, 8
19 풀이 참조, 14개   20 풀이 참조, 4개

---

2 137을 약 140, 18을 약 20이라고 하면
   140÷20=7이므로 137÷18의 몫은 약
   7이라고 어림할 수 있습니다.

3
```
      7 0 0
  ×    5 0
  ─────────
  3 5 0 0 0
```

5 288×30=8640, 288×6=1728에서
   288×36=8640+1728=10368

8 743×3=2229이므로
   743×30=22290
   471×6=2826이므로
   471×60=28260
   따라서 잘못 계산한 사람은 성준입니다.

9 15<75이므로 75÷15=5입니다.

10 416÷52=8   204÷17=12
   330÷15=22   712÷89=8

11 (전체 쌀의 무게)÷(한 가마니에 담을 쌀의 무게)
$=560÷80=7$(가마니)

12 39에서 57을 뺄 수 없으므로 몫을 1 작게 합니다.

13 (전체 책의 권수)÷(한 상자에 넣는 책의 권수)
$=887÷35=25⋯12$
따라서 책을 35권씩 25상자에 넣고 12권이 남으므로 책을 모두 넣으려면 상자는 26개 필요합니다.

14 빨랫감을 모아서 세탁하면 196 L의 물을 절약할 수 있으므로 21번 실천해서 절약한 물의 양은 $196×21=4116$ (L)입니다.

15 $392×60=23520$,
$584×40=23360$
⇨ $23520>23360$

16 ㉠ $126×95=11970$
㉡ $500×24=12000$
㉢ $250×48=12000$
㉣ $160×75=12000$
따라서 계산 결과가 다른 하나는 ㉠입니다.

17
```
        2 8
  32 )8 9 9
       6 4
       2 5 9
       2 5 6
           3
      ( 2 )
```
```
        1 7
  54 )9 3 6
       5 4
       3 9 6
       3 7 8
         1 8
      ( 1 )
```
```
        4 8
  11 )5 2 8
       4 4
         8 8
         8 8
           0
      ( 3 )
```

18 만들 수 있는 가장 큰 세 자리 수는 764,
만들 수 있는 가장 작은 두 자리 수는 12이므로
$764÷12=63⋯8$입니다.

19

🔵 힌트 체크

❶종이꽃 한 개를 만드는 데 색 테이프가 45cm 필요합니다. 색 테이프 645cm로 종이꽃을 몇 개까지 만들 수 있을지 풀이 과정을 쓰고, 답을 구해 보세요.

❶ '종이꽃 한 개를 만드는 데 색 테이프가 45cm', '색 테이프 645cm' ➡ 색 테이프 645cm를 45cm씩 나누라는 힌트
❷ 나머지로는 종이꽃 한 개를 만들 수 없으므로 몫까지만 구합니다.

풀이

㉎ (전체 색 테이프의 길이)÷(종이꽃 한 개를 만드는 데 필요한 색 테이프의 길이)
$=645÷45=14⋯15$ ⋯㉠
종이꽃을 14개까지 만들 수 있고 15 cm가 남습니다. 남은 15 cm로는 종이꽃을 만들 수 없으므로 종이꽃은 14개까지 만들 수 있습니다. ⋯㉡

답 14개

〈평가 기준〉

㉠ 나눗셈식을 세우고 풀어 봅니다.
㉡ 나눗셈의 결과를 이용하여 답을 구합니다.

20

🔵 힌트 체크

□ 안에 들어갈 수 있는 수는 모두 몇 개인지 풀이 과정을 쓰고, 답을 구해 보세요.

$243×3□<8100$

⭐ □ 안에 적당한 수를 넣어가며 계산하여 크기 비교를 만족하는 수를 모두 찾습니다.

풀이

㉎ $243×33=8019$, $243×34=8262$이므로 ⋯㉠
□ 안에 들어갈 수 있는 수는 0, 1, 2, 3으로 모두 4개입니다. ⋯㉡

답 4개

〈평가 기준〉

㉠ □ 안에 적당한 수를 넣어보면서 계산해 봅니다.
㉡ □ 안에 들어갈 수 있는 수는 모두 몇 개인지 구합니다.

개념 1 **점 이동하기**　　　　108~109쪽

1 (1) 6 (2) 6, 2

2
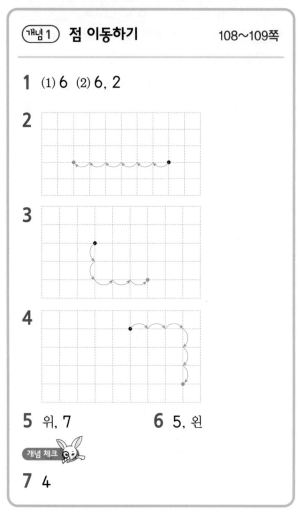

3

4

5 위, 7　　　　　**6** 5, 왼

개념 체크

7 4

1 말의 현재 위치를 기준으로 생각해 봅니다.

2 점 •의 위치로부터 왼쪽으로 6칸 이동한 위치에 점을 그립니다.

3 점 •의 위치로부터 아래쪽으로 2칸, 오른쪽으로 3칸 이동한 위치에 점을 그립니다.

개념 2 **도형 밀기**　　　　110~111쪽

1

2 변하지 않습니다

3
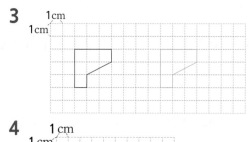

4
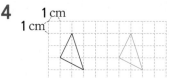

5

6
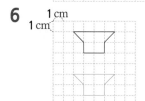

7 오른, 8　　　　　**8** 6, 4

개념 체크

9 모양, 위치

3 도형을 오른쪽으로 7 cm 밀면 모양은 그대로이고 위치만 오른쪽으로 7 cm 이동합니다.

4 도형을 오른쪽으로 5 cm 밀면 모양은 그대로이고 위치만 오른쪽으로 5 cm 이동합니다.

7 크기와 모양이 그대로이고 위치만 오른쪽으로 8 cm 이동하였으므로 ㉯ 도형은 ㉮ 도형을 오른쪽으로 8 cm 밀어서 이동한 것입니다.

8 크기와 모양이 그대로이고 위치만 오른쪽으로 6 cm, 아래쪽으로 4 cm 이동하였으므로 ㉯ 도형은 ㉮ 도형을 오른쪽으로 6 cm, 아래쪽으로 4 cm 밀어서 이동한 것입니다.

개념 3 도형 뒤집기 112~113쪽

1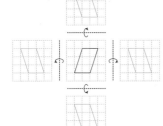

2 왼쪽과 오른쪽

3   **4**

5   **6**

7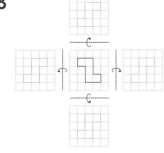

8

 개념 체크

9 위쪽, 아래쪽, 왼쪽, 오른쪽

2 도형을 오른쪽으로 뒤집으면 왼쪽과 오른쪽이 서로 바뀝니다.

3 도형을 오른쪽으로 뒤집으면 왼쪽과 오른쪽이 서로 바뀝니다.

5 도형을 아래쪽으로 뒤집으면 위쪽과 아래쪽이 서로 바뀝니다.

[7~8] 도형을 오른쪽으로 뒤집은 모양은 왼쪽으로 뒤집은 모양과 같습니다. 도형을 위쪽으로 뒤집은 모양은 아래쪽으로 뒤집은 모양과 같습니다.

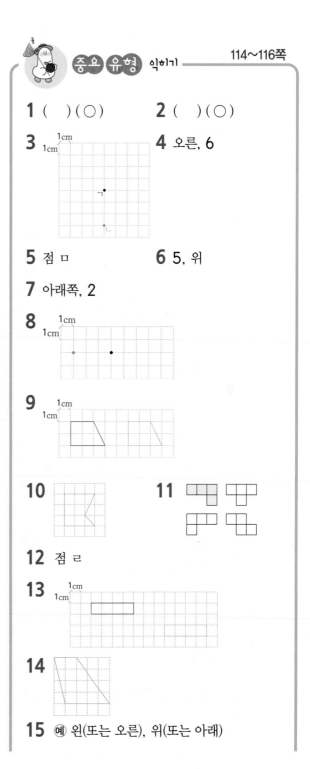

중요 유형 익히기 114~116쪽

1 ( )(○) **2** ( )(○)

3 1cm **4** 오른, 6

5 점 ㅁ **6** 5, 위

7 아래쪽, 2

8 1cm

9 1cm

10 **11**

12 점 ㄹ

13 1cm

14

15 예 왼(또는 오른), 위(또는 아래)

정답 및 풀이 **35**

16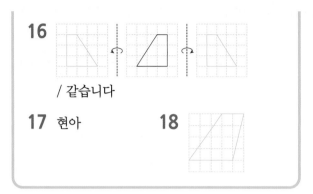

/ 같습니다

17 현아   **18**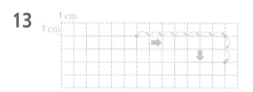

1 도형을 밀면 모양은 변하지 않습니다.

2 위쪽으로 뒤집으면 옷걸이의 위쪽과 아래쪽이 서로 바뀝니다.

3 점 ㄱ을 아래쪽으로 3 cm 이동한 위치에 점 ㄴ으로 표시합니다.

4 크기와 모양이 그대로이고 위치만 오른쪽으로 6칸 이동하였으므로 ㉯ 도형은 ㉮ 도형을 오른쪽으로 6칸 밀어서 이동한 것입니다.

5 점 ㄱ을 오른쪽으로 2칸 이동하면 점 ㅁ의 위치가 됩니다.

8 점을 움직인 반대 방향으로 이동하면 처음 위치가 됩니다. 따라서 점을 왼쪽으로 3 cm 이동했을 때가 이동하기 전의 점의 위치입니다.

9 한 변을 기준으로 하여 오른쪽으로 5칸 밀었을 때의 도형을 그립니다.

10 도형을 왼쪽으로 뒤집으면 도형의 왼쪽과 오른쪽이 서로 바뀝니다.

11 조각을 밀면 위치는 변하지만 모양은 변하지 않습니다.

12 점의 처음 위치는 점 ㄱ을 오른쪽으로 3칸, 아래쪽으로 1칸 이동한 위치입니다. 따라서 점의 처음 위치는 점 ㄹ입니다.

13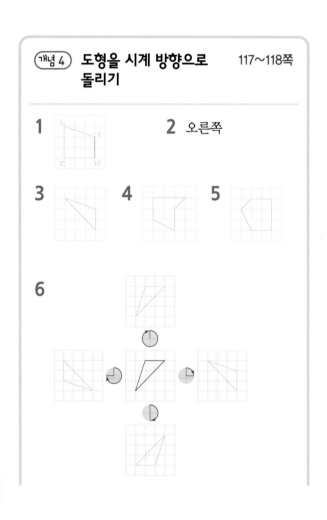

14 주어진 도형을 왼쪽으로 뒤집었을 때의 도형을 그립니다.

17 ㉯ 도형은 ㉮ 도형을 오른쪽으로 8 cm 밀어서 이동한 것입니다.

18 아래쪽으로 2번 뒤집었을 때의 도형은 처음 도형과 같습니다.

개념 4 **도형을 시계 방향으로 돌리기**   117~118쪽

1

2 오른쪽

3   **4**   **5**

6

7

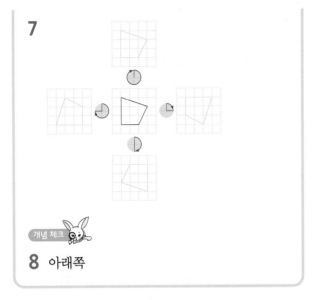

8 아래쪽

3 도형을 시계 방향으로 **90°**만큼 돌리면
위쪽 → 오른쪽, 오른쪽 → 아래쪽,
아래쪽 → 왼쪽, 왼쪽 → 위쪽으로 바뀝니다.

4 도형을 시계 방향으로 **180°**만큼 돌리면
위쪽과 아래쪽이 서로 바뀝니다.

5 도형을 시계 방향으로 **270°**만큼 돌리면
위쪽 → 왼쪽, 오른쪽 → 위쪽,
아래쪽 → 오른쪽, 왼쪽 → 아래쪽으로 바뀝니다.

[6~7] 도형을 시계 방향으로 **90°**, **180°**, **270°**,
360°만큼 돌리면 위쪽 부분이 차례대로 오른쪽,
아래쪽, 왼쪽, 위쪽으로 바뀝니다.

8 도형을 시계 방향으로 **270°**만큼 돌리면
위쪽 → 왼쪽, 오른쪽 → 위쪽, 아래쪽 → 오른
쪽, 왼쪽 → 아래쪽으로 바뀝니다.

개념 5 도형을 시계 반대 방향 119~120쪽
으로 돌리기

1 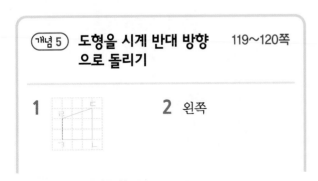   **2** 왼쪽

---

3   **4**   **5**

6

7

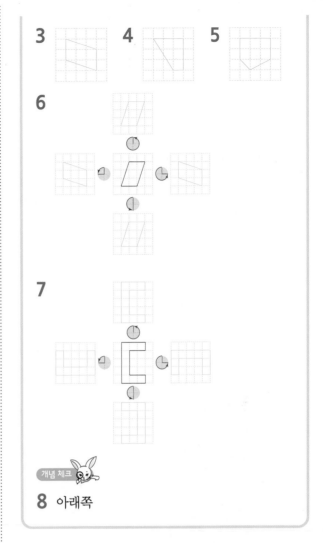

8 아래쪽

3 도형을 시계 반대 방향으로 **90°**만큼 돌리면
위쪽 → 왼쪽, 왼쪽 → 아래쪽,
아래쪽 → 오른쪽, 오른쪽 → 위쪽으로 바뀝니다.

4 도형을 시계 방향으로 **180°**만큼 돌리면 위쪽
과 아래쪽이 서로 바뀝니다.

5 도형을 시계 반대 방향으로 **270°**만큼 돌리면
위쪽 → 오른쪽, 오른쪽 → 아래쪽,
아래쪽 → 왼쪽, 왼쪽 → 위쪽으로 바뀝니다.

[6~7] 도형을 시계 반대 방향으로 **90°**, **180°**,
270°, **360°**만큼 돌리면 위쪽 부분이 차례대로
왼쪽, 아래쪽, 오른쪽, 위쪽으로 바뀝니다.

8 도형을 시계 반대 방향으로 **270°**만큼 돌리면
위쪽 → 오른쪽, 오른쪽 → 아래쪽,
아래쪽 → 왼쪽, 왼쪽 → 위쪽으로 바뀝니다.

개념6 **규칙적인 무늬 꾸미기** 121~122쪽

1 미는, 밀어서

2 90, 오른

3 예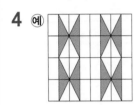

4 예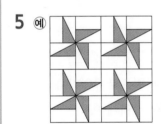

5 예

6 밀기   **7** 뒤집기(또는 돌리기)

8 돌리기

개념 체크

9 (○) ( )

---

3 모양을 오른쪽으로 미는 것을 반복해서
모양을 만들고, 그 모양을 아래쪽으로 밀어서
무늬를 만들었습니다.

4 모양을 오른쪽으로 뒤집는 것을 반복해
서 모양을 만들고, 그 모양을 아래쪽으로 뒤집
어서 무늬를 만들었습니다.

---

5 모양을 시계 방향으로 **90°**만큼 돌리는 것
을 반복해서 모양을 만들고, 그 모양을 오른쪽
과 아래쪽으로 밀어서 무늬를 만들었습니다.

6 모양으로 밀기를 이용하여 무늬를 만들었
습니다.

7 · 모양을 오른쪽으로 뒤집어서 모양을 만
들고, 그 모양을 아래쪽으로 뒤집어서 무늬
를 만들었습니다.
· 모양을 시계 방향으로 **90°**만큼 돌리는
것을 반복해서 모양을 만들었습니다.

8 모양을 시계 방향으로 **90°**만큼 돌리기를
하여 무늬를 만들었습니다.

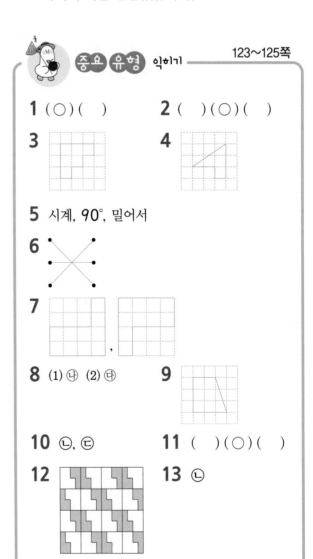

중요 유형 익히기   123~125쪽

1 (○) ( )   **2** ( ) (○) ( )

3   **4**

5 시계, 90°, 밀어서

6

7

8 (1) ㉯ (2) ㉰   **9**

10 ㉡, ㉢   **11** ( ) (○) ( )

12   **13** ㉡

14 예

15

16

17 905

18 예 주어진 모양을 시계 방향으로 90°만큼 돌리는 것을 반복해서 모양을 만들고, 그 모양을 오른쪽으로 밀어서 만든 모양입니다.

2 첫째 무늬는 돌리기, 셋째 무늬는 뒤집기를 이용하여 만들었습니다.

3 시계 방향으로 360°만큼 돌렸을 때의 도형은 처음 도형과 같습니다.

4 도형을 시계 반대 방향으로 180°만큼 돌리면
위쪽 → 아래쪽, 아래쪽 → 위쪽,
왼쪽 → 오른쪽, 오른쪽 → 왼쪽으로 바뀝니다.

6 화살표의 끝이 가리키는 곳이 같으면 돌렸을 때 같은 모양이 됩니다.

7 시계 방향으로 90°만큼 돌리면 도형의 위쪽 부분이 오른쪽으로 이동하고 270°만큼 돌리면 도형의 위쪽 부분이 왼쪽으로 이동합니다.

8 (1) ㉮ 도형에서 위쪽이 아래쪽으로, 왼쪽이 오른쪽으로 바뀐 도형은 ㉯ 도형입니다.
(2) ㉯ 도형에서 위쪽이 오른쪽으로, 오른쪽이 아래쪽으로, 아래쪽이 왼쪽으로, 왼쪽이 위쪽으로 바뀐 도형은 ㉰ 도형입니다.

9 도형을 시계 반대 방향으로 90°만큼 2번 돌렸을 때의 도형은 시계 반대 방향으로 180°만큼 돌렸을 때의 도형과 같습니다.

10 ㉠ 밀기, ㉣ 돌리기

11 정사각형을 완성하려면 왼쪽 도형은 위쪽(또는 아래쪽)으로 뒤집어서 넣어야 하고, 가운데 도형은 시계 방향으로 90°만큼 돌려서 넣어야 합니다. 오른쪽 도형은 왼쪽(또는 오른쪽)으로 뒤집어서 넣어야 정사각형을 완성할 수 있습니다.

12 ⌐ 모양을 시계 방향으로 180°만큼 돌리는 것을 반복해서 모양을 만들고, 그 모양을 오른쪽과 아래쪽으로 밀어서 무늬를 만들었습니다.

13 주어진 도형을 시계 방향으로 90°, 시계 반대 방향으로 90° 돌렸을 때의 도형은 각각 다음과 같습니다.
㉠ ▷, ◁
㉡ ▢, ▢
㉢ ▱, ▱

14 ◠ 모양을 시계 방향으로 90°만큼 돌리는 것을 반복해서 모양을 만들고, 그 모양을 오른쪽으로 밀어서 무늬를 만들었습니다.

15 시계 방향으로 180°만큼 돌리기 전의 도형을 그립니다. 돌린 도형의 위쪽 부분이 아래쪽으로 이동합니다.

16 도형을 오른쪽으로 뒤집는 것을 반복해서 무늬를 만들어 봅니다.

17 506을 ◖와 같이 돌렸을 때 나오는 수는 905입니다.

유형 ❶ 1단계 3, 12, 9
      2단계 9 답 9
유형 ❶-1 3
유형 ❶-2 1500
유형 ❷ 1단계 (위에서부터) ∀, H, ㄱ, I, O
      2단계 H, I, O, 3 답 3개
유형 ❷-1 6개
유형 ❷-2 3개

유형 ❶

풀이

1단계 시계 반대 방향으로 90°만큼씩 돌릴 때마다 가리키는 숫자 알아보기

시계의 짧은바늘을 시계 반대 방향으로 90°만큼 1번 돌리면 3 시, 2번 돌리면 12 시, 3번 돌리면 9 시입니다.

2단계 시계의 짧은바늘이 가리키는 숫자 알아보기

9시에서 짧은바늘이 가리키는 숫자는 9 입니다.

답 9

유형 ❶-1

👆 핵심 체크

한 바퀴가 360°이므로 90°를 4번 돌리면 제자리가 됩니다.

시계의 짧은바늘을 시계 방향으로 90°만큼 5번 돌리는 것은 90°만큼 1번 돌리는 것과 같으므로 1번 돌리면 3을 가리킵니다.

유형 ❶-2

👆 핵심 체크

바늘을 시계 반대 방향으로 270°만큼 돌리면 시계 방향으로 90°만큼 돌린 것과 같습니다.

저울의 바늘은 시계 반대 방향으로 270°만큼 1번 돌리면 500, 2번 돌리면 1000, 3번 돌리면 1500을 가리킵니다.

유형 ❷

1단계 알파벳을 시계 방향으로 180°만큼 돌렸을 때의 모양 알아보기

A → ∀   H → H

L → ㄱ   I → I

O → O

2단계 모양이 변하지 않는 알파벳의 수 구하기

시계 방향으로 180°만큼 돌렸을 때 모양이 변하지 않는 알파벳은 H, I, O 로 3 개입니다.

답 3개

유형 ❷-1

👆 핵심 체크

한글 자음을 오른쪽으로 뒤집으면 왼쪽과 오른쪽이 바뀝니다.

오른쪽으로 뒤집었을 때 생기는 모양:

ㄱ ㄴ ㄷ ㄹ ㅁ ㅂ, ㅅ, ㅇ, ㅈ, ㅊ, ㅋ

처음의 모양과 같아지는 것:

ㅁ, ㅂ, ㅅ, ㅇ, ㅈ, ㅊ

⇨ 6개

유형 ❷-2

👆 핵심 체크

숫자를 왼쪽으로 뒤집으면 왼쪽과 오른쪽이 바뀝니다.

숫자를 왼쪽으로 뒤집었을 때 모양이 변하지 않는 수는 0, 1, 8로 3개입니다.

 서술형 대비 문제

128~129쪽

❶ 대표 20, 50, 20, 30 / 30
① 연습 풀이 참조, 403
❷ 대표 90°, 4 / 4개
② 연습 풀이 참조, 10개

❶ 대표 문제

풀이

위쪽으로 뒤집었을 때 만들어지는 수는 20 입니다. … ㉠

따라서 만들어지는 수와 처음 수와의 차는

50 − 20 = 30 입니다. … ㉡

답 30

〈평가 기준〉

㉠ 위쪽으로 뒤집었을 때 만들어지는 수를 구합니다.
㉡ 만들어지는 수와 처음 수의 차를 구합니다.

① 연습 문제

♪ 힌트 체크

세 자리 수가 적힌 카드를 ●시계 반대 방향으로 180°만큼 돌렸을 때 ❷만들어지는 수와 처음 수의 합은 얼마인지 풀이 과정을 쓰고, 답을 구해 보세요.

✿● 시계 반대 방향으로 180°만큼 돌렸을 때 ➡ 위쪽 부분은 아래쪽으로, 왼쪽 부분은 오른쪽으로 이동합니다.
❷ 만들어지는 수와 처음 수를 더합니다.

풀이

시계 반대 방향으로 180°만큼 돌렸을 때 만들어지는 수는 152입니다. … ㉠

처음 수와 만들어지는 수의 합은

251+152=403입니다. … ㉡

답 403

〈평가 기준〉

㉠ 시계 반대 방향으로 180°만큼 돌렸을 때 만들어지는 수를 구합니다.
㉡ 만들어지는 수와 처음 수를 더합니다.

❷ 대표 문제

풀이

바둑돌을 시계 방향으로 90°만큼 돌린 모양에서 처음 모양과 같으려면 어떤 바둑돌의 색깔을 바꿔야 하는지 알아봅니다.

따라서 색깔을 바꿔 다시 놓아야 할 바둑돌은 4 개입니다. … ㉡

답 4개

〈평가 기준〉

㉠ 바둑돌을 시계 방향으로 90°만큼 돌린 모양을 알아야 합니다.
㉡ 돌린 모양에서 처음 모양과 같도록 색깔을 바꿔 다시 놓아야 할 바둑돌은 몇 개인지 구합니다.

② 연습 문제

♪ 힌트 체크

오른쪽 바둑돌을 ●시계 반대 방향으로 90°만큼 돌렸을 때의 모양이 처음 모양과 같도록 다시 놓으려고 합니다. ❷색깔을 바꿔 다시 놓아야 할 바둑돌은 몇 개인지 풀이 과정을 쓰고, 답을 구해 보세요.

✿● 바둑돌을 시계 반대 방향으로 90°만큼 돌렸을 때 ➡ 실제로 돌린 모양을 그려 봅니다.
❷ 돌린 모양에서 처음 모양과 같도록 색깔을 바꿔 다시 놓아야 할 바둑돌은 몇 개인지 구합니다.

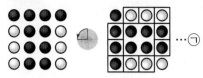

색깔을 바꿔 다시 놓아야 할 바둑돌은 □표한 **10**개 입니다. … ⓛ

답 10개

〈평가 기준〉

ⓐ 바둑돌을 시계 반대 방향으로 **90°**만큼 돌린 모양을 알아야 합니다.

ⓛ 돌린 모양에서 처음 모양과 같도록 색깔을 바꿔 다시 놓아야 할 바둑돌은 몇 개인지 구합니다.

단원 평가 1회
130~133쪽

1 (○)( ) **2** 오른쪽

3 ( )(○) **4** 4

5 5, 4

6

7

8 ⓒ, ⓔ

9

10 예 위(또는 아래)

11

12 예 ㉮ 도형은 ㉯ 도형을 왼쪽으로 **5**cm만큼 밀어서 이동한 도형입니다.

---

13 예

14 예 밀기   **15** 예 뒤집기

16 ㉠, ㉢   **17** ㉠, ㉢

18

19 풀이 참조, 4번   **20** 풀이 참조, 963

1 도형을 밀면 위치는 변하지만 모양은 변하지 않습니다.

3 도형의 위쪽 부분이 왼쪽으로 이동한 도형을 찾습니다.

6 기준이 되는 꼭짓점이나 변을 정하여 기준이 되는 꼭짓점이나 변으로 오른쪽으로 **7** cm 민 도형을 그립니다.

7 시계 방향으로 **360°**만큼 돌리면 처음 도형과 같습니다.

8 위쪽과 아래쪽이 서로 바뀌었으므로 위쪽 또는 아래쪽으로 뒤집은 것입니다.

9 처음 도형은 움직인 도형의 위쪽과 아래쪽을 서로 바꾸어 그립니다.

10 6 ➡ ∂ ➡ 9
왼쪽으로   위쪽 또는
뒤집기   아래쪽으로
          뒤집기

11 왼쪽부터 시계 반대 방향으로 **90°, 180°, 270°, 360°**만큼 돌렸을 때의 도형을 각각 그립니다.

12 예 크기와 모양이 그대로이고 위치만 왼쪽으로 **5** cm 이동하였으므로 ㉮ 도형은 ㉯ 도형을 왼쪽으로 **5** cm 밀어서 이동한 것입니다.

13 ◩ 모양을 오른쪽으로 뒤집는 것을 반복해서 모양을 만들고, 그 모양을 아래쪽으로 뒤집어서 무늬를 만듭니다.

14 ◣ 모양을 오른쪽으로 미는 것을 반복해서 모양을 만들고, 그 모양을 아래쪽으로 밀어서 무늬를 만듭니다.

15 ◩ 모양을 오른쪽으로 뒤집는 것을 반복해서 모양을 만들고, 그 모양을 아래쪽으로 뒤집어서 무늬를 만듭니다.

16 시계 방향으로 180°만큼 돌리면 위쪽 부분은 아래쪽으로, 왼쪽 부분은 오른쪽으로 이동합니다. 즉 오른쪽으로 뒤집은 뒤 아래쪽으로 돌린 모양과 같습니다.
따라서 움직인 모양이 처음과 같은 알파벳은 I, H입니다.

17 도형의 위쪽 부분이 왼쪽으로 이동하였으므로 도형을 시계 방향으로 270°만큼 돌린 것입니다. 이때 시계 방향으로 270°만큼 돌린 것은 시계 반대 방향으로 90°만큼 돌린 것과 같으므로 알맞은 돌리기 방법은 ㉠, ㉢입니다.

18 도형을 시계 방향으로 90°만큼 4번 돌리면 처음 도형과 같아지므로 시계 방향으로 90°만큼 9번 돌리는 것은 90°만큼 1번 돌리는 것과 같습니다.
➡ ㉡을 시계 반대 방향으로 90°만큼 1번 돌리면 ㉠이 됩니다.

19

◑ 힌트 체크 ·······

어떤 도형을 ~~시계 방향으로 270°만큼~~ 가장 적게 돌려 처음과 같은 모양을 만들려고 했을 때 몇 번 돌리면 되는지 풀이 과정을 쓰고, 답을 구해 보세요.

✿ 시계 방향으로 270°만큼 ➡ 시계 반대 방향으로 90°만큼 돌리는 것과 같습니다.

【풀이】

시계 방향으로 270°만큼 돌리는 것은 시계 반대 방향으로 90°만큼 돌린 것과 같습니다. … ㉠
어떤 도형을 시계 반대 방향으로 90°만큼씩 4번 돌리면 처음 도형과 같으므로 4번 돌리면 됩니다. … ㉡

【답】 4번

〈평가 기준〉

| ㉠ 시계 방향으로 270°만큼 돌리는 것은 시계 반대 방향으로 몇 도만큼 돌리는 것과 같다는 것을 알아야 합니다. |
| ㉡ 가장 적게 돌려 처음과 같은 모양을 만들려면 몇 번 돌려야 하는지 구합니다. |

20

◑ 힌트 체크 ·······

다음은 종이를 ❷시계 방향으로 180°만큼 돌린 것입니다. ❶돌리기 전의 식을 계산하면 얼마인지 풀이 과정을 쓰고, 답을 구해 보세요.

⌐198+20⌐

❶ 돌리기 전의 식은 주어진 식을 시계 반대 방향으로 몇 도만큼 돌리면 되는지 알아봅니다.
❷ 주어진 식을 시계 반대 방향으로 180°만큼 돌렸을 때의 식을 구합니다.

【풀이】

돌리기 전의 식은 주어진 식을 시계 반대 방향으로 180°만큼 돌리면 됩니다. …㉠
⌐198+20⌐을 시계 반대 방향으로 180°만큼 돌리면 ⌐02+86⌐입니다. …㉡
따라서 돌리기 전의 식을 계산하면
102+861=963입니다. …㉢

【답】 963

〈평가 기준〉

| ㉠ 돌리기 전의 식은 주어진 식을 시계 반대 방향으로 180°만큼 돌렸을 때의 모양이라는 것을 알아야 합니다. |
| ㉡ 돌리기 전의 식을 계산하여 바른 값을 구합니다. |

④

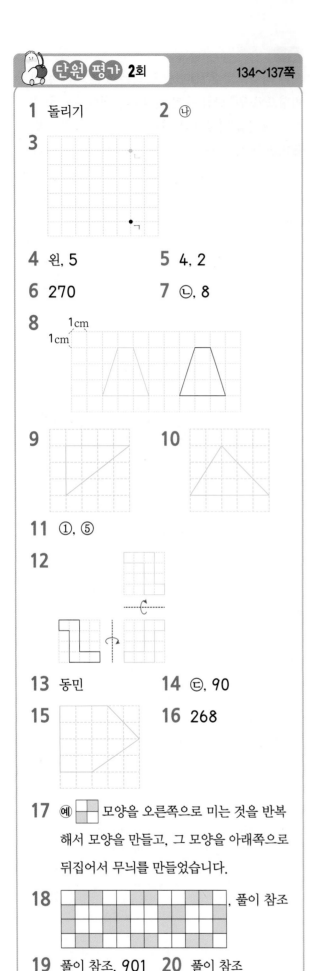

단원 평가 2회 134~137쪽

1 돌리기   2 ㉯

3

4 왼, 5   5 4, 2

6 270   7 ㉡, 8

8 1cm 1cm

9   10

11 ①, ⑤

12

13 동민   14 ㉢, 90

15   16 268

17 예 모양을 오른쪽으로 미는 것을 반복해서 모양을 만들고, 그 모양을 아래쪽으로 뒤집어서 무늬를 만들었습니다.

18 , 풀이 참조

19 풀이 참조, 901   20 풀이 참조

1 모양을 시계 방향으로 90°만큼 돌리는 것을 반복해서 만든 무늬입니다.

2 점 ㄱ을 오른쪽으로 4 cm 이동하면 점 ㉯의 위치가 됩니다.

3 점 ㄱ을 위쪽으로 5 cm 이동한 위치에 점 ㄴ으로 표시합니다.

4 크기와 모양이 그대로이고 위치만 왼쪽으로 5 cm 이동하였으므로 ㉮ 도형은 ㉯ 도형을 왼쪽으로 5 cm 밀어서 이동한 것입니다.

6 도형의 위쪽 부분이 오른쪽으로 이동하였으므로 시계 반대 방향으로 270°만큼 돌린 것입니다.

7 정사각형의 빈 곳을 채울 수 있는 조각은 ㉡입니다. 또한 모눈 한 칸의 가로의 길이가 1 cm 이므로 왼쪽으로 8 cm 밀면 됩니다.

8 한 변을 기준으로 하여 왼쪽으로 5 cm 밀었을 때의 도형을 그립니다.

9 시계 방향으로 180°만큼 돌리면 도형의 위쪽 부분이 아래쪽으로 이동합니다.

10 시계 반대 방향으로 180°만큼 돌리면 도형의 위쪽 부분이 아래쪽으로 이동합니다.

11 왼쪽으로 뒤집었을 때의 모양은 다음과 같습니다.
① A ② N ③ N ④ S ⑤ Y
따라서 왼쪽으로 뒤집었을 때의 모양이 변하지 않는 것은 ①, ⑤입니다.

12 도형을 오른쪽으로 뒤집으면 왼쪽과 오른쪽이 바뀌고, 위쪽으로 뒤집으면 위쪽과 아래쪽이 바뀌는 것을 이용하여 도형을 그립니다.

13 도형을 움직였더니 위쪽이 아래쪽으로, 왼쪽이 오른쪽으로 바뀌었으므로 시계 방향(또는 시계 반대 방향)으로 180°만큼 돌린 것입니다.

16 **892**를 시계 방향으로 **180°**만큼 돌리면 **268**이 됩니다. 따라서 시계 방향으로 **180°**만큼 돌렸을 때 만들어지는 숫자는 **268**입니다.

18 예 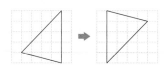 모양을 오른쪽으로 뒤집는 것을 반복해서 모양을 만들고, 그 모양을 아래쪽으로 뒤집어서 무늬를 만들었습니다.

19

🔎 힌트 체크

3장의 수 카드를 사용하여 ❶둘째로 작은 세 자리 수를 만들어 방향으로 돌리면 어떤 수가 되는지 풀이 과정을 쓰고, 답을 구해 보세요.

0 1 5 6

❶ 둘째로 작은 수를 만듭니다.
❷ 시계 반대 방향으로 **180°**만큼 돌리면 어떤 수가 되는지 구합니다.

풀이

백의 자리에는 **0**이 올 수 없으므로 가장 작은 수는 **105**, 둘째로 작은 수는 **106**입니다. …㉠
106을 시계 반대 방향으로 **180°**만큼 돌리면 **901**이 됩니다. …㉡

답 **901**

〈평가 기준〉

㉠ 둘째로 작은 수를 만들어야 합니다.
㉡ 시계 반대 방향으로 **180°**만큼 돌렸을 때의 수를 구합니다.

20

🔎 힌트 체크

보기 의 낱말을 사용하여 아래의 삼각형을 움직인 방법을 2가지로 설명해 보세요.

보기

오른쪽, 왼쪽, 위쪽, 아래쪽, 시계 방향, 시계 반대 방향, **90°**, **180°**, **270°**, **360°**, 밀기, 뒤집기, 돌리기

✿ 어느 방향으로 움직여야 겹쳐지는지 생각해 봅니다.

예 도형을 시계 방향(또는 시계 반대 방향)으로 **180°**만큼 돌리기 했습니다. …㉠

예 도형을 오른쪽(또는 왼쪽)으로 뒤집은 뒤 위쪽(또는 아래쪽)으로 뒤집었습니다. …㉡

〈평가 기준〉

㉠ 보기의 낱말을 사용하여 움직인 방법을 1가지 설명할 수 있어야 합니다.
㉡ 보기의 낱말을 사용하여 움직인 방법을 1가지 더 설명할 수 있어야 합니다.

5

5 막대그래프
정답 및 풀이

개념1 **막대그래프 알아보기**   140~141쪽

1 계절, 학생 수   **2** 학생 수

3 1   **4** 표   **5** 막대그래프

6 22명   **7** 나라 / 학생 수

8 프랑스   **9** 학생 수 / 생선

10 좋아하는 생선별 학생 수

개념 체크

11 (1) 막대그래프 (2) 표, 막대그래프

2 막대의 길이는 각 계절에 태어난 학생 수를 나타냅니다.

3 세로 눈금 **5**칸이 **5**명을 나타내므로 세로 눈금 한 칸은 **5÷5=1**(명)을 나타냅니다.

4 표에서 합계를 보면 전체 학생 수를 알아보기 편리합니다.

5 막대그래프에서 막대의 길이를 비교하면 학생들이 가장 많이 태어난 계절을 한눈에 알아보기 편리합니다.

6 세로 눈금 한 칸은 1명을 나타내고 일본은 6칸, 프랑스는 9칸, 미국은 4칸, 이탈리아는 3칸이므로 조사한 학생은 모두
$6+9+4+3=22$(명)입니다.

개념 2 **막대그래프의 내용 알아보기** 142~144쪽

1 영어　　**2** 국어　　**3** 1

4 4　　**5** 수학　　**6** 전쟁

7 질병　　**8** 10명　　**9** 90명

10 망고, 2명　**11** 귤　　**12** ⑩ 사과

13 크고, 작습니다　　**14** 4가지

15 초콜릿맛 우유, 바나나맛 우유,
　　딸기맛 우유, 커피맛 우유

16 ⑩ 초콜릿맛 우유　**17** 알 수 없습니다.

18 70, 30　　**19** 40 mg　　**20** 아니요

---

1 가장 많은 학생들이 좋아하는 과목은 막대의 길이가 가장 긴 과목으로 영어입니다.

2 가장 적은 학생들이 좋아하는 과목은 막대의 길이가 가장 짧은 과목으로 국어입니다.

3 세로 눈금 5칸이 5명을 나타내므로 세로 눈금 한 칸은 $5 \div 5 = 1$(명)을 나타냅니다.

4 세로 눈금 한 칸이 1명을 나타내고 국어는 4칸이므로 국어를 좋아하는 학생은 4명입니다.

5 국어를 좋아하는 학생 수의 2배는
$4 \times 2 = 8$(명)이고 좋아하는 학생 수가 8명인 과목은 수학입니다.

6 막대의 길이가 가장 긴 지구촌 문제는 전쟁입니다.

7 막대의 길이가 두 번째로 긴 지구촌 문제는 질병입니다.

8 세로 눈금 5칸이 50명을 나타내므로 세로 눈금 한 칸은 $50 \div 5 = 10$(명)을 나타냅니다.

9 세로 눈금 한 칸이 10명을 나타내고 환경은 9칸이므로 환경 문제에 관심 있는 학생은 $10 \times 9 = 90$(명)입니다.

10 막대의 길이가 가장 짧은 과일로 망고입니다. 이때 가로 눈금 한 칸이 1명을 나타내고 망고는 2칸이므로 망고를 좋아하는 학생은 2명입니다.

11 막대의 길이가 바나나보다 길고 사과보다 짧은 과일은 귤입니다.

12 ⑩ 가장 많은 학생들이 좋아하는 과일은 사과이므로 사과를 준비하는 것이 가장 많은 학생이 좋아할 것 같습니다.

15 막대의 길이는 좋아하는 학생 수를 나타냅니다. 따라서 막대의 길이를 비교하면
초콜릿맛 우유 > 바나나맛 우유 > 딸기맛 우유 > 커피맛 우유이므로 좋아하는 학생 수가 많은 순서를 차례로 쓰면 초콜릿맛 우유, 바나나맛 우유, 딸기맛 우유, 커피맛 우유입니다.

16 ⑩ 가장 많은 학생들이 좋아하는 우유가 초콜릿맛 우유이기 때문에 초콜릿맛 우유를 준비하는 것이 좋을 것 같습니다.

18 가로 눈금 한 칸은 권장량 10mg을 나타내므로 11살 때 권장량은 70mg, 12살 때 권장량은 100mg입니다.
⇨ ㉠=70, ㉡=100−70=30

19 권장 섭취량이 가장 많은 나이: 15~18세
⇨ 110mg
권장 섭취량이 가장 적은 나이: 9~11세
⇨ 70mg
⇨ 110−70=40 (mg)

20 나이가 많을수록 나이별 막대의 길이가 길어지지 않으므로 나이가 많을수록 비타민C의 권장 섭취량이 많다고 할 수 없습니다.

중요 유형 익히기   145~146쪽

1 사과 그림, 막대   **2** 표
3 10명   **4** 20 kg
5 2반, 4반, 1반, 5반, 3반
6 ⑩ 편리하지 않습니다.   **7** 3명
8 길이   **9** 18명   **10** 3회
11 1회   **12** 4명   **13** 3회

2 표의 합계를 보면 전체 학생 수를 알아보기 편리합니다.

3 가로 눈금 5칸이 50명이므로 가로 눈금 한 칸은 50÷5=10(명)을 나타냅니다.

4 가로 눈금 5칸이 100 kg을 나타내므로 가로 눈금 한 칸은 100÷5=20 (kg)을 나타냅니다.

5 막대의 길이가 긴 반부터 차례대로 씁니다.

6 각 반이 모은 헌 종이의 무게를 읽고 그 합을 구해야 하므로 다섯 반이 모은 헌 종이의 무게가 모두 몇 kg인지는 막대그래프로 알아보기에 편리하지 않습니다.

7 세로 눈금 1칸은 1명을 나타내고 김밥은 3칸이므로 김밥을 좋아하는 학생은 3명입니다.

9 가로 눈금 1칸은 10÷5=2(명)을 나타내고 풀잎 마을은 9칸이므로 풀잎 마을의 4학년 학생은 18명입니다.

10 막대의 길이가 가장 긴 횟수는 3회입니다.

11 막대의 길이가 가장 짧은 횟수는 1회입니다.

12 세로 눈금 5칸이 5명을 나타내므로 세로 눈금 한 칸은 5÷5=1(명)을 나타냅니다.
하루 양치횟수가 3회보다 많은 것은 4회이고 4회는 4칸이므로 하루 양치 횟수가 3회보다 많은 학생은 4명입니다.

13 하루 양치 횟수가 1회인 학생은 3명이므로 1회인 학생 수의 3배는 3×3=9(명)입니다. 따라서 막대그래프에서 하루 양치 횟수가 9명인 횟수를 찾아보면 3회입니다.

개념3 막대그래프로 나타내기 147~148쪽

1 5, 2, 6, 21 　　**2** 학생 수

3 예

(좋아하는 동물별 학생 수)

4 학생 수 　　**5** 1명 　　**6** 9칸

7 예
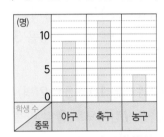
(좋아하는 구기 종목별 학생 수)

8 예
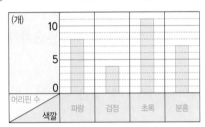
(색깔별 머리핀 수)

9 예
(색깔별 머리핀 수)
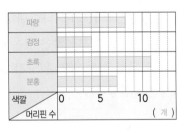

6 야구를 좋아하는 학생 수는 9명이면 세로 눈금 9÷1=9(칸)으로 나타내야 합니다.

개념4 막대그래프로 이야기 만들기 149쪽

1 14, 16, 2 　　**2** ㉠, ㉢

1 세로 눈금 한 칸은 책 한 권을 나타냅니다.

2 ㉠ 은석이네 빵집에서 이번 주 동안 가장 많이 판매한 빵은 막대의 길이가 가장 긴 소금빵입니다.
　㉢ 세로 눈금 한 칸이 10개를 나타내므로 도넛은 6칸, 소금빵은 9칸, 크루아상은 4칸, 단팥빵은 8칸입니다.
　이번 주에 판매한 도넛은
　$10 \times 6 = 60$(개),
　소금빵은 $10 \times 9 = 90$(개),
　크루아상은 $10 \times 4 = 40$(개),
　단팥빵은 $10 \times 8 = 80$(개)이므로
　판매한 빵은 모두
　$60 + 90 + 40 + 80 = 270$(개)입니다.
　㉣ 소금빵이 가장 많이 팔렸으므로 한 가지 빵을 판다면 소금빵을 파는 게 좋겠습니다.

중요 유형 익히기 150~151쪽

1 5, 3, 2, 7, 17

2 예 받고 싶은 선물 / 예 학생 수

3 예 1명

4 예
(받고 싶은 선물별 학생 수)
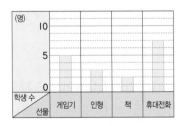

5 예

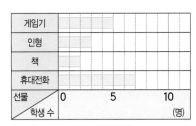

(받고 싶은 선물별 학생 수)

6 예 가장 많은 학생들이 받고 싶은 선물은 휴대전화입니다.

7 쓰레기 양　　　　**8** 2칸

9 예

(종류별 배출된 쓰레기 양)

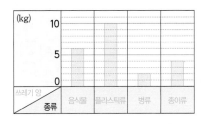

10 짧아지고

11 풀이 참조

6 예 가장 적은 학생들이 받고 싶은 선물은 인형입니다.

8 병류의 쓰레기 양은 2 kg이고 세로 눈금 한 칸이 1 kg을 나타내므로 병류의 쓰레기 양은 2칸으로 나타내어야 합니다.

10 2019년부터 2022년까지의 막대를 비교하면 막대의 길이는 짧아지고 있습니다.

11 예 2019년부터 2022년까지의 서울의 연평균 미세먼지 농도는 줄어들었으므로 2024년 서울의 연평균 미세먼지 농도는 줄어들 것으로 예상할 수 있습니다.

 실생활 문제 다잡기

유형 ❶ 1단계 1　　2단계 7, 8, 5, 20
　　　3단계 20, 5　답 5명

유형 ❶-1 150상자

유형 ❶-2 6명

유형 ❷ 1단계 1
　　　2단계 11, 9, 4, 6
답

좋아하는 계절별 학생 수

계절	봄	여름	가을	겨울	합계
학생 수(명)	11	4	9	6	30

좋아하는 계절별 학생 수

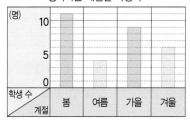

유형 ❷-1　100m 달리기 기록

이름	정미	윤석	지우	민석	합계
기록(초)	18	16	20	14	68

100m 달리기 기록

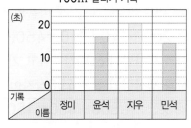

유형 ❷-2　1시간 동안 수확하는 과일 개수

종류	사과	배	포도	수박	합계
개수(개)	90	110	100	70	370

1시간 동안 수확하는 과일 개수

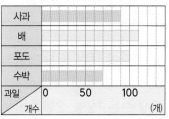

유형 ❶

풀이

1단계 세로 눈금 한 칸이 몇 명을 나타내는지 알아보기

세로 눈금 한 칸은 [1]명을 나타냅니다.

2단계 야구, 축구, 농구를 좋아하는 학생 수의 합 구하기

야구, 축구, 농구를 좋아하는 학생 수는
[7]＋[8]＋[5]＝[20](명)입니다.

3단계 배구를 좋아하는 학생 수를 구하기 위해 식 세우기

전체 학생 수가 25명이므로 배구를 좋아하는 학생
은 25－[20]＝[5](명)입니다.

답 5명

유형 ❶-1

👆 **핵심 체크**

전체 사과 생산량에서 '나' 마을을 제외한 나머지 마을의 생산량의 합을 뺍니다.

세로 눈금 10칸이 100상자를 나타내므로 세로 눈금 한 칸은 100÷10＝10(상자)를 나타냅니다.
'가' 마을의 사과 생산량은 200상자, '다' 마을의 사과 생산량은 140상자, '라' 마을의 사과 생산량은 110상자이므로 '가', '다', '라' 마을의 사과 생산량의 합은 200＋140＋110＝450(상자)입니다.
전체 사과 생산량이 600상자이고 '가', '다', '라' 마을의 사과 생산량의 합은 450상자이므로 '나' 마을의 사과 생산량은 600－450＝150(상자)입니다.

유형 ❶-2

👆 **핵심 체크**

전체 학생 수에서 4동을 제외한 나머지 동의 학생 수의 합을 뺍니다.

가로 눈금 5칸이 10명을 나타내므로 가로 눈금 한 칸은 10÷5＝2(명)을 나타냅니다.
1동의 학생 수는 12명, 2동의 학생 수는 24명, 3동의 학생 수는 8명이므로 1동, 2동, 3동의 학생 수는 모두 12＋24＋8＝44(명)입니다.

전체 학생 수가 50명이고 1동, 2동, 3동의 학생 수의 합이 44명이므로 4동의 학생 수는 50－44＝6(명)입니다.

유형 ❷

풀이

1단계 막대그래프의 세로 눈금 한 칸이 몇 명을 나타내는지 구하기

세로 눈금 한 칸은 5÷5＝[1](명)을 나타냅니다.

2단계 표와 막대그래프를 완성하기

봄을 좋아하는 학생은 [11]명, 가을을 좋아하는 학생은 [9]명입니다.
여름을 좋아하는 학생은 4명이므로 [4]칸, 겨울을 좋아하는 학생은 6명이므로 [6]칸으로 막대를 그립니다.

유형 ❷-1

👆 **핵심 체크**

표에 있는 수와 막대그래프의 막대가 나타내는 수가 같아야 합니다.

세로 눈금 5칸이 10초를 나타내므로 세로 눈금 한 칸은 10÷5＝2(초)를 나타냅니다.
윤석이의 막대는 8칸이므로 윤석이의 기록은 8×2＝16(초), 민석이의 막대는 7칸이므로 민석이의 기록은 7×2＝14(초)입니다.
정미의 기록은 18초이므로 18÷2＝9(칸), 지우의 기록은 20초이므로 20÷2＝10(칸)으로 막대를 그립니다.

유형 ❷-2

👆 **핵심 체크**

가로 눈금 5칸이 나타내는 것을 보고 가로 눈금 한 칸이 나타내는 개수를 구합니다.

가로 눈금 5칸이 50개를 나타내므로 가로 눈금 한 칸은 50÷5＝10(개)를 나타냅니다.

사과의 막대는 9칸이므로 사과의 개수는
9×10=90(개), 수박의 막대는 7칸이므로 수박
의 개수는 7×10=70(개)입니다.
배의 개수는 110개이므로 110÷10=11(칸),
포도의 개수는 100개이므로 100÷10=10(칸)
으로 막대를 그립니다.

  서술형 대비 문제　　　154~155쪽

❶ 대표　1, 13, 8, 13, 8, 5 / 5명
❶ 연습　풀이 참조, 24개
❷ 대표　6, 6, 2, 3, 1, 3 / 풀이 참조
❷ 연습　32명, 풀이 참조

❶ 대표 문제

풀이

세로 눈금 한 칸은 [1]명을 나타내므로 놀이공원
에 가고 싶은 학생 수는 [13]명입니다. …㉠
따라서 박물관에 가고 싶은 학생 수는 놀이공원에
가고 싶은 학생 수보다 [8]명이 적으므로
[13]−[8]=[5](명)입니다. …㉡

답 5명

〈평가 기준〉

㉠ 놀이 공원에 가고 싶은 학생 수를 구합니다.
㉡ 박물관에 가고 싶은 학생 수를 구합니다.

❶ 연습 문제

힌트 체크

효석이가 모은 월별 칭찬 붙임 딱지 수를 조사
하여 나타낸 막대그래프입니다. 6월에 모은 칭
찬 붙임 딱지 수가 3월에 모은 칭찬 붙임 딱지
수의 ❶4배라고 하면 ❷6월에 모은 칭찬 붙임 딱
지 수는 몇 개인지 풀이 과정을 쓰고 답을 구해
보세요.

❶ 4배라고 ➡ 6월에 모은 칭찬 붙임 딱지 수는 3월에 모은
칭찬 붙임 딱지 수에 4를 곱하여 구합니다.
❷ 세로 눈금 한 칸은 몇 명을 나타내는지 구합니다.

풀이

예 세로 눈금 5칸이 15개를 나타내므로 세로 눈금
한 칸은 15÷5=3(개)를 나타냅니다. 따라서 3월
에 모은 칭찬 붙임딱지 수는 6개입니다. …㉠
6월에 모은 칭찬 붙임딱지 수는 3월에 모은 칭찬
붙임딱지 수의 4배이므로 6×4=24(개)입니다.
…㉡

답 24개

〈평가 기준〉

㉠ 3월에 모은 칭찬 붙임딱지는 몇 개인지 구합니다.
㉡ 6월에 모은 칭찬 붙임딱지는 몇 개인지 구합니다.

❷ 대표 문제

풀이

고민이 장래 희망인 학생 수는 [6]명이므로 고민이
가족인 학생 수는 [6]÷[2]=[3](명)입니다. …㉠
가로 눈금 한 칸이 학생 수 [1]명을 나타내므로 고민
이 가족인 학생 수는 [3]칸으로 나타냅니다. …㉡

답
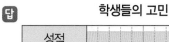
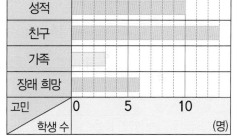

〈평가 기준〉

㉠ 고민이 가족인 학생 수를 구합니다.
㉡ 가족의 막대는 몇 칸인지 구합니다.

② 연습 문제

힌트 체크

❷ **대표 문제**의 막대그래프에서 나라네 반 학생은 (모두 몇 명)인지 구하고, 막대그래프를 통해 알 수 있는 사실을 2가지 써 보세요.

✿ 모두 몇 명 ➡ 고민별 학생 수를 각각 구하여 더합니다.

풀이

(나라네 반 학생 수)

$=10+13+3+6=32$(명) …㉠

㉑ 가장 많은 학생들의 고민은 친구입니다.

㉑ 고민이 성적인 학생 수는 장래 희망인 학생 수보다 4명 더 많습니다. …㉡

〈평가 기준〉

㉠ 고민별 학생 수를 각각 구하여 더합니다.
㉡ 막대그래프를 통해 알 수 있는 사실을 써 봅니다.

단원 평가 1회
156~159쪽

1 막대그래프 **2** 종류별 사진 수

3 풍경 사진, 40장 **4** 145장

5 이용자 수 **6** ㉑ 110명 **7** ㉑ 10명

8 ㉑

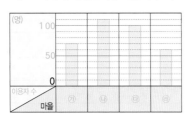

9 ㉑

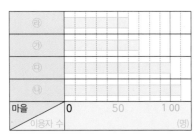

---

10 5, 6, 3, 6

11 ㉑

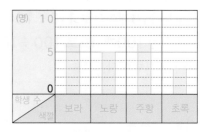

12 12칸 **13** 4칸

14 70개 **15** 2점 **16** ㉢, ㉣

17 14명, 20명 **18** 1반

19 풀이 참조, 2배 **20** ㉑ 8월, 풀이 참조

---

3 두 번째로 많은 사진 종류는 막대의 길이가 두 번째로 긴 풍경 사진입니다.
가로 눈금 5칸이 25장을 나타내므로 가로 눈금 한 칸은 $25÷5=5$(장)을 나타냅니다.
따라서 풍경 사진은 8칸이므로
$5×8=40$(장)입니다.

4 가족 사진은 55장, 친구 사진은 35장, 풍경 사진은 40장, 동물 사진은 15장입니다.
따라서 휴대 전화에 들어 있는 사진은 모두
$55+35+40+15=145$(장)입니다.

6 ㉯ 마을의 이용자 수가 110명으로 가장 많으므로 적어도 110명까지 나타낼 수 있어야 합니다.

7 1명으로 나타낼 수도 있지만 그래프의 세로 길이가 너무 길어지므로 세로 눈금 한 칸을 10명으로 나타내는 것이 더 좋습니다.

8 세로 눈금 한 칸을 10명으로 하고 막대그래프를 그립니다.

9 60<70<100<110이므로 ㉣ 마을,
㉠ 마을, ㉢ 마을, ㉡ 마을을 위에서부터
차례대로 나타냅니다.

11 눈금 한 칸이 1명을 나타내도록 하고 노랑, 보라,
초록, 주황의 막대는 각각 5칸, 6칸, 3칸,
6칸으로 막대그래프를 그립니다.

13 선생님: $8 \div 2 = 4$(칸)

14 가방의 막대는 8칸이므로 가로 눈금 한 칸은
$40 \div 8 = 5$(개)를 나타냅니다.
티셔츠의 막대는 14칸이므로 티셔츠 판매량
은 $14 \times 5 = 70$(개)입니다.

15 세로 눈금 5칸이 10점을 나타내므로 세로 눈
금 한 칸은 $10 \div 5 = 2$(점)을 나타냅니다.

16 ㉢ 콜롬비아의 승점은 12점입니다.
㉣ 승점이 브라질보다 높고 네덜란드보다 낮
은 나라는 아르헨티나와 콜롬비아입니다.

17 가로 눈금 5칸이 10명을 나타내므로 가로 눈
금 한 칸은 $10 \div 5 = 2$(명)을 나타냅니다.
A형인 학생은 26명, AB형인 학생은 10명
입니다. O형인 학생 수는 AB형인 학생 수의
2배이므로 $10 \times 2 = 20$(명)입니다.
따라서 전체 학생 수는 70명이고 A형, O형,
AB형인 학생 수의 합은
$26 + 20 + 10 = 56$(명)이므로 B형인 학생
은 $70 - 56 = 14$(명)입니다.

18 남학생과 여학생 수의 차가 가장 작은 반은 남
학생과 여학생 수를 나타내는 막대의 길이의
차가 가장 작은 1반입니다.

19

풀이

예 세로 눈금 한 칸이 학생 수 2명을 나타냅니다.
                                                        …㉠
따라서 수영장에 가고 싶어 하는 학생 수는 28명,
산에 가고 싶어 하는 학생 수는 14명입니다.
➡ $28 \div 14 = 2$(배) …㉡

답 2배

〈평가 기준〉
㉠ 세로 눈금 한 칸이 나타내는 학생 수를 구합니다.
㉡ 산에 가고 싶어 하는 학생 수를 구합니다.

20

예상

예 8월에 조사하였습니다. 그 이유는 바다와 수영
장에 가고 싶어 하는 학생 수가 많은 것으로 보아
날씨가 더운 여름일 것 같기 때문입니다.

답 예 8월

〈평가 기준〉
막대그래프의 내용에 맞도록 조사 기간을 예상하고 그 이유를 설
명합니다.

1 학용품, 판매량   **2** 샤프심

3 색종이, 지우개   **4** ㉡, ㉢, ㉠, ㉣

5 5칸   **6** 10칸

7 예
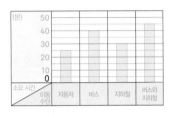
(이동 수단별 소요 시간)

8 막대그래프

9 예 지하철, 시간이 많이 걸리지 않고 환경 오염을 줄일 수 있기 때문입니다.

10 5, 9, 4, 18   **11** 4칸

12 예
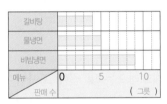
(메뉴별 판매 수)

13 80000원   **14** 예 성인

15 8, 2 /

악기별 학생 수

16 예 피아노를 배우고 싶은 학생이 가장 많습니다.
예 피아노를 배우고 싶은 학생과 가야금을 배우고 싶은 학생 수의 차는 5명입니다.

17 8명, 3명   **18** 20명

19 11, 18 / 17, 17

20 풀이 참조, 예 홍식

3 판매량이 풀보다 많은 학용품의 막대의 길이는 풀의 막대의 길이보다 길어야 하므로 막대그래프에서 찾아보면 색종이, 지우개입니다.

5 기르고 싶은 동물이 고슴도치인 학생 수는
$23-10-6-2=5$(명)입니다. 따라서 5칸으로 나타내어야 합니다.

6 표에서 가장 많은 학생이 기르고 싶은 반려동물은 강아지입니다. 따라서 눈금은 적어도 10칸이 필요합니다.

7 세로 눈금 한 칸을 5분으로 나타내면 자동차는 $25 \div 5=5$(칸), 버스는 $40 \div 5=8$(칸), 지하철은 $30 \div 5=6$(칸), 버스와 지하철은 $45 \div 5=9$(칸)으로 나타내어 막대그래프를 그립니다.

8 가장 빨리 도착하는 이동 수단은 막대의 길이가 가장 짧은 이동 수단이므로 한눈에 알아보기 더 편리한 것은 막대그래프입니다.

9 예 지하철 ⇨ 시간이 많이 걸리지 않고 환경 오염을 줄일 수 있기 때문입니다.
예 자동차 ⇨ 시간이 가장 적게 걸리기 때문입니다.

10 조사한 자료를 보면 물냉면은 5그릇, 비빔냉면은 9그릇, 갈비탕은 4그릇이고 전체 판매 수는 $5+9+4=18$(그릇)입니다.

11 갈비탕의 판매 수는 4그릇이므로 4칸으로 나타내어야 합니다.

12 판매 수가 적은 메뉴는 차례로 갈비탕, 물냉면, 비빔냉면입니다.

13 어린이 입장객 수는 80명입니다. 따라서
오늘 방문한 어린이의 입장료의 합은
$80 \times 1000 = 80000$(원)입니다.

14 성인이 가장 많이 방문했으므로 성인을 위한
프로그램을 준비하는 것이 좋을 것 같습니다.

15 피아노를 배우고 싶은 학생 수가 첼로를 배우
고 싶은 학생 수의 2배이므로 $4 \times 2 = 8$(명)
입니다.
찬영이네 반 학생은 모두 23명이므로
(해금을 배우고 싶은 학생 수)
$= 23 - 8 - 3 - 6 - 4 = 2$(명)입니다.
세로 눈금 한 칸이 1명을 나타내므로 피아노
는 8칸, 바이올린은 6칸, 해금은 2칸으로 그
립니다.

17 세로 눈금 한 칸은 1명을 나타내므로 야채 김
밥을 좋아하는 학생은 4명이고 돈가스 김밥을
좋아하는 학생은 5명입니다.
참치 김밥을 좋아하는 학생은 야채 김밥을 좋
아하는 학생의 2배이므로 $4 \times 2 = 8$(명), 치
즈 김밥을 좋아하는 학생은 돈가스 김밥을 좋
아하는 학생보다 2명 더 적으므로 치즈 김밥
을 좋아하는 학생은 $5 - 2 = 3$(명)입니다.

18 야채 김밥을 좋아하는 학생은 4명, 참치 김밥
을 좋아하는 학생은 8명, 치즈 김밥을 좋아하
는 학생은 3명, 돈가스 김밥을 좋아하는 학생
은 5명입니다. 따라서 성찬이네 반 학생은 모
두 $4 + 8 + 3 + 5 = 20$(명)입니다.

19
🔵 힌트 체크 ......

[자료 2]를 보고 [자료 1]의 표를 완성해 보세요.

✿ 표를 완성해 ➡ [자료 2] 막대그래프 한 칸당 몇 점인지 구
하고 표를 완성합니다.

시연이가 2발을 쏘아 얻은 4세트의 기록은
$6 + 5 = 11$(점)이고 5세트의 기록은
$9 + 9 = 18$(점)입니다.
홍식이가 2발을 쏘아 얻은 4세트의 기록은
$9 + 8 = 17$(점)이고 5세트의 기록은
$10 + 7 = 17$(점)입니다.

20
🔵 힌트 체크 ......

시연이와 홍식이 중 누구를 양궁 대표 선수로 정
하는 것이 좋을지 답을 쓰고, 그 이유를 설명해
보세요.

✿ 누구를 양궁 대표 선수로 정하는 것이 좋을지 ➡ 시연이와
홍식이의 기록의 합을 비교하여 대표 선수를 정합니다.

이유

예 (시연이의 기록의 합)
$= 18 + 15 + 14 + 11 + 18 = 76$(점)
(홍식이의 기록의 합)
$= 19 + 12 + 16 + 17 + 17 = 81$(점)···㉠
$76 < 81$이므로 세트당 얻은 점수의 합이 더 높은
홍식이를 대표 선수로 정하는 것이 좋겠습니다.
···㉡

〈평가 기준〉

㉠ 시연이와 홍식이의 기록의 합을 각각 구합니다.
㉡ 시연이와 홍식이의 기록을 비교하여 대표 선수를 정합니다.

6 규칙 찾기

개념1 수의 배열에서 규칙 찾기 166~167쪽

1 (1) 20, 커집니다

(2) 100, 커집니다

(3) 100, 작아집니다

(4) 120, 커집니다

2 11   **3** 1000   **4** 10001

5 1, 10, 11   **6** 1, 100, 101

 개념 체크

7 1000, 8438

7 ↓ 방향으로 1000씩 커지는 규칙이므로 빈 칸에 알맞은 수는 8438입니다.

개념2 모양의 배열에서 규칙을 찾아 수로 나타내기 168~169쪽

1 1, 4, 9, 16   **2** 3, 5, 7

3 8, 2   **4** 12, 3   **5** 7, 2

6 21개

7

다섯째

 개념 체크

8 2, 3, 4, 5 / 1

6 아래 방향으로 원이 3개, 4개, 5개…씩 늘어 나고 있으므로 다섯째에 알맞은 도형의 수는 3+3+4+5+6=21(개)입니다.

8 위쪽으로 모형이 1개씩 늘어나고 있습니다.

개념3 모양의 배열에서 규칙을 찾아 식으로 나타내기 170~171쪽

1 12, 8, 20

2 (위에서부터) 7, 10, 3, 3, 3, 3

3 5, 7, 2, 2, 2   **4** 9, 14, 4, 4, 5

5 2+3+2+2 / 2+3+2+2+2

6 13개

 개념 체크

7 3, 5, 7, 9

1 바둑돌의 수가 2개에서 시작하여 앞에 있는 모양보다 4개, 6개, 8개씩 늘어나는 규칙입 니다.

2 공깃돌이 1개부터 시작하여 3개씩 늘어나는 규칙입니다.

3 사각형이 1개부터 시작하여 옆으로 2개씩 늘 어나는 규칙입니다.

4 모형이 2개부터 시작하여 아래로 3개, 4개, 5개씩 늘어나는 규칙입니다.

5 공깃돌이 5개부터 시작하여 옆으로 2개씩 늘 어나는 규칙입니다.

6 공깃돌이 5개부터 시작하여 옆으로 2개씩 늘 어나므로 다섯째에 알맞은 공깃돌의 수는 2+3+2+2+2+2=13(개)입니다.

7 사각형이 3개부터 시작하여 아래쪽으로 2개 씩 늘어나는 규칙입니다.

중요 유형 익히기

172~173쪽

1 1100 **2** 4311

3

1011	1111	1211	1311
2011	2111	2211	2311
3011	3111	3211	3311
4011	4111	4211	4311

4 3 **5** 아래, 1

6
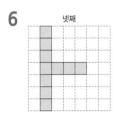
넷째

7 (위에서부터) 5, 7, 2, 2, 2

8 12, 16, 4, 4

9 3, 5, 1+2+2+2=7,
1+2+2+2+2=9

10 11개 **11** 13개

---

7 모형의 수가 **1**개부터 시작하여 **3**개, **5**개, **7**개…로 **2**개씩 늘어나는 규칙입니다.

8 모형의 수가 **4**개씩 늘어나는 규칙입니다.

9

순서	식
첫째	1+2=⬜ 3
둘째	1+2+2=⬜ 5
셋째	1+2+2+2=7
넷째	1+2+2+2+2=9

10 사각형이 **3**개부터 시작하여 **2**개씩 늘어나므로 다섯째에 알맞은 사각형의 수는
3+2+2+2+2=11(개)입니다.

11 모형이 **1**개부터 시작하여 **4**개씩 늘어나는 규칙입니다.

개념4 **덧셈식과 뺄셈식에서 규칙 찾기**

174~175쪽

1 200씩 **2** 일정합니다

3 1, 1 **4** 100, 100 **5** 100, 100

6 345+132=477

7 617−406=211

개념 체크

8 1, 2

---

6 더하는 두 수가 각각 **10**씩 커지면 두 수의 합은 **20**씩 커집니다.

7 **100**씩 작아지는 수에서 **100**씩 작아지는 수를 빼면 두 수의 차는 일정합니다.

개념5 **곱셈식과 나눗셈식에서 규칙 찾기**

176~177쪽

1 두, 네 **2** 10, 10

3 10, 100 **4** 3, 4

5 9, 0 **6** 60×11=660

7 300015÷3=100005

개념 체크

8 1, 2

---

6 **10**씩 커지는 수에 **11**을 곱하면 계산 결과는 **110**씩 커집니다.

7 나누어지는 수의 **0**의 개수가 한 개씩 늘어나고 나누는 수가 **3**으로 일정하면 계산 결과의 **0**의 개수도 한 개씩 늘어납니다.

정답 및 풀이 **57**

개념 6 등호를 사용하여 식으로 나타내기   178~179쪽

1 2 **2** 3, 4, 5 **3** 9 / 9

4 14 / 14 **5** 37 / 37

6 ✕ / 28, 13, 23

개념 체크

7 ⑴ 17 ⑵ 31

2 등호를 사용하여 크기가 같은 두 양을 식으로 나타냅니다.

3 39=□+30이므로 □=39−30=9입니다.

4 27−□=13이므로 □=27−13=14입니다.

5 18=□−19이므로 □=18+19=37입니다.

7 ⑴ 56+□=73이므로 □=73−56=17입니다.
⑵ 32=63−□이므로 □=63−32=31입니다.

 중요 유형 익히기   180~181쪽

1 400+3700=4100

2 8×100007=800056

3 450÷25=18 **4** 13, 2

5 15 / 43, 12 **6** ㉯

7 ㉰ **8** ㉱ **9** ㉮

1 더하는 두 수 중 한 수가 1000씩 커지면 합도 1000씩 커집니다.

2 곱하는 수의 가운데 0의 개수가 1개씩 늘어나면 계산 결과의 가운데 0의 개수도 1개씩 늘어납니다.

3 90씩 커지는 수를 5씩 커지는 수로 나누면 몫은 일정합니다.

4 왼쪽에 3 g을 올리고 오른쪽에 2 g을 올리면 어느 한쪽으로 기울어지지 않습니다. 등호를 사용한 식으로 나타내면 12+3=13+2입니다.

6 ㉯: 더하는 두 수가 각각 100씩 커지므로 두 수의 합은 200씩 커집니다.

7 ㉰: 두 수 모두 100씩 작아지므로 두 수의 차는 214로 항상 일정합니다.

8 나누어지는 수와 나누는 수가 각각 일정하게 작아지거나 일정하게 커지면 몫이 일정합니다.

 실생활 문제 다잡기   182~183쪽

유형 ❶ 1단계 한(또는 1), 자리 수
2단계 4
답 1111×1111=1234321
유형 ❶-1 1111×9999=11108889
유형 ❶-2 33335×33335
=1111222225
유형 ❷ 1단계 2, 4, 8, 16
2단계 2, 4, 8, 2, 8, 2, 16
답 16장
유형 ❷-1 16개
유형 ❷-2 32개

유형 ❶

풀이

1단계 계산식의 배열에서 규칙 찾기

곱하는 두 수에서 1의 개수가 [한] 개씩 늘어나면 계산 결과는 두 수의 [자리 수] 만큼 늘어났다가 다시 1씩 줄어듭니다.

2단계 넷째에 알맞은 계산식 구하기

$1111 \times 1111 = 123\boxed{4}321$

답 $1111 \times 1111 = 1234321$

유형 ❶-1

🖐 핵심 체크

계산 결과의 자리 수가 몇 개씩 늘어나는지 확인합니다.

계산 결과의 1과 8의 개수가 한 개씩 많아지는 규칙입니다.

유형 ❶-2

🖐 핵심 체크

곱해지는 수와 곱하는 수가 늘어날 때 곱의 어떤 수가 변하는지 찾아봅니다.

계산 결과의 1과 2의 개수가 한 개씩 많아지는 규칙입니다.

유형 ❷

풀이

1단계 종이를 자른 횟수와 종이 장수의 규칙 찾기

자른 횟수(번)	1	2	3	4
종이 장수(장)	2	4	8	16

2단계 4번 잘랐을 때 종이는 모두 몇 장인지 구하기

만들어지는 종이의 수가 [2]개, [4]개, [8]개…로 [2]배씩 늘어나므로 넷째에는 [8]×[2]=[16] (장)의 종이가 만들어집니다.

답 16장

유형 ❷-1

🖐 핵심 체크

작은 직사각형의 개수가 몇 배씩 늘어나는지 규칙을 찾습니다.

자른 횟수(번)	1	2	3	4
작은 직사각형 수(개)	2	4	8	16

작은 직사각형의 수가 2개, 4개, 8개…로 2배씩 늘어나므로 넷째에는 $8 \times 2 = 16$(개)의 작은 직사각형이 만들어집니다.

유형 ❷-2

🖐 핵심 체크

접을 때마다 가장 작은 직사각형 수가 몇 배씩 늘어나는지 규칙을 찾습니다.

접은 횟수(번)	1	2	3	4
작은 직사각형 수(개)	2	4	8	16

한 번 접을 때마다 가장 작은 직사각형의 수가 2배씩 늘어납니다. 따라서 5번 접으면 가장 작은 직사각형은 모두 $2 \times 2 \times 2 \times 2 \times 2 = 32$(개) 만들어집니다.

 서술형 대비 문제   184~185쪽

❶ **대표** 1, 6, 20, 6, 20, 26 / 26
❶ **연습** 풀이 참조, 105
❷ **대표** 3, 2, 7, 2, 9 / 9개
❷ **연습** 풀이 참조, 21개

❶ 대표 문제

풀이

왼쪽과 오른쪽의 끝에는 [1]이 반복되고, 왼쪽과 오른쪽의 수를 더하면 아래의 수가 되는 규칙입니다. …㉠

㉠=1+5=[6], ㉡=10+10=[20]

⇨ ㉠+㉡=[6]+[20]=[26] …㉡

답 26

〈평가 기준〉

㉠ 수 배열에서 규칙을 찾아야 합니다.
㉡ ㉠과 ㉡에 알맞은 수를 찾아 합을 구합니다.

○ 힌트 체크 ······

 배열에서 규칙을 찾아 ㉠과 ㉡에 알맞은 수의 합은 얼마인지 풀이 과정을 쓰고, 답을 구해 보세요.

✿ 수 배열에서 반복되는 규칙을 찾습니다.

[풀이]

왼쪽과 오른쪽의 끝에는 **5**가 반복되고, 왼쪽과 오른쪽의 수를 더하면 아래의 수가 되는 규칙입니다.

···(1)

㉠ = 25 + 50 = 75, ㉡ = 25 + 5 = 30 ···(2)

⇨ ㉠ + ㉡ = 75 + 30 = 105 ···(3)

[답] 105

〈평가 기준〉

(1) 수 배열에서 규칙을 찾아야 합니다.
(2) ㉠과 ㉡에 알맞은 수를 구합니다.
(3) ㉠과 ㉡에 알맞은 수의 합을 구합니다.

② 대표 문제

[풀이]

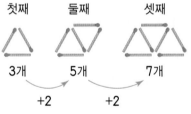

첫째   둘째   셋째

3개   5개   7개

+2   +2

성냥개비의 수가 3 개부터 시작하여 2 개씩 늘어나는 규칙입니다. ···㉠

따라서 넷째에 오게 될 모양은 성냥개비가

7 + 2 = 9 (개) 사용됩니다. ···㉡

[답] 9개

〈평가 기준〉

㉠ 성냥개비 수의 규칙을 찾아야 합니다.
㉡ 넷째에 오게 될 모양에서 사용될 성냥개비의 수를 구합니다.

② 연습 문제

○ 힌트 체크 ······

성냥개비로 ❶다음과 같은 모양을 만들었을 때 ❷넷째에 오게 될 모양에는 성냥개비를 몇 개 사용했는지 풀이 과정을 쓰고, 답을 구해 보세요.

첫째   둘째   셋째

❶ 성냥개비 수의 규칙을 찾습니다.
❷ 넷째에 오게 될 모양에 사용될 성냥개비의 수를 구합니다.

[풀이]

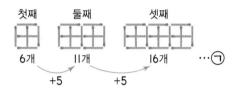

첫째   둘째   셋째

6개   11개   16개   ···㉠

+5   +5

성냥개비의 수가 **6**개부터 시작하여 **5**개씩 늘어나는 규칙이므로 넷째에 오게 될 모양은 성냥개비가 **16 + 5 = 21**(개) 사용됩니다. ···㉡

[답] 21개

〈평가 기준〉

㉠ 성냥개비 수의 규칙을 찾아야 합니다.
㉡ 넷째에 오게 될 모양에서 사용될 성냥개비의 수를 구합니다.

단원평가 1회   186~189쪽

1 2   **2** 417, 98

3 (위에서부터) 121, 219, 317

4
117	119	121	123
217	219	221	223
317	319	321	323
417	419	421	423

5 9, 16 / 5, 7   **6** 3, 1

7 3 × 3 = 9, 3 × 4 = 12

8

9 4, 5, 1, 1

10 예 $4 \times 5 = 20$

11 $151 + 436 = 587$

12 예 같은 자리의 수가 똑같이 커지는 두 수의 차는 항상 일정합니다.

13 $1088 - 361 = 727$ **14** 36개

15 17 / 17

16 $66 \times 67 = 4422$
/ $66666 \times 66667 = 4444422222$

17 예 $23 + 2 = 20 + 5$

18 $12345679 \times 63 = 777777777$

19 풀이 참조, ㉮: 11, ㉯: 8

20 풀이 참조, 27

---

1 417, 419, 421, 423이 오른쪽으로 배열되어 있으며 2씩 커집니다.

2 417, 319, 221, 123이 ↗ 방향으로 배열되어 있으며, 98씩 작아집니다.

4 423에서 시작하여 ↘ 방향으로 102씩 작아지는 규칙이 있는 수의 배열을 찾아봅니다.

5 공깃돌의 수가 1개부터 시작하여 3개, 5개, 7개…씩 늘어나는 규칙입니다.

6 왼쪽에 3 g을 올리고 오른쪽에 1 g을 올리면 어느 한쪽으로 기울어지지 않습니다. 등호를 사용한 식으로 나타내면 $18 + 3 = 20 + 1$입니다.

8 모형의 개수가 3개, 6개, 9개로 3개씩 늘어나는 규칙이므로 넷째에 알맞은 모형은 $3 \times 4 = 12$(개)입니다.

9 모형의 수가 2개부터 시작하여 아래로 1개씩 늘어나는 규칙입니다.

11 더해지는 수가 10씩 작아지고 더하는 수가 10씩 커지는 수의 합은 항상 일정합니다.

12 똑같이 커지는 두 수의 차는 항상 일정하므로 빼어지는 수와 빼는 수 모두 10씩 커지는 뺄셈식의 계산 결과는 모두 727입니다.

14 여섯째에 알맞은 모양은 가로 6개, 세로 6개인 정사각형 모양이므로 모형의 개수가 $6 \times 6 = 36$(개)입니다.

15 덜어낸 돌을 □라 하면 $15 = 32 - □$이므로 $□ = 32 - 15 = 17$입니다.

16 곱하는 두 수에서 6의 개수가 한 개씩 늘어나면 계산 결과의 4의 개수와 2의 개수도 각각 한 개씩 늘어납니다.

17 왼쪽 □ 안의 수는 오른쪽 □ 안의 수보다 3만큼 더 작아야 합니다.

18 계산 결과가 7이 9개인 수이므로 일곱째에 들어갈 수이고 곱하는 수에 9의 7배인 63을 곱해야 합니다.

19

> ● 힌트 체크
>
> ㉮, ㉯에 들어갈 수 있는 수 카드는 얼마인지 풀이 과정을 쓰고, 답을 구해 보세요.
>
>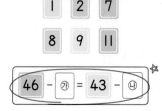
>
> ☆ ㉮는 ㉯보다 $46 - 43 = 3$만큼 더 크다는 것을 이용합니다.

풀이

예 46은 43보다 3만큼 더 크므로 ㉮는 ㉯보다 3만큼 더 커야 합니다. …㉠

따라서 주어진 수 카드에서 차가 3인 수 카드를 찾으면 ㉮는 11, ㉯는 8입니다. …㉡

답 ㉮: 11, ㉯: 8

〈평가 기준〉

㉠ ㉮는 ㉯보다 얼마만큼 더 큰지 구합니다.
㉡ ㉮와 ㉯에 알맞은 수의 카드를 찾아야 합니다.

20

⊙ 힌트 체크

오른쪽 나눗셈식의 규칙을 찾아 999÷37의 몫을 구하려고 합니다. 풀이 과정을 쓰고, 답을 구해 보세요.

111÷37=3
222÷37=6
333÷37=9
444÷37=12

✿ 나눗셈식에서 규칙을 찾습니다.

풀이

예 나누는 수가 37로 같으므로 나누어지는 수가 2배, 3배, 4배…가 되면 몫도 2배, 3배, 4배…가 됩니다. …㉠

따라서 999는 111의 9배이므로 999÷37의 몫은 3의 9배인 27입니다. …㉡

답 27

〈평가 기준〉

㉠ 나눗셈식에서 규칙을 찾아야 합니다.
㉡ 999÷37의 몫을 구합니다.

단원 평가 2회   190~193쪽

1 1000 **2** 1101 **3** 32 / 32

4 (위에서부터)

10205, 30104, 40003, 50306

5 325＋143＝468

6

다섯째

7 (위에서부터) 3, 6, 10 / 3, 4

8 **예** 모형의 개수가 1개에서 시작하여 2개, 3개, 4개…씩 점점 늘어납니다.

9 3×4＝12, 4×5＝20

10 30개

11 **예** 더하는 두 수에서 3과 6의 개수만큼 계산 결과의 0의 개수가 늘어납니다.

12 333332＋666669＝1000001

13 333333332＋666666669
＝1000000001

14 **예** 곱하는 수가 2배, 3배, 4배…이면 몫도 2배, 3배, 4배…가 됩니다.

15 123456×45＝5555520

16 6666624   **17** 21개

18 60－5, 58－3에 색칠 /
60－5＝58－3

19 풀이 참조, 흰 돌: 15개, 검은 돌: 10개

20 풀이 참조, 13개

1 세로줄은 아래쪽으로 1000씩 작아지는 규칙이 있습니다.

3 저울의 왼쪽에 올라간 검은 돌의 수를 □라 하면 22＋□＝23＋31, 22＋□＝54이므로 □＝54－22＝32입니다.

4 가로로 101씩 커지고, 세로로 10000씩 커지는 규칙이 있습니다.

5 더해지는 수는 **10**씩 작아지고 더하는 수는 **10**씩 커지는 수의 합은 항상 일정합니다.

10 다섯째에 알맞은 모양은 가로 **5**개, 세로 **6**개인 직사각형이므로 모형의 개수가 $5 \times 6 = 30$(개)입니다.

13 계산 결과에서 **0**의 개수가 **8**개이므로 더하는 두 수에서 **3**과 **6**의 개수도 각각 **8**개입니다.

15 다섯째 곱셈식에서는 곱하는 수가 **9**의 **5**배이므로 **45**이고, 곱의 결과는 **55555**에 **4**의 **5**배인 수를 이어 씁니다.

16 **54**는 **9**의 **6**배이므로 여섯째에 해당하는 곱셈식입니다. 따라서 곱의 결과는 **66666**에 **4**의 **6**배인 **24**를 이어 쓰면 되므로 **6666624**입니다.

17 모형이 **1**개에서 시작하여 **2**개, **3**개, **4**개…씩 늘어나는 규칙입니다. 따라서 여섯째에 알맞은 모양에서 모형의 개수는 $1+2+3+4+5+6 = 21$(개)입니다.

18 같은 값을 나타내는 두 카드를 찾아 등호를 사용한 식으로 나타냅니다.

19

○ 힌트 체크

❶바둑돌로 만든 모양의 배열을 보고 넷째 모양을 만드는 데 필요한 ❷흰 돌과 검은 돌은 각각 몇 개인지 풀이 과정을 쓰고, 답을 구해 보세요.

첫째　　　둘째　　　셋째

● ○　　○ ○ ○　　● ○ ○ ○
● ●　　○ ○ ○　　○ ○ ○ ○
　　　　○ ○ ○　　● ○ ○ ○
　　　　　　　　　○ ○ ○ ○
　　　　　　　　　● ● ● ●

☆❶ 흰 돌과 검은 돌의 규칙을 찾습니다.
❷ 규칙을 찾아 넷째 모양을 만드는 데 필요한 흰 돌과 검은 돌의 수를 각각 구합니다.

풀이

⟮예⟯ 흰 돌은 짝수 번째마다 늘어나고, 첫째: **1**개, 둘째: $1+5=6$(개), 셋째: $1+5=6$(개)입니다. 검은 돌은 홀수 번째마다 늘어나고, 첫째: **3**개, 둘째: **3**개, 셋째: $3+7=10$(개)입니다. …㉠
따라서 넷째 모양을 만드는 데 필요한 흰 돌은 $1+5+9=15$(개), 검은 돌은 $3+7=10$(개)입니다. …㉡

🔲 흰 돌: **15**개, 검은 돌: **10**개

〈평가 기준〉

㉠ 흰 돌과 검은 돌의 규칙을 각각 찾습니다.
㉡ 넷째 모양을 만드는 데 필요한 흰 돌과 검은 돌의 수를 각각 구합니다.

20

○ 힌트 체크

❶도형의 배열을 보고 ❷다음에 올 사각형은 몇 개인지 풀이 과정을 쓰고, 답을 구해 보세요.

☆❶ 도형의 배열에서 규칙을 찾습니다.
❷ 다음 차례에 올 사각형은 몇 개인지 구합니다.

풀이

⟮예⟯ 바로 앞에 있는 도형 **2**개의 사각형의 개수의 합이 다음 도형의 사각형의 개수가 되는 규칙이 있습니다. …㉠
따라서 다음에 올 사각형은 $5+8=13$(개)입니다. …㉡

🔲 **13**개

〈평가 기준〉

㉠ 도형의 배열에서 규칙을 찾습니다.
㉡ 규칙을 찾아 다음에 올 사각형의 개수를 구합니다.

1학기 학업 성취도 평가

1 815372138
2 37670원
3 ㉡
4 1개
5 720°
6 90°
7 68°
8 14421
9 224개
10 ( )(○)
11 11박스, 3개
12 ㉠
13 시계, 90°
14 ㉮
15 9칸
16 12시간
17 6명
18 2831 / 2991
19 다섯째
20 367+241=608

---

2 10000원짜리 지폐 2장이면 20000원, 1000원짜리 지폐 14장이면 14000원, 100원짜리 동전 35개면 3500원, 10원짜리 동전 17개면 170원입니다. 따라서 재민이가 저금통에 모은 돈은
20000+14000+3500+170
=37670(원)입니다.

3 주어진 수들의 십억 자리 숫자가 나타내는 값을 알아보면 다음과 같습니다.
㉠ 241∨6795∨1328 → 4
㉡ 1976∨3562∨0173 → 7
㉢ 8∨3513∨8781∨1354 → 1
따라서 십억 자리 숫자가 가장 큰 수는 ㉡입니다.

5 도형을 삼각형 4개로 나눌 수 있으므로 표시한 모든 각의 크기의 합은
180°×4=720°입니다.

6 3시에 시계의 긴바늘과 짧은바늘은 직각을 이룹니다. 따라서 두 시곗바늘이 이루는 각의 크기는 90°입니다.

7 사각형의 네 각의 크기의 합은 360°이므로
㉠+224°+㉡+68°=360°
㉠+㉡=360°−224°−68°=68°

8 437×33은 437×3과 437×30의 합입니다.
437×3=1311이므로
437×30=13110입니다.
따라서 437×33은
1311+13110=14421입니다.

11 (전체 복숭아 수)
÷(한 박스에 담는 복숭아 수)
=168÷15=11…3
따라서 11박스까지 담을 수 있고, 남는 복숭아는 3개입니다.

12 주어진 도형을 반시계 방향으로 90°(또는 시계 방향으로 270°) 돌리면 ㉡이 되고, 시계 방향으로 90°(또는 반시계 방향으로 270°) 돌리면 ㉢이 됩니다.

15 3동의 학생 수는 66−22−26=18(명)입니다.
막대그래프의 눈금 한 칸이 2명을 나타내므로 3동은 18÷2=9(칸)인 막대그래프로 나타냅니다.

16 세로 눈금 5칸이 10시간을 나타내므로 세로 눈금 한 칸은 10÷5=2(시간)을 나타냅니다. 진아의 막대는 6칸이므로 진아가 일주일 동안 독서한 시간은 2×6=12(시간)입니다.

18 2791부터 시작하여 오른쪽으로 40씩 커집니다. 따라서 ●은 2791보다 40 큰 2831, ◆은 2951보다 40 큰 2991입니다.

20 더해지는 수와 더하는 수가 10씩 커집니다. 따라서 계산 결과는 20씩 커집니다.

☑ **수학 기초를 더 쉽고 빠르게**

수력충전 스타트 START

수학을 싫어하는
학생들을 위한 책

— 중등 수학 2 (상·하)
— 중등 수학 3 (상·하)

" **따라 풀면 술술 풀리는 문제 구성**
수학 기초 실력을 탄탄하게 다져준다! "

**❶ 필수 개념을 이미지로
쉽게 이해하고 기억**

**❷ 따라 쓰고 따라 풀어
개념 적용 방법 쉽게 습득**

**❸ 기본 유형 연습으로
학교 시험 100점 달성**

교과서 개념 학습, 중요 유형 익히기

문제로 수학 실력 100% 충전!!

수력충전 기본

초등	1-1, 1-2 / 2-1, 2-2 / 3-1, 3-2
수력충전	4-1, 4-2 / 5-1, 5-2 / 6-1, 6-2

1 개념 학습, 중요 유형 문제로 실력 향상!

- 교과서 개념을 개념 연산 문제와 다양한 연산 문제로 쉽게 익힐 수 있습니다.
- 개념 체크 문제로 교과서 개념을 한 번 더 체크합니다.

2 서술형 대비 문제, 단원 평가 2회로 실력 향상!

- 서술형 문제를 힌트 체크를 이용해 풀이 박스를 채우며 차근차근 연습할 수 있습니다.
- 학교 시험을 100점 맞도록 단원 평가 2회를 수록했습니다.

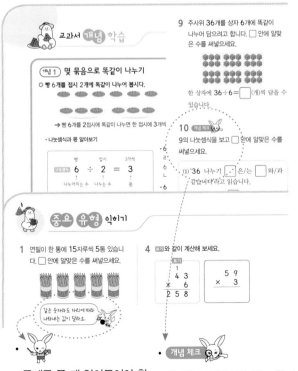

문제를 풀 때 알아두어야 할 내용을 설명하였습니다.

개념을 다시 한 번 체크 할 수 있는 문제입니다.

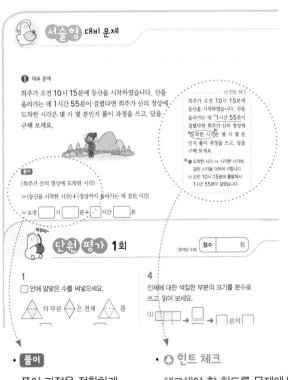

풀이 과정을 정확하게 쓸 수 있도록 도와줍니다.

체크해야 할 힌트를 문제에서 직접 찾는 방법을 익힙니다.

문해력이 부족한 학생,
어휘력이 부족한 학생,
국어 기초가 부족한
학생들을 위한 교재

자이스토리 국어

비문학, 문학 시리즈

"기초 단계별 학습으로 빠르게 실력이 향상됩니다!!"

고등	비문학 독해 1, 2	문학 독해 1, 2
	* 독해 STEP에 따른 단계별 독해 훈련 STEP Ⅰ 핵심어 찾기, 중심 문장 찾기 STEP Ⅱ 문단 요약하기, 문단 간의 관계 파악하기 STEP Ⅲ 글의 구조 파악하기, 주제 찾기 STEP Ⅳ 실력 확인 테스트 STEP Ⅴ 최강 실력 모의고사	*** 갈래별 구성에 따른 독해 훈련** 시 ❶ 화자, 중심 대상 찾기 ❷ 상황, 정서, 태도 파악하기 ❸ 표현상 특징 파악하기 소설·극 ❶ 중심인물, 배경 파악하기 ❷ 중심 사건, 갈등 파악하기 ❸ 서술상 특징 파악하기

중등	비문학 독해 1, 2 예비 고등	독해력 완성 1, 2, 3	문학 독해+문학 용어 1, 2, 3
	* 독해 STEP에 따른 단계별 독해 훈련 STEP Ⅰ 핵심어 찾기, 중심 문장 찾기 STEP Ⅱ 문단 요약하기, 문단 간의 관계 파악하기 STEP Ⅲ 글의 구조 파악하기, 주제 찾기 STEP Ⅳ 실력 향상 TEST · 문해력+어휘 체크 문제	· 재미있게 독해력을 기를 수 있는 다양한 소재의 지문 · 독해 STEP에 따른 단계별 독해 훈련 · 지문과 문제 접근법을 알려 주는 지문 특강, 문제 특강 · 다양한 유형의 어휘 테스트와 배경지식 · 다시는 틀리지 않게 하는 꼼꼼한 입체 첨삭 해설	*** 갈래별, 단계별 독해 훈련** **STEP** 시 ❶ 화자, 중심 대상 찾기 ❷ 상황, 정서, 태도 파악하기 ❸ 표현상 특징 파악하기 **STEP** 소설·극 ❶ 중심인물, 배경 파악하기 ❷ 중심 사건, 갈등 파악하기 ❸ 서술상 특징 파악하기
		★ 강남구청 인터넷 수능방송 강의교재	★ 강남구청 인터넷 수능방송 강의교재

*중학 문해력을 키우는 어휘 1, 2 : 교과서 어휘를 예문을 통해 쉽게 익혀 문해력을 키운다.